《中国榜样：永远的雷锋》大型丛书

编委会主任　冷　宽　王保安

我们一起学雷锋

——抚顺“百姓雷锋”风采

中共抚顺市委宣传部　编著

中国财政经济出版社

图书在版编目（CIP）数据

我们一起学雷锋：抚顺“百姓雷锋”风采/中共抚顺市委宣传部编著．—北京：中国财政经济出版社，2013．2

（《中国榜样：永远的雷锋》大型丛书）

ISBN 978-7-5095-4264-4

Ⅰ．①我…　Ⅱ．①中…　Ⅲ．①人物—先进事迹—抚顺市—现代　Ⅳ．①K820．831．3

中国版本图书馆CIP数据核字（2013）第022437号

责任编辑：卢关平　　　　责任印制：张　健
封面设计：逸品文化　　　　版式设计：逸品文化

中国财政经济出版社出版

URL：http：//www.cfeph.cn

E-mail：cfeph@cfeph.cn

社址：北京市海淀区阜成路甲28号　邮政编码：100142

营销中心电话：88190406　北京财经书店电话：64033436　84041336

北京富生印刷厂印刷　各地新华书店经销

710×1000毫米　16开　18.5印张　259千字

2013年3月第1版　2013年3月北京第1次印刷

印数：1—5000　定价：33.50元

ISBN 978-7-5095-4264-4/K·0014

（图书出现印装问题，本社负责调换）

本社质量投诉电话：010-88190744

《中国榜样：永远的雷锋》
大型丛书编委会

总 序

一个人无法选择自己所处的时代，但可以选择自己的人生道路。人所从事的职业可能要双向选择，而人生的态度完全由自己决定。雷锋，一个年轻的士兵，影响了几代人的成长，成为全国人民学习的榜样。50年来，学雷锋活动经久不息，这足以证明雷锋精神具有多么强大的渗透力和感染力。现在，几乎整个民族都在呼唤雷锋。面对社会上不尽如人意的现象，就是不情愿学习的人，也希望别人都学习雷锋了。更有人说，雷锋精神具有普世价值，是中华民族精神的集中代表，雷锋可做中国人的形象代言人。

在经过50年的学雷锋活动后，问起有关雷锋的事迹、雷锋精神的实质，仍有许多人不甚了了。这就促使雷锋的战友们、雷锋的传人们、长期坚持研究雷锋的学者们感叹不已。感叹之余，有了一个共识——组织起来，为全国的学雷锋活动做一点事情：一是还原雷锋，把一个真实可信的雷锋的光辉形象奉献给人们，使更多的人知道一个简单的道理：雷锋的一生是平凡的，谁都可以学习雷锋；雷锋精神是伟大的，谁都需要努力，才能把雷锋精神学到手。二是集50年研究成果，把理论层面上对雷锋新的认知告诉人们，使人们从中悟出道理，鼓励人们都来做社会进步的“正能量”。三是针对不同人群，编委会成员多次讨论，力求选准书名和写作内容，就这样，汇集50年的思索和探讨的成果，经过近一年的归纳和整理，就有了这样一套学雷锋的系列读物献给广大读者。这既是献给毛泽东等老一辈革命家为雷锋题词50周年的一份厚礼，更是为贯彻落实党的十八大精神，推动学雷锋活动常态化作出的一份贡献。

这套丛书有以下特点：一是具有权威性。雷锋身边的战友、培养雷锋的领导干部、看着雷锋成长的亲朋好友直接参与写雷锋，是用第一手材料叙述雷锋，其中还纠正了社会上对雷锋不恰当的传闻，还原了雷锋的真实性，维护了雷锋精神的纯洁性。二是具有完整性。有人说，这是一套既用多种形式全面地介绍雷锋事迹、系统地多专题研究雷锋精神的书籍，又是注重研究雷锋精神的时代价值，对当前学雷锋活动常态化提出了建设性意见的读物。三是具有针对性。该大型丛书分别对领导干部、企业家和职工、大学生、部队士兵等不同职业的人群如何结合本职工作学雷锋提出了参考意见，其中不乏独到之处。这些意见和看法在作者所作的多场报告中已与听众形成共识。这是一套值得收藏和系统研读的作品。对不同的读者来说，也是一套可各取所需的读物。

特别应该提到的是，2013年1月12日，中国社会福利基金会学雷锋基金管委会、辽宁省雷锋研究会、中国财政经济出版社在2013北京图书订货会上为本套丛书联合举行的推介会上，雷锋亲密战友乔安山，全国“五一”劳动奖章获得者、全国劳模李素丽，“京城活雷锋”孙茂芳，“雷锋班”现任（第二十五任）班长毕万昌等应邀亲临会场，发表了热情洋溢的讲话。“当代雷锋”郭明义虽未到会，但通过现场连线对出版本套丛书给予了很高的评价。学雷锋基金管委会名誉主任、雷锋生前战友、海军原副政委冷宽中将，学雷锋基金管委会名誉副主任、总参原兵种部政委田永清少将，分别就自己对“雷锋精神”的认识以及对本套丛书的期待作了精彩的发言。媒体及有关领导赞赏出版单位的社会责任感，高度评价图书出版活动传递的“正能量”。

学习雷锋，在于学实质——全心全意为人民服务；学习雷锋，在于行动——一言一行都为别人更幸福；学习雷锋，在于持久——一生一世讲奉献；学习雷锋，要有表率——领导干部应走在前列。

愿这套丛书助大家在追求成功的路上走得更远、更坚实。

衷心感谢在组织编写本套丛书及其开展的相关活动过程中给予我们大力支持和帮助的所有同志。

《中国榜样：永远的雷锋》编委会

2013 年 2 月

目　录

上　篇
策划——塑造雷锋群像

下　篇
风采——引领时代风尚

上篇

策划——塑造雷锋群像

第一章
时代策划

土壤，雷锋精神的故乡

在中国东北的黑土地上，镶嵌着一块状如振翅欲飞的蝴蝶的琥珀——抚顺。这是一座因历史而影响中国，以资源而闻名世界的重工业基地。她享誉国内，既缘于她曾是清王朝的发祥地，也缘于她为新中国贡献的第一吨石油、第一吨钢、第一吨铝……更缘于在这块曾经写下辉煌与荣耀的土地上，长眠着一位平凡而伟大的士兵——雷锋；伫立着一座道德精神的丰碑——雷锋精神。

说到抚顺，她还有另外一个独特而又响亮的名字：雷锋城。这座城市的发展，以及生活在这座城市的人们，莫不与“雷锋”这个伟大的名字有着深厚的感情渊源，有着千丝万缕的承继关联。

让我们来一次“穿越”，把时光的指针回拨到20世纪60年代。在那个激情燃烧的岁月，一个身高只有一米五四的普通士兵雷锋，怀着穿上军装的兴奋，怀着贡献国家的激情，踏上了东北重镇——抚顺的土地。

抚顺是新中国重要的工业基地。这片土地上的人们，用奉献者的情怀、创造者的精神，为共和国创造出不胜枚举的工业骄傲。抚顺这片火热的土地，成为雷锋精神茁壮生长的土壤。

雷锋来到抚顺是一种偶然，雷锋在抚顺成长为伟大的共产主义战士则是一种必然。战士长眠的土地，也正是英雄精神的故乡。

1960年4月，雷锋随部队来到抚顺，从此便与抚顺结下不解之缘。在这块土地上，雷锋度过了一生中最闪光的岁月，展开了人生中最精彩的篇章。雷锋在抚顺工作有两年多，雷锋的足迹深深印在了辽沈大地上，后来很多经久传诵的雷锋事迹，都是在那个时期发生的。

1960年初夏的一个星期天，雷锋肚子疼得很厉害，他来到团部卫生连开了些药。在回来的路上，一个正在热火朝天的工地吸引住了他，原来是给本溪路小学盖大楼，雷锋找到工地的管理员以军装作借条借了一辆小推车，加入到运砖的行列中去。广播员得知情况去采访他，问他为什么来，叫什么，哪个部队的。他说：“我是为社会主义建设添砖加瓦，我和大家一样，只是尽了自己的一点义务，也算是有一份力尽一份力。”没有留下自己的姓名就接着干活去了。广播员广播了有位解放军战士在休息日来帮忙的这件事，工人们受到鼓舞，一个个都更卖力地干起来，还与雷锋比赛。这天下午提前两个小时完成了当天的任务。他干完活还了车取了军装不留姓名就走了。之前管理员已从雷锋的军装里看到了一封他替王大力捎的信，便误以为雷锋就是王大力，由此还引了场误会。

1960年8月，雷锋参加上寺水库抢险救灾，带病连续奋战7天7夜，表现突出，团党委为雷锋记二等功一次；1960年8月，雷锋把平时节约下来的200元钱分别支援抚顺市望花区人民公社和辽阳水灾区，受到部队表彰，团党委决定树立雷锋为“节约标兵”。

在抚顺工作不到一年，雷锋就因做好事而成为新闻人物，当年12月，《抚顺日报》刊登了介绍雷锋事迹的长篇通讯《毛主席的好战士》，配发了《雷锋日记摘抄》，全市军民由此掀起了学雷锋的热潮。

“帮助大娘找儿子”是雷锋生前做过的无数好事中的一件，在全国各地广为传颂。

那是雷锋出完差，在沈阳火车站熙熙攘攘的人流中，看见一位白发苍苍的老大娘，拄着棍，背个大包袱吃力地走着。雷锋马上赶上前，问她到哪里去。大娘说，她从关里来，到抚顺看他儿子。雷锋一听是同路，便急忙帮老大娘拿东西，扶她上了火车，并为老人找到座位。一路上，雷锋就站在老人身边，陪老人说话，老人很高兴。老大娘是第一次来抚顺，只有一封信上写的地址，担心找不到儿子的住处。抚顺那么大，雷锋便陪着大娘，四处询问，找了两个多小时，终于帮助老人找到了儿子。老人的儿子拉住雷锋的手说："同志，谢谢你呀！"

1961 年 5 月，作为全团唯一候选人，21 岁的雷锋当选为抚顺市第四届人民代表大会代表，成为最年轻的人大代表。7 月 31 日至 8 月 3 日，雷锋出席了抚顺市第四届人民代表大会第一次会议。当选市人民代表后，参政议政的经历开阔了雷锋的眼界，促成了雷锋全心全意为人民服务的人生观、价值观、世界观的最终形成。由此可见，抚顺已成为雷锋的情感寄托，成为雷锋践行人生观、价值观的舞台。

榜样的力量是无穷的。在雷锋的感召和引领下，助人为乐、无私奉献成为那个时代的人生价值追求。雷锋殉职后，这种影响力非但从未消失过，而且随着时代的变迁，影响更深更广，升华为一种人文精神的象征。

1962 年 8 月 15 日，雷锋因公殉职后，抚顺军民万分悲痛。时任抚顺市委第一书记的沈越把预备给自己老母亲送终的棺椁献了出来，用这种特别的方式表达了对雷锋的厚爱。8 月 17 日，抚顺军民在望花区政府大礼堂举行了隆重的"公祭雷锋大会"。当时，从望花到葛布，十几公里的路途上，成千上万的群众自发地涌向街头，护送雷锋的灵柩到葛布烈士陵园，送葬人数多达十几万人。他们有的围着白毛巾，有的戴着黑纱，有的戴着白胸花，长长的人海让汽车整整走了两个半小时。当时抚顺城市人口仅为 70 万人，这座城市以万人空巷的真情，为雷锋送行。

感谢当时的摄影师，是他们用黑白胶片，为我们留下了弥足珍贵的历史镜头，将瞬间记忆定格为永恒。

1962 年，雷锋生前所在部队在驻地营房里腾出两间房子，将雷锋遗留的日记、书刊、衣物、枪支、节约箱、工具箱等摆放在展桌上，加上照片、画和说明，布置了一个简易的"雷锋烈士事迹展览室"，展出不到 20 天，接待了近万名来自各界的群众参观。同年 11 月，抚顺市在市工人文化宫举办了规模较大的“雷锋烈士模范事迹展览”，展出不到两个月的时间，观众达到28万多人次。

1963年1月7日，国防部命名雷锋生前所在班为“雷锋班”。1963年3月5日，毛泽东同志的亲笔题词“向雷锋同志学习”发布。随即，刘少奇、周恩来、朱德、邓小平等老一辈无产阶级革命家为雷锋题词。从此，全国掀起了学习雷锋的热潮，雷锋事迹传遍神州。

历经五十年风雨沧桑，雷锋已经成为抚顺这座城市的一种人文记忆，雷锋精神深深融入这个城市的肌体与血液。

走读抚顺，在城市一张一翕的呼吸中感受雷锋精神的存在，感受雷锋精神对这片土地深沉的润泽。

在抚顺这块土地上，有许多以“雷锋”的名字命名的场所，每一处场所命名的背后都有一段故事，都是雷锋精神薪传火续的历史见证。

1960年10月10日，一条红领巾将雷锋与抚顺市望花区建设街小学紧紧联系在一起。这一天，雷锋光荣地成为这所小学的校外辅导员。从此，这所学校与部队，与无数像雷锋一样的好战士联系得更加紧密。

1971年，为纪念雷锋同志，抚顺市委、市政府命名建设街小学为雷锋小学，使之成为全国第一所以雷锋命名的学校。50多年来，将德育工作与学雷锋活动相结合，引导学生做雷锋式好少年。几十年来，许多学雷锋优秀典型也纷纷踏着雷锋的足迹走进了这里，成为校外辅导员。他们中有执著于教育事业的老红军王遐方老人、有24任雷锋班班长、有试飞英雄李中华、有“当代雷锋”郭明义……

在抚顺市望花区，有一家特殊的银行。走进去，营业大厅里面放着学习雷锋的歌曲，墙上挂满了雷锋照片，大厅中央，还有一尊雷锋塑像。这就是当年雷锋办理储蓄的百货储蓄所。1961年9月9日，雷锋来到百货储蓄所存下100元钱，储蓄员王玉珍为他办理了定期存款，也因此成为与雷锋“经济往来”最直接的见证人。一年后，这100元钱已经到期，而雷锋却猝然离世，他存下的这100元钱因此成为值得后人珍视的一笔宝贵遗产。五十年风雨沧桑，百货储蓄所先后改名为和平储蓄所、雷锋储蓄所，如今的名称是中国工商银行抚顺雷锋支行，不过，抚顺人习惯上还是把它称作“雷锋储蓄所”，雷锋的这笔遗产也以另外一种方式延续着雷锋的生命。2010 年，“雷锋储蓄所” 和雷锋生前所在部队发起了续写“雷锋存折” 的活动，以“雷锋” 的名义重开了一个爱心账户，专门用来帮助困难群体。仅在账户设立的当年，“雷锋存折” 就以“雷锋” 的名义，向玉树地震灾区和西南旱区捐助了 5 万元。

在抚顺，雷锋还化身一道流动的风景线，将抚顺与沈阳两座城市紧密相连。每当出行的旅客登上沈抚城际客运巴士，往来于抚顺与沈阳之间，即会与“雷锋” 相遇。那是一条以雷锋名字命名的客运线路——“雷锋号”。

与其说“雷锋号” 是服务群众出行的城际巴士，不如说它是一辆雷锋精神的宣传车——营运车辆前方悬挂雷锋头像，车身上写有鲜艳醒目的三个大字“雷锋号”，车厢内部悬挂建设“雷锋城” 相关标语条幅，车载电视播放的是电影《雷锋》。就连巴士驾驶员后方的空间也被有效利用起来，安装着一块雷锋日记宣传板，上面印着的是雷锋日记：如果你是一滴水，你是否滋润了一寸土地？如果你是一线阳光，你是否照亮了一分黑暗？如果你是一颗最小的螺丝钉，你是否永远守在你生活的岗位上？在生活的仓库里，我们不应该只是个无穷尽的支付者。

几年来，“雷锋号” 品牌越叫越响，在促进了企业发展的同时，也产生巨大社会效益：由 124 台营运车发展到 173 台、累计完成运量 2910 万人次、安全行驶里程 4647 万公里；好人好事 2766 件、乘客赠送锦旗 82 面、感谢信 208 封、返还所拾人民币近 15 万元、笔记本电脑 34 部、手机 398 部、证件 383 个…这一组数字，为“雷锋号” 品牌做了最名副其实的注脚。

在抚顺，流传着这样的说法：外地人到抚顺要想不留遗憾，必须要做 4 件事：“上水库（大伙房水库）、下大坑（市郊露天煤矿）、进监狱（关押过末代皇帝溥仪的战犯管理所）、学雷锋（参观雷锋纪念馆）。”

这四句顺口溜在很大程度上生动概括了抚顺的特色，也彰显出学雷锋在这个城市里的显要地位及深刻影响。

坐落在抚顺市望花区的抚顺雷锋纪念馆，是 1964 年雷锋殉职两周年之际落成的，这是世界上罕见的一座为一名普通士兵建造的大型纪念馆。雷锋纪念馆四周苍松翠柏掩映，寓意着雷锋精神的长青不衰，也寓意着抚顺人要把雷锋精神的根扎进这片孕育老班长的热土……馆内藏有毛泽东、周恩来、刘少奇、朱德、邓小平、江泽民等党和国家领导人为雷锋题词手迹和雷锋遗物、照片等文物400多件，真实生动地向人们再现了雷锋平凡伟大的一生，展示了党和国家领导人对学雷锋活动的关心和支持。

占地面积99000平方米的抚顺雷锋纪念馆，自1964年建馆至2011年底，累计接待6000万人次观众到馆品读雷锋，感受雷锋精神的伟大；自2002年扩建至今，共接待来自29个国家和地区的近2万名外国友人参观。雷锋精神从抚顺出发，飞越重洋，传向世界。

每年的3月5日，抚顺都要在雷锋墓前举办各种形式的纪念活动，抚顺人期望用这种方式把雷锋这个“儿子”永远留在抚顺，让雷锋精神在这片热土上代代传承。

抚顺雷锋纪念馆是雷锋精神的见证者，也是雷锋精神的记录者，更是雷锋精神的传播者。由于抚顺是雷锋的第二故乡，是雷锋长眠的地方，因此，抚顺雷锋纪念馆成为中外众多“粉丝”拜谒雷锋的向往地。

在共和国的历史上，没有哪个人能像雷锋这样，和一座城市的关系那么密切，烙印这么深；很难有一座城市与雷锋有如此深厚的渊源；很难有一座城市的人民与雷锋的感情这样水乳交融；很难有一座城市，甘为雷锋贡献半个世纪的深情与执著。雷锋丰沛了这个城市的精神，而这个城市和这里的人们，用时间和行动来永远纪念雷锋。

50年时光淘洗，很多东西淡化或飘散，惟有一个伟大的名字——雷锋植根于抚顺人的心。那是精神的给养，哺育这座古老而又年轻的城市，令其在随后的岁月里，成为一种精神的发源地，成为一种精神的引领者，成为一种精神的传播者。

50年来，雷锋精神的故土培育出一代又一代雷锋精神的传人。2006年后，这些新时代的雷锋传人有了一个共同的名字——“百姓雷锋”。他们是来自基层的普通大众，被时代冠以“最亲民”的模范称

谓；他们身上辉映着人性的闪光点，积聚着时代的先进性，他们以爱心接力，向世人传递道德的正能量。

困境，今天我们怎么办

自20世纪60年代至今，雷锋精神烛照我们已经半个世纪。五十载风雨砥砺，学雷锋之路并非一片坦途，期间经历过高潮，亦曾遭遇困境。

20世纪60年代，学雷锋活动风起云涌，波澜壮阔；然而，到了70年代，“雷锋叔叔不在了”的说法开始在社会上流传。八九十年代兴起的文明礼貌月活动、“五讲四美三热爱”活动、“学雷锋树新风”活动等，令社会风气为之一振。但是，随着时间的推移，学雷锋活动开始出现形式渐渐多于内容的迹象，“雷锋精神没户口，三月来了四月走”是当时情况的形象反映。尤其是随着市场经济大潮的冲击，价值观的多元化，一些质疑的声音出现了。有人认为雷锋是计划经济时代的产物，雷锋精神不适合市场经济的需要，“雷锋精神过时了”的论调露头。

曾在媒体工作多年的资深媒体人陈立平，是个70后。他讲了这样一个例子：1996年的时候，有所技校美发专业的学生，搞了一次学雷锋活动，到一个人流较密集的公园义务为市民理发。本来这些学生劲头挺足，但是没想到受到冷遇，公园管理者把他们清理出去，市民说他们作秀。

义务为市民理发的“学雷锋”之举，竟然遭遇“清理”，恐怕谁都无法预料。但是细想一下，人们为什么对此不领情、不“感冒”呢？究其原因，不仅仅是因为时下“学雷锋”活动确有一些流于形式，引起人们的反感。学雷锋遭遇冷遇甚至遭遇驱逐，让人们感受到一种做好人的尴尬。各种与学雷锋主流不相协调的声音出现，其实更是时下人们的精神焦虑、思想困惑、信仰危机的表现。

学雷锋要不要学？学什么？怎么学？要将“学雷锋”活动从困境

迷茫中走出来，必须弄清这三个问号。

雷锋精神"过时论"、"与市场经济格格不入论"甚嚣尘上，对学雷锋的主流带来一定的冲击。大谈雷锋精神与市场经济格格不入者的思维逻辑是，市场经济讲等价交换，做好人好事不求回报是不合经济规律的。诚然，在如今这种社会环境下，雷锋那种看上去有些"戆厚厚"的"只求奉献，不要回报"似乎没有太大的市场了。这也许就是一些人口中的"残酷现实"。然而，现实虽然残酷，但并不是说"雷锋精神"已然过时。现实越是残酷，就越凸显出当今时代这种精神的可贵。

持雷锋精神"过时论"、"与市场经济格格不入论"等论调的人，往往拿西方市场经济社会对比说事。但是，只要读一读亚当·斯密的《国富论》，再读一读他同样不朽的《道德情操论》，看一看西方市场经济社会自我完善的轨迹，就不会轻率否认，健康的市场化过程决非去道德化过程，而资本在逐利的天性之外还有着强烈的道德使命。

前面提到的资深媒体人陈立平由于工作性质的缘故，他对雷锋精神有一定的理解。对于市场经济大潮冲击下如何学雷锋，他始终坚持这样一个观点：价值观的多元化，并不能削弱人性中真善美的传统，二者不是此消彼长的关系。而雷锋精神的根本恰恰就是这些人类美好品质的代名词，在人类文明发展的任何阶段都不会过时。

《南风窗》杂志在一篇分析雷锋精神走向的文章中说，今天，当代人在讲究物质主义的表层下，仍隐藏着日益强烈的精神渴求，这既是塑造新的社会伦理规范的基础，也是精神真空状态的危机信号。

"试图简单地用市场经济时代来为雷锋精神掘墓是难以成功的，因为没有人真的需要一个物欲横流、以邻为壑的社会。"

诚然，极端个人主义、利己主义的盛行，会引发社会道德信仰的失落，长远来看，这种情况会导致每个个体的利益都受到不同程度的损害；相反，利他行为蔚然成风的社会，人人都会从中受益，社会良性运转。学雷锋做好事是利他行为，它有助于修正社会风气，使社会朝着正确的轨道前进。

学雷锋遭遇的困境，一定程度上缘于人们对英雄的认知困惑。

自 1963 年 3 月 5 日《人民日报》发表毛主席“向雷锋同志学习”题词以来，近半个世纪过去，雷锋精神已经深入一代代人的血液之中，成为社会主义核心价值观的一部分。但是，曾几何时，许多先进人物往往被艺术化成“高大全”，渐渐与民众产生疏离感。普通民众总觉得那些典型很难学、很难够，必须仰视才行，这就变相拉大了普通民众与典型的心理距离。然而，随着时代递进，这样的典型形象越来越难以触动普通民众的神经。

“高大全”式的英雄人物，会被人认为英雄模范都有过人之处，非凡夫俗子所能为，因为可望而不可即。这种认知困惑体现的是一种心里纠结。倘若我们能把视角放宽拉长，以平常心看待学雷锋，且推己及人，就会有豁然开朗的明亮。

一谈到雷锋精神的实质，人们总会脱口而出：全心全意为人民服务。但是，这样高度概括的一句话，难免抽象，让人感觉空远不可及。而真实的雷锋，具象化的雷锋精神，更有助于我们正确理解雷锋精神，有助于我们更好地学雷锋做雷锋精神的传人。雷锋是个普通一兵，他身上的美好道德品质，都具有亲民性。无私奉献，甘当革命的“螺丝钉”，干一行爱一行钻一行的爱岗敬业态度，刻苦学习和钻研理论的“钉子”精神，勤俭节约、艰苦奋斗的优良作风。这些品质离我们的现实生活遥远吗？我们够不着吗？

正如一千个读者心中有一千个哈姆雷特一样，每个人对“雷锋精神”的理解都会有所不同，尤其是在价值观多元化的今天。不同时代和不同的人会从不同角度对雷锋精神作出不同的解读。抚顺雷锋纪念馆馆长陈茁介绍，虽然雷锋的生命只有短暂的 22 年，却树立起一座永恒的丰碑，不同时代赋予了雷锋精神不同的涵义。在 20 世纪 60 年代，雷锋是“真善美”的象征，是人们心目中乐于助人、见义勇为、善待他人、奉献社会的代名词；在 70 年代，雷锋是一个爱憎分明、立场坚定的好战士形象；在 80 年代，人们学习雷锋的“钉子精神”；在 90 年代，学雷锋活动的重点转移到了爱岗敬业，“在平凡的岗位上体现出奉献精神”；而进入 21 世纪以来，学雷锋在本质上是一种“道德”举动，无论社会多么浮躁，功利之风如何盛行，对助人为乐、与人为善等道德价值的弘扬不能放弃。

对于雷锋精神再认知的过程，就是化解学雷锋认知困境的过程，是学雷锋之路螺旋式上升的过程。

坐落于抚顺市望花区的抚顺雷锋纪念馆，是学雷锋活动的历史见证者，是50年学雷锋活动的一张晴雨表。50年来，在雷锋纪念馆的历程中，伴随着每一次雷锋纪念馆的改扩建，都会迎来一次学雷锋活动的高潮。

抚顺市民政局副局级调研员、抚顺雷锋纪念馆原馆长张淑芬，自1976年到2011年，她都在雷锋纪念馆工作，在雷锋身边感受精神的润泽。她对学雷锋的感情，对学雷锋的理解有着与众不同之处。在张淑芬看来，无论经过了多少年，雷锋精神的实质是不变的，就是全心全意为人民服务，就是无私奉献、敬业乐业等等，现在的人真要学到雷锋精神的真谛，那他一定是个好人、能人、强人。学雷锋做雷锋，非常重要的一点是要思考怎么把学雷锋变成自己的行动。一个人要是有了这种劲头，就能够做个好人，就能够把事情做好。

从传播学角度看，学雷锋遭遇的杂音纷扰，还与传播困境有关。社会进步需要美好道德风尚的引领，这是确定无疑的答案。关键的问题是要怎样学雷锋才能共振大众心灵，怎样学雷锋，很大程度上反映出传播环境、传播手段与受众心理的变迁。

雷锋精神的诞生具有鲜明的时代印记，是20世纪60年代国家意识形态构建的产物。经过半个世纪沧桑风雨，随着现实的社会环境与大众心理的变迁，雷锋精神的传播也必然要受到这些因素的影响。

近年来，随着真实的雷锋渐渐被还原，一个可亲的、可敬的、可学的雷锋形象，越来越清晰地展现在大众面前。这种与受众在认知、心理上的接近性，为雷锋精神在新时期获得受众情感认同奠定了坚实基础。

纵然时代在变，但雷锋精神的本质不变，真善美对人类的号召力不变。在着力构建和谐社会、建设小康社会的新时期，更需要大家共同发扬"人人为我、我为人人"的雷锋精神，这种精神依然值得我们去深入理解、用心实践。

《人民日报》曾经刊发一篇文章，题目叫《雷锋时代化之思：让自己变得更好，很难吗》。文中说到：雷锋也好，一切英模也罢，都只不过是他所在时代的优秀品德代表者而已。时代变了，雷锋承载的那些闪光的品德没有变。这就是为什么，每当社会出现不良风气，人们就会用“雷锋叔叔不在了”表示强烈的忧虑；每当社会风气向文明健康转化时，人们就会用“雷锋叔叔又回来了”表示由衷赞叹。在半个世纪的中国社会巨变中，雷锋之所以始终成为社会风尚的晴雨表，正在于他代表了我们心中最质朴的道德向往和精神理想，而这样的向往与理想，可以跨越时代、浸透人心。

让自己变得更好，很难吗？这一诘问，力透纸背，撼动心灵。

而这也是为什么在1997年电影《离开雷锋的日子》上映时受到热捧。据媒体公布的数字统计：仅北京的观众就达128万多人次。

《离开雷锋的日子》的热映，反映出普通大众对雷锋的感情没有变，对雷锋精神复兴的渴望是那么迫切而热烈。大众对雷锋的感情基础就是学雷锋最肥沃的土壤，对雷锋精神复兴的渴望，就像是一粒希望的种子，一旦遇到适宜的条件，就会不可遏制地萌发。

时隔十年，也就是2007年，一个与雷锋有关的文化现象吸引了国人耳目，那就是至今还为人们耳熟能详、家喻户晓的网络歌曲《东北人都是活雷锋》。这首“神曲”迅疾红遍大江南北，不仅仅因为多元化的音乐元素和诙谐幽默的遣词造句，更因为它给予那些深刻的思想以崭新生命活力，令闻者过耳难忘，为人们所津津乐道。所谓的“活雷锋”就是一种美好的精神追求，是一种寻求制造和谐氛围，提升生活幸福指数的内在气质。

不可否认，现实中确实有太多不如意的地方，但是人们并没有因为做了好事有可能被反诬一口的个例，而停止求真、求善、求美的脚步。在质疑声和交集心理中，一双双带着体温的手，仍然义无反顾地扶起无助的老人，救起险境中的弱者，爱心接力始终在继续。他们用自己的平凡身躯、善良之举，守护着社会道德的底线。

于是，“离开雷锋的日子”我们遇到了“最美妈妈”吴菊萍，看到了“最美女教师”张丽莉、“最美司机”吴斌……

50 年风云激荡，50 年一脉传承。杂音干扰不了主流，困境砥砺前进脚步。

抚顺市还针对社会上的各种负面思潮，利用“雷锋讲坛”这个红色阵地，正本清源，捍卫雷锋精神。雷锋生前所在团原副政委周道海以《永远的雷锋永远的团》为主题，深入浅出地讲述雷锋精神为什么永恒，对雷锋精神“过时论”做了有力批驳；雷锋精神研究所原所长翟元斌所作的《雷锋第二故乡的坚守与超越》，解读了“抚顺把雷锋 22 岁的青春永远留在了这座城市里”的“历史之约”；雷锋纪念馆原馆长张淑芬则通过《雷锋纪念馆馆藏文物揭秘》，讲述了“每件文物背后鲜为人知的故事”，以文物的真实性、可靠性和可信性对雷锋事迹“怀疑论”作出生动有力的回答……

进入新世纪以来，推动学雷锋活动常态化成为破解学雷锋困境的一剂良方。雷锋精神不是凝固僵化的道德教条，而是与时俱进的精神力量。因应时代变革，学雷锋活动的开展需要结合现实生活中出现的新情况、新问题，不断创新学雷锋的内容、形式和载体，赋予雷锋精神新的时代内涵，让雷锋精神始终充满生机与活力。

推动学雷锋活动常态化，端的有赖于每一个人的身体力行。但“一朵鲜花打扮不出春天”，普世的道德观价值观，只有转化为社会群体意识，才能为人们自觉遵守和奉行。以个体行为出现的平凡的好人好事虽然感人，但又极易被这个众声喧哗的时代潮流淹没，声微不彰，影响短暂。如何把这些平凡的好人好事汇集成流，唱出时代的主旋律，引发各界广泛的心灵共鸣并能持续下去？特别是当社会结构多元、利益群体分散、道德相对滑坡的今天，怎样将“学雷锋”活动注入新动力、启动新引擎？这是时代赋予雷锋精神发祥地抚顺的崭新命题。

聚焦当下，着眼未来。从现实的土壤里，寻找适宜学雷锋活动创新的基因，赋予学雷锋活动与时俱进的依托载体和不竭动力，才能看到学雷锋活动的新气象、新力量。这是抚顺在 21 世纪之初，对于如何学雷

锋、如何传承雷锋精神这个时代之问的最好回答。

探寻，思想拔节之苦

2006年，因央视“感动中国”栏目的传播，一个叫丛飞的名字传遍全国。

丛飞是一名歌手，一名深圳首批“义工”，一位被确诊为胃癌的患者。他8年间义演300多场次，义务服务时间加起来超过3600多个小时。他不仅“唱”而且“捐”。慈善之路上，他几乎倾尽所有，甚至为此背上了17万元的债务。

彼时彼刻，正苦于探索如何将学雷锋活动常态化、建设雷锋城的抚顺人，不仅为丛飞的感人事迹深深震撼，亦为“感动中国”的新颖形式所触动。

“感动中国”年度人物评选和其他传统的典型宣传大不相同之处在于，“感动中国”评选出来的人物，都是“草根英雄”，他们来自民间，他们是朴素的、公平的，更是由老百姓自己公推公选出来的，因此也称得上是民心所向。

令人耳目一新的表现形式，以及对典型人物宣传达到的异乎寻常的效果，给抚顺人以醍醐灌顶式的启迪。

抚顺是雷锋精神的故乡，在学雷锋、弘扬社会主义核心价值方面有着深厚的土壤和良好的群众基础、感情基础，能否借鉴“感动中国”的模式，再结合抚顺实际加以创新，凸显地域特色，推出抚顺版的“感动”系列？

他山之石，可以攻玉。在借鉴他人长处的基础上自我创新，将会有异曲同工之妙。

这样的想法，开始在主管宣传工作的抚顺市委宣传部主要领导头脑中构思酝酿。这为后来“百姓雷锋”创意的诞生埋下了伏笔。

当然，确切地说，央视“感动中国”只是一个促动抚顺创新学雷锋载体的导火索。究其根本原因，还缘于当时国家宣传工作的大背景与抚顺地区发展的小背景。

2006 年之际，全国上下宣传战线正在深入贯彻落实中央提出的贴近实际、贴近生活、贴近群众即“三贴近”原则。抚顺的宣传思想工作在围绕落实好“三贴近”工作中，也在尝试创新思维与方式，以期不断增强各项宣传工作的吸引力、感染力、影响力与社会效果。期间，抚顺通过共产党员先进性教育活动，组织了一批人才到各个部门进行宣讲。一批文艺界的人士，通过相声、小品、快板等文艺形式对先进典型广为宣传。丰富生动的宣传形式，给人耳目一新之感，对于这次的先进典型宣传工作裨益很大，积累了有益经验。

几乎与此同时，抚顺开始酝酿通过多种形式和载体发掘一批先进典型，以期为 2007 年 3 月 5 日召开的纪念学雷锋活动做前期准备。

2006 年初，抚顺市文明委下发了《关于评选学雷锋典型人物的通知》，在各县区、各行业、各单位层层评选表彰学雷锋典型的基础上，当年 8 月份集中开展了评选活动。而评选的基本条件是：候选典型能自觉践行雷锋精神，树立社会主义荣辱观，具有敬业尽责、艰苦创业的拼搏精神；具有无私无畏、默默奉献的高尚品格；具有自强不息、乐于助人的时代风尚；具有忠于职守、心系百姓的爱民情怀。

关于评选标准，还有一段插曲。市委常委、宣传部长刘国强看到标准后，觉得还应更完善些，于是，在学雷锋典型人物评选基本标准之外另外提出三条“不考虑”：地位高的人暂不考虑；名誉高、荣誉多的人暂不考虑；经济实力强的人暂不考虑。

在这个框架下，抚顺全市推荐上来的典型有 100 多人。市文明办通过调查、走访、座谈等形式对上报的典型进行了全面审核，经过市文明委全委会研究讨论，最后确定 10 个典型人物。

值得一提的是，这次选择的典型清一色来自普通群众，属于真正的“草根英雄”。前有央视“感动中国”的启发，后有学习先进性教育活动积累的好经验，抚顺市委宣传部准备尝试来一次动静比较大的创新，好好报道一下“草根英雄”群体。

但知易行难。在如何策划宣传这批先进典型上，宣传部一班人煞费苦心。给这批新典型冠以什么样的称谓才能区别以往、独树一帜呢？由于众人意见不一，无法统一共识，使得工作暂时陷入了僵局。这批典型先后被冠名“浑河儿女”、“抚顺好人”、“感动抚顺”……浑河是抚顺的母亲河，“浑河儿女”虽然突出了抚顺地域地点，但是这个名字起得太大了；“抚顺好人”有贴近性，但过于大众化概括，平淡而无新意；“感动抚顺”纵然有时代感，不过“感动某地”的称谓在国内众多地区广为流行，缺乏原创性和惟一性。总之，琢磨来研究去，大家都觉得每一个名称都不是很理想，不“打人儿”，没有那种让人一听就身心触电般一激灵的震撼感。

怎么办？大家一下子被憋住了。找一个高手来指点迷津成为大家共同的想法。接下来的问题是，找谁呢？谁有这个本事挑大梁呢？一个又一个策划人的名字被提出来，一个接一个地被大家否决了。几天时间过去，众人普遍认可的高人还没有现身。

就在情况陷入胶着之际，有人忽然想起可以找一个叫王国臣的策划高手。说到这个王国臣，确实不是一般战士。他原是黑龙江省电视台的一名策划人，黑龙江“春晚”很多是他一手导演策划。以策划闻名的王国臣后来到了杭州，成为一所传媒大学的教授。由于工作的关系，抚顺市委宣传部的工作人员曾经跟王国臣打过几次交道，彼此建立了很好的联系。这次要是请他出山帮忙，为抚顺的先进典型起一个时代感强、体现群众性、体现抚顺地域性的好名字，并对先进典型评选活动进行全新的包装策划，肯定不会令人失望。

正处于山重水复疑无路状况的“思想者们”，听到这个重要信息，精神为之一振，仿佛看到了柳暗花明又一村。

事不宜迟。那就赶紧联系！

于是，电波越过千山万水，把抚顺人的意愿连同抚顺人的急迫心情一并传递给了千里之外的策划高手王国臣。

王国臣的答复很爽快，愿为抚顺这项非常有意义的事情不吝金点子。但是，由于王国臣手上的策划案以及教学任务很多，精力有限，未能全身心对抚顺先进典型评选活动进行全案策划，后期的很多创意以及操作是由抚顺市委宣传部的一些同志接手完成的，这也变相锻炼了抚顺市委宣传部的人才，为后来的工作积累了丰富的实际操作经验。当然，这些都是后话。

自得到王国臣的肯定答复后，抚顺市委宣传部一班人马满怀期待，马上着手准备南下。

2006 年的 8 月的一天，时任抚顺市委宣传部常务副部长的许志，带着市委常委、宣传部长刘国强的嘱托和殷殷希望，率领关卫东、何长锁、白珊、郭子建等一众得力干将，南下杭州拜访王国臣求取学雷锋活动策划“真经”。

这是一次思想拔节之旅。对于肩负责任感和使命感的他们来说，此次南下那真是“压力山大”。

时值盛夏，桂花飘香。许志一班人来不及也没有心思欣赏杭州的胜景，便马不停蹄地赶往王国臣住处拜访。

因为彼此已经很熟络了，王国臣设家宴为抚顺一行人接风洗尘。虽然窗外风景迷人，屋内饭菜飘香，但带着重要使命而来的抚顺一行人哪有心思赏美景品菜肴。席间，心里有事的抚顺一行人迫不及待地递上已经遴选的一众典型给王国臣看。王国臣翻阅着典型们的材料，聚精会神地看着。看着看着，突然，王国臣自言自语道：“这些都是百姓雷锋啊。”

“百姓雷锋”！王国臣脱口而出的一句话，令所有在场的抚顺人眼前一亮，心头一震。百姓雷锋！多么贴切而又富有寓意的概括。老百姓也可以成为雷锋，雷锋理应就在民间！这个名字好！大家几乎异口同声地喊了出来。

这时候，王国臣向抚顺客人进一步解释道：“百姓雷锋”，都是来自草根阶层、都是老百姓，都是张雷锋、李雷锋……最能涵盖这些来自基层的典型。

于是，从 2006 年开始，“抚顺好人”有了一个更亲切的称谓——“百姓雷锋”。于是，抚顺传承雷锋精神的实践有了一个新的载体，掀开了新的一页。

看似寻常最崎岖，成如容易却艰辛。很多事就是这么富有戏剧性、传奇性，当很多人为一件事情冥思苦想不得要领的时刻，很可能就被一句话点醒梦中人，找到创作的灵感，激发智慧的火花。

即便数年后的今天，“百姓雷锋”的一班策划人马再回首时，依然不免感慨唏嘘。他们已经淡忘当时思想拔节的声响，却深深铭记彼时思想拔节的煎熬。那是一个绞尽脑汁苦心孤诣的交集，那是一个肯定——否定——再肯定的过程。

2012 年 12 月初的一天下午，当“百姓雷锋”活动的主创者们聚在一起回首那段岁月时，依然不胜感慨。2006 年那会儿，“百姓雷锋”策划团队的人员经常聚在抚顺市委宣传部二楼的一间会议室里，开启“头脑风暴”。有时为了一个想法得到大家的认可，争得面红耳赤，甚至针尖对麦芒。市委机关其他部门的同志每每路过会议室，都会不由自主地投来关注的目光，以为他们那里发生了什么突发的状况。类似这样开诚布公畅所欲言的“头脑风暴”，每逢启动“百姓雷锋”评选活动，都会发生，不下百次。

有道是，真理越辩越明，点子越辩越精。这种形式的研讨会或曰创意辩论会，被宣传部很好地继承下来，如今已经形成一种优良传统。

当时，为了方便研究“百姓雷锋”评选工作，“百姓雷锋”的策划团队还在市内一家商务宾馆包下了一个房间，作为他们构思创作的“闭关”之所。虽然那里的硬件不怎么好，但是比较清静，适合“冥思苦想”，有利思想交锋。“百姓雷锋”策划团队在那里经常一呆就是一整天。交换思路，思想碰撞。一班人枯燥着并煎熬着，饿了就以方便面充饥。而每当有新点子闪现，都会令策划人员好一阵子兴奋，仿佛打了兴奋剂一般。

时隔六年之后，回忆起当时“头脑风暴”的情形，作为“百姓雷锋”评选活动主要策划者之一的何长锁还是禁不住一番感慨：“冥想其实是一个痛苦的过程。”他说，“百姓雷锋”品牌就像是大家共同孕育的一个孩子。当孩子降生的时刻，爷爷奶奶姥姥姥爷一众人喜悦之情溢于言表，而怀胎十月的煎熬，只有孕妇自己知道。

诞生，时代的创意

但凡卓尔不凡的创意，都不是凭空想象而来，更多源于实践中的积累和思考，源于实践中的探索和需要。看似灵光一现的金点子，其实正是经久沉淀的厚积薄发。“百姓雷锋”这个富有时代创意的学雷锋载体，甫一诞生，便引起社会各界广泛的心灵共鸣，正是缘于五十年学雷锋的丰富实践和探索思考。

弘扬主旋律，传播真善美，需要找到群众内心需求与时代需要的契合点，需要找到引起大众共鸣的兴奋点。而来自公民自发自觉的道德实践，极易在最广阔的土壤上开出最绚丽的文明之花、结出丰硕的和谐之果，具有更为强大持久的生命力。

社会的发展进步离不开经济共同体，同样也需要道德共同体与之相应和。“百姓雷锋”这个道德共同体的应运而生，彰显出人人皆可学雷锋，人人都可以是雷锋。这个时代创意的出现，切实找到了现实中人的内在需要与社会前进的有机契合点。

“百姓雷锋”的创意，开创了一种选树典型、宣传典型、弘扬主旋律、传递正能量的独特模式。这种接地气的运作模式，为“身边好人”搭建了一个展示的舞台，让“活雷锋”从幕后走到台前，广播他们的先进事迹，营造了社会关注的舆论氛围。

“百姓雷锋”不同于以往先进典型评选的最大之处，在于它的平民视角。以往评选典型人物注重“高大全”，且已形成固定模式。典型给人的感觉就该是高高在上，形象高大，优点全面，于百姓而言只能仰视，可望而不可即。但“百姓雷锋”的诞生突破了传统模式，它把视角下移，凸显平民性大众化，是平视的角度。一个可能并不十全十美的人，却在某一方面做得很好，就可以成为他人学习的榜样。

王芳琪、顾启明、洪博、洪玉……六十一位“百姓雷锋”，以及他们身后不断涌现的身边好人，身上无一不具有“平凡”、“普通”、“小人物”的共性，但是与这些低调的描述相反，真、善、美却是在他们身上张扬出的人性美好的共同特质。“百姓雷锋”这个新时代涌现的道德共同体，彰显出典型的时代性、地域性、引领性、群众性。

很多新事物、新现象的产生，概不是一时兴起的偶然。倘若我们把观察的视角尽量拉得长远一些，从大历史的维度考量“百姓雷锋”的诞生，就会发现，它的诞生是一种时代选择的必然。

时任抚顺市文明办主任的周淑泉，是“百姓雷锋”策划的领导者之一，亦是直接参与者。当时，她对“百姓雷锋”的解读很大程度上代表了官方的口径。周淑泉从三个方面定义“百姓雷锋”：一是“百姓雷锋”具有抚顺特色。生生不息的雷锋精神，伴随着抚顺的建设发展和改革开放及老工业基地的振兴，与抚顺人民血脉相连、水乳交融，雷锋的形象代表着抚顺的城市形象，雷锋精神代表着抚顺人的精神风貌。学习、传承雷锋精神，是每个抚顺人自觉的道德行为。二是“百姓雷锋”顺应时代发展。“百姓雷锋”创意诞生之际，正值党中央提出来构建和谐社会的奋斗目标，在全社会倡导树立社会主义荣辱观，这与雷锋精神具有本质上的一致性。雷锋精神集中体现着和谐共处、知荣明耻、全心全意为人民服务等道德要求。同时结合抚顺的实践，无论是在棚改中筑就的“棚改精神”，还是在城市发展中积淀的“城市精神”，都与雷锋精神相融相通。我们用雷锋精神来紧扣年度人物评选的主题，与时代发展的要求相一致，体现出强烈的时代性。三是“百姓雷锋”体现了群众性。在抚顺大地上，雷锋精神深入人心，越来越多的“张雷锋”、“李雷锋”、“赵雷锋”等等相继涌现。老百姓也愿意把身边的好人用“活雷锋”来称谓。“百姓雷锋”中的“百姓”两个字，非常巧妙地融合了“老百姓”和“百家姓”的双重含义，准确阐述了雷锋精神的群众性。

“百姓雷锋”的诞生，也受到了理论工作者的极大关注。多年致力于雷锋精神研究的翟元斌，曾担任抚顺雷锋精神研究所的所长。翟元斌从理论层面对“百姓雷锋”涵义的解读代表了一部分学者的观点。他从三个方面理解“百姓雷锋”：第一，从字面意义理解，“百姓”一词首先是反映人的社会地位的划分，另一层含义则是它的平民性、多元性，不局限于某一领域。第二，自从“百姓雷锋”推出之后，已经变成抚顺学雷锋典型的统称。第三，应该把“百姓雷锋”的诞生看做一个系统工程，不是一个抽象的概念化的事物。从理性高度上考量，建立一整套“百姓雷锋”评选机制。比如说“百姓雷锋”评选标准、评选程序、品牌宣传与运营、表彰形式、先进人物的荣誉与权利义务等等。

翟元斌认为“百姓雷锋”模式与众不同之处，一是典型产生路径的变化。与以往不同的是，“百姓雷锋”评选体现了大众参与性。以往的先进典型评选，都是各级机关组织推荐确定，“百姓雷锋”的产生截然不同。它凸显大众参与性。这是根本性的变化，是学雷锋历程中的一大进步。通过百姓推荐、媒体发现、单位推荐，群众参与度大大提高。这样的好处是显而易见的。群众自己选出来的典型，典型的社会认可度自然就高。二是表奖形式的变化。以往表彰先进典型，惯常做法无外乎是开个大会，公布典型名单，领导给典型颁奖，最后是经报纸公布。这在20世纪六七十年代甚至八九十年代，是非常自然而然的事情，因为人们可利用的表现手段很少。但是，随着时代的发展，人们的审美趣味提高了，新的传播手段出现了，舞美灯光等表现形式也丰富多样，这样对于颁奖效果的渲染力、感染力都大大不同以往。

应该说，无论是官方的诠释还是理论工作者的解读，我们感受到关键的一点，“百姓雷锋”诞生最大的意义就在于评选视角和价值取向的变化，就是关注普通人的道德生活，更具人性化。“百姓雷锋”的诞生，绝不是单纯称谓的改变，它标志着学雷锋活动进入到一个新境界。

抚顺市“百姓雷锋”的诞生，为学雷锋活动的与时俱进提供了一个可资借鉴的模板。这种独树一帜的形式，在走向学雷锋活动常态化目标的探索之路上，又开辟出一条蹊径。

50年学雷锋之路上走出来的先进典型，无论带有哪个时代的印记，他们都为“百姓雷锋”模式的诞生所震撼，为“百姓雷锋”平凡的事迹所折服。

在2006年度“百姓雷锋”颁奖典礼上，作为颁奖嘉宾出场的邓凤兰，有着与众不同的感触。“我这一生借着学雷锋的‘光’，不仅获得了太多的荣誉，而且越活越年轻，浑身有使不完的劲。”看她那精气神儿，根本不像是已经六十多岁的人。自从1985年邓凤兰当选为抚顺市“雷锋式的乘务员”之后，先后被评选为全国劳动模范、全国学雷锋先进个人和全国人大代表，受到党和国家领导人的亲切接见。

“我感觉非常幸福，激励我一辈子向雷锋学习。”邓凤兰直到今天也没有停下学习雷锋的脚步，带领退休的劳模们创建了劳模基地，继续为社会贡献余热。邓凤兰认为，评选“百姓雷锋”这个形式非常好，有利于深化学雷锋活动。她说：“学雷锋并不难，老百姓可以从一件件小事做起。如果人人都去做好事、善事，尽力为他人奉献爱心，我们这个社会就会是一个美好、和谐的社会。”

我们敬仰英雄身上的光芒，更感动于光芒背后的淡定，平凡背后的坚持。

新时期“雷锋传人”、抚顺市雷锋纪念馆名誉馆长郭明义，作为颁奖嘉宾出席了2010年度“百姓雷锋”颁奖典礼。在郭明义眼中，“百姓雷锋”评选模式是种“伟大的创举”。“作为一个城市，能够把城市中最优秀的普通群众作为一个形象、品牌来宣传推广，这就是在继承雷锋精神。抚顺人在做着雷锋的事情，抚顺市委、市政府发现、挖掘、树立这些平凡的‘百姓雷锋’，宣传他们的感人事迹，让更多的人了解他们，学习他们的精神，这就是抚顺独具的魅力和精神。抚顺这样一个英雄辈出的城市，一定会成为一座伟大的城市。”

“通过雷锋，我熟悉了抚顺；通过‘百姓雷锋’我感受到抚顺学习雷锋的浓厚氛围。”这是全国劳动模范、职业道德标兵李素丽在抚顺市“百姓雷锋”2012年度人物颁奖典礼上的真情表达。

李素丽曾是全国闻名的优秀售票员，她用自己的行动践行着“为人民服务没有终点”的诺言。她与抚顺有缘，曾多次到过抚顺，和全国劳动模范邓凤兰是好朋友，两人经常交流学雷锋的经验。“抚顺的‘百姓雷锋’评选和颁奖活动在全国学雷锋活动中带了个好头，做了个好榜样，是一面旗帜。我敬佩这些‘百姓雷锋’，他们的事迹让我震撼！”

一个好人可以带出一群好人，一群好人能够温暖千万人心。肇始于抚顺的“百姓雷锋”评选，自2006年迄今，已经走过了6个年头。6年、6届、61个“百姓雷锋”，感动了一座城市，也带来了深刻启迪。在“百姓雷锋”的感召下，更多的“张雷锋”、“李雷锋”、“赵雷锋”等等相继涌现，成为人们身边的感动，引领着道德风尚，浸润着城市文脉。

“百姓雷锋”的诞生，见证了抚顺从传统的学雷锋模式走向构建现时代道德共同体的生动实践，这是模式的创新，亦是顺应时代呼唤的创举。

对于策划“百姓雷锋”，抚顺市委常委、宣传部部长刘国强曾经这样评价“百姓雷锋”创意的诞生，“在这个社会转型、价值多元的时代，传统教育中那种高大全式英雄形象越来越失去感召力和影响力，还原真实的雷锋，挖掘普通人身上的闪光点，更容易引起人们心灵上的共鸣，从而发挥典型的引领作用和理论、制度及舆论的推动力。”

在一次研究如何创立“雷锋城”城市符号专题会议上，市长王桂芬表示，要将雷锋精神融入到抚顺人的日常生活，让抚顺百姓处处感受到自己生活在雷锋之城，要像雷锋一样热爱生活、乐于奉献、助人为乐，给发展中的抚顺增添更多的激情与活力。

抚顺市委书记刘强站在全市学雷锋乃至抚顺整体发展的高度定位“百姓雷锋”的诞生，“‘百姓雷锋’的评选为广大干部群众树立了一批又一批可亲、可敬、可信、可学的现实榜样，也为我们这座城市提供了不竭的精神动力。”

自2006年至今，已经开展六届的“百姓雷锋”评选，不仅成为抚顺一座城市的品牌，也成为一种文化现象，引发各界的关注。

光明日报记者在一篇评论中写道：“‘百姓雷锋’或许并不高大完美，但真实；并不轰轰烈烈，但踏实。他们是埋在地下的太阳石，是散落民间的珍珠，他们用自己独特的光芒默默地点亮了城市的夜空，引领人们的精神航程。”

第二章 高端制作

打造，那些煎熬的日夜

从2006年秋季开始，“百姓雷锋”评选活动像一个巨大的齿轮开始转动起来，整个抚顺市委宣传部忙得喘不过气来。

不得不说，当时“百姓雷锋”的评选活动在很长一段时间内，成为整个市委宣传部的兴奋点和关注点。活动策划组几乎每天都在商讨中，商讨的内容主要分为两大部分：一部分是给“百姓雷锋”定调子，保证好中选优；另一部分是研讨“百姓雷锋”颁奖典礼的策划创意。

精选人物，那些无数次的纠结

精选典型人物的过程是复杂的、细致的，来不得半点疏忽，要充分考虑到以下一些问题：选这样的“百姓雷锋”有哪些充足的理由？优选出的“百姓雷锋”能否经得住时间的考验？优选出的“百姓雷锋”能否让百姓接受？当选的“百姓雷锋”能否成为引领百姓们积极向善的榜样标杆？……而要想解决好这一系列的复杂问题，只能依靠集体的力量和智慧。因此，无数次会议都在围绕精选典型人物，谁上谁不上、谁行谁不行而展开激烈讨论，当然有时也会争执不下。

2006年，根据评选的一系列有关原则，抚顺市文明办最后从全市各行各业、各领域精选出了50名典型人物。当时“百姓雷锋”评选活动策划组召开了一次重要会议——优选"百姓雷锋"2006年度人物。此次会上，时任市文明办主任的周淑泉动情地逐一讲述了典型人物的故事。许志说："周主任的动情讲述至今仍令与会的所有人记忆深刻，那天她讲得特别用心、用情，很有感染力。其实，只有讲述者深深地被人物事迹所打动，才会有那样具有穿透力的讲述，深入每个人的心。"

俗语说，万事开头难。事实上，从2006年8月至2007年3月这8个月240天，对于市委宣传部的每个人来说都是痛并快乐着的。

在精选人物时，无休止地开会争论其实是把所有智慧的火花融在了一起：同是棚改拆迁的负责人，同样有帮助百姓、为百姓服务的动人事迹，选择王双庆还是另一个候选人？同是社区普通老太，是选择把孤寡老人当妈的王芳琪还是选择多年拾荒的×××？会议室里经常是纷争的，这种纠结的痛苦总是让人颇感压力。"我们所评选的典型必须要站得住脚，所以选择典型的压力很大。当时从海选中入围的共有50人，对这50人全部要进行明暗两条线的考察，'明线'就是从组织角度进行调查走访，'暗线'就是需要暗中寻访，到社区里访周围群众、亲属或者知情者。明暗两条线考察下来，往往有很多人被考核下来，可剩下的再淘汰就更加难了，这样的纠结万分痛苦。"现任市委宣传部网络监督处处长白姗说。

"你整天'泡'在各种无休止的会议中，也分一点时间给我们吧"，每年评选"百姓雷锋"的那段日子里，总会有朋友与白珊开这样的玩笑，责备她因为工作忙碌而与朋友们的疏离。白珊说，精选"百姓雷锋"年度人物难度很大，其中发现这样的典型人物和寻访他们是异常艰辛的两个过程。发现典型不只是百里挑一，应该是万里挑一，这种"发现"除了具备一双慧眼，还要有超细致的用心。从2007年开始，抚顺市文明办的所有人都养成了一个好习惯——读报，从媒体信息中发现"百姓雷锋"的线索。白珊，"百姓雷锋"的"伯乐"之一，她把《抚顺日报》和《抚顺晚报》上登载的好人好事都剪贴起来，不放过一点"蛛丝马迹"，"哪怕只有二三百字的内容，我也要剪下来。'百姓雷锋'王振英就是这样被发现的。一天，我在《抚顺日报》二版的一个边栏上看到了一则关于王振英的二三百字的消息，要是在以前，这个的小稿也就是看个大概，可自打有了‘百姓雷锋’一事，报纸上的每个关于典型的信息都像牵着我的心一样，连‘小豆腐块’也不能放过。”白珊说。看到关于市中通建设（集团）有限公司外分包项目经理王振英的报道后，白珊联系了稿子的作者，详细了解王振英的情况，并在最短时间内与王振英的单位及其本人取得联系。那几天，白珊多次走进王振英的单位，向单位组织部门了解情况，与王振英本人交谈，还暗地里找了王振英的同事们了解情况，来来回回跑了好几天，终于摸清了王振英的情况。

当听说顺城区抚顺城街道临江社区的徐福林老人常年坚持义务在河堤上种花，为休闲的人们带去美丽和清新的环境时，白珊、郭建等市委宣传部的干部们都被老人家的义举所打动，反复到社区里了解情况，再到河堤上看老人种花，徐福林老人对寻访的同志说：只不过就是想让河堤再美丽些，为休闲的人们提供一个优美的环境，也让休闲的人们看到美丽的鲜花时开心一些。朴素而美好的言行让寻访的同志们感动不已。在评选“百姓雷锋”的会议上，当寻访的同志讲述出徐福林老人的动人故事后，大家都为老人的行为所感动，最终徐福林被评选为第五届“百姓雷锋”。

精选的过程有时很纠结。白珊说：“让人感动的好人太多了，以至于淘汰下来哪一个我们都觉得可惜，因此对每个‘百姓雷锋’来说，即便是当选，他也不可能避免在讨论的过程中出现纷争，因为只要你参与到这场评选中来，你就会发现令人感动的人物太多了，很难做出选择，让人始终纠结着。有时都在想是不是每年‘百姓雷锋’仅评选出这 10 个人是不是太少了？”

市文明办副主任关卫东说：“曾有几名‘百姓雷锋’是连续‘提名’了好几届才上来的。第六届‘百姓雷锋’佟春玲就是连续两届‘提名’才被选上来的。她的事迹也特别感人，当她的事迹被前去寻访的同志讲出来时，有的人都感动得流泪了，可她还是被评下去了。因为精选每届‘百姓雷锋’时除了一些原则上的界定外，还要考虑到各行业、各领域、各层面都要涉猎，这样才能体现出‘百姓雷锋’的广泛性，也能全方位起到引领作用。这种好中选优的过程往往是让人很纠结的。”

寻访典型，那些付出艰辛的历程

因为“百姓雷锋”典型人物的评选要求严格，发现典型的渠道又有限，市文明办的工作人员随时都要打起十二分精神，睁大“发现”的眼睛。回忆那段经历，白珊笑着说：“我们几乎都‘魔怔’了，一听说哪里发生了好人好事，马上跑过去跟人搭话。呵呵，甚至有时在洗澡的时候听说了，也要迫不及待地缠着人家给我讲讲。”白珊说，没办法，咱得对“百姓雷锋”负责呀！

寻访“百姓雷锋”也是一个付出许多艰辛的历程。为了保证典型的真实性，不仅要明访还要暗访。明访还好说，到社区或工作单位调查一番即可，暗访时就难了，要在当事人不知情、在当事人单位没准备的情况下进行寻访，并不是件容易的事情，比如，2008 年度“百姓雷锋”顾启明是名林场的护林员，寻访人就得走进山林去体会发生在顾启明身上的故事；再比如 2010 年度“百姓雷锋”孙本学是清原公路段土口子养护公司的一名养路工，寻访人就必须像孙本学一样天不亮就上岗，体会发生在孙本学身上的故事。这样的事例不胜枚举。精选出的 61 名“百姓雷锋”都是在这样的寻访中被精选出来的。

暗访往往都是悄悄进行的，所以寻访者要跟随着先进典型的作息时间来进行。寻访孙本学时，寻访者必须天不亮就要跟着他；寻访徐福林时，寻访者就得顶着烈日看他在堤岸上种花、施肥，一站就是小半天；寻访热力有限公司维修服务二班副班长高威时，寻访者得冒着严寒在户外站上个把小时……61 个“百姓雷锋”，却并不意味着 61 次的寻访，可能是上百次、上千次的寻访。

提起这些事，关卫东说：“在发现和寻访过程中，我们所付出的艰辛有时甚至是难以想象的，可是没有一个人因为这个过程的艰辛而退缩，没有一个人因为这个过程的费力而懈怠。其实大家能做到如此，都是凭借强烈的责任感。那既是对评选活动有一份责任感，也是对弘扬雷锋精神秉承一份责任感。”

事实证明，如果单靠推举上来的感人故事很难选出立得住的“百姓雷锋”，发现和寻访典型在优选典型的过程中已成为不可或缺的一个环节。

向这些“百姓雷锋”的发现者和寻访者致敬！

那些日子：为什么我的眼中常饱含泪水

作为一个城市品牌，“百姓雷锋”的具体呈现充满了与众不同的创意，这不仅包含着换一种思路、换一个角度来选树典型、引领风尚，而且还包含着换一种效果、换一种视听感受来推崇英雄，向英雄表达敬意。打造“百姓雷锋”不仅需要寻求带有突破性的创意和策划，更需要一个展现创意的舞台，于是至今有了6次令全城热动的颁奖典礼。

说到此，我们不得不提到这样一些人的名字：刘国强、许志、刘永生、商泽友、刘剑欣、何长锁、张良玉、梅红岩、朱连义、汤亚良、刘明亮、许玉清、任东升、徐晓霞、吴艳华、孙建民……还有这样一些团队：风雷传媒公司、“百姓雷锋”的摄制团队、节目的演出团队。如果说一年一度“百姓雷锋”颁奖典礼已成为抚顺向英雄们向美好风尚致敬的盛典，那么这场盛典中必定离不开这些人和那些被“洗礼”的日子。

何长锁，一位与“百姓雷锋”深耕情缘的人，如果在上述许多不能不提到的名字中再做一次选择的话，那么他是少数必须提到的、“百姓雷锋”从创意策划到舞台呈现都绕不开的名字之一，因为关于“百姓雷锋”的很多次创意来自于他。事实上，在“百姓雷锋”评选活动中，他更像一条纽带，一端连接着策划者们，一端连接着执行者们。

从2006年开始，进入每年的十月份，“百姓雷锋”颁奖典礼的创意和策划就要启动。而每当这个时候，整个市委宣传部的工作也如时钟一样，以“百姓雷锋”为轴心转动起来。首先要进行的是敲定“百姓雷锋”年度人物；其次就是要将这些敲定的“百姓雷锋”年度人物逐一用镜头拍下。因为直观、形象的视听效果比起抽象的文字表述更具感染力、更易于被接受，特别是两者如能有机结合，那么则可以达到完美呈现的效果，所以用镜头呈现“百姓雷锋”先进事迹是一年一度“百姓雷锋”诞生的必要环节，也是颁奖典礼上的“重头戏”。

“百姓雷锋”摄制组要用画面来捕捉英雄们最扣人心弦、最高尚的一面与最真实、最质朴的一面，并悉数将其展现出来不是件易事，短短几分钟时间，要呈现出太多的内涵必是要经过一番谋划。而为了把“百姓雷锋”们呈现得完美、再完美一些，事迹摄制组成员几乎达到了忘我的境地，而最常见的一个情景就是在拍摄中常常是眼泪不知不觉地流了出来。

“有时拍完一个画面竟然不知不觉地流出了眼泪，在拍摄过程中，流泪是常有的事情，别看摄制组都是硬汉子，他们在拍摄中有时身体被冻麻了僵了都不吭一声，但却控制不住自己的眼泪……每次拍摄完‘百姓雷锋’就好像接受了一场精神洗礼。让我在此后的很长一段日子里，即便遇到再难的境遇，也总能感受到有股无形的力量在支撑着我。”摄制组成员、抚顺广播电视台编导孙建民这样描述着。

典型的先进事迹中有些是突发事，无法用形象的完整的画面展现出来，只能使用一些抽象的画面，一些抽象的画面经常令拍摄人员感到不满意，于是一次又一次地反复拍摄，直到满意了才算终止，其中经历怎样的感动和洗礼，恐怕只有摄制组成员才能体会得到。

2006 年，“百姓雷锋”摄制组来到清原满族自治县南山城镇青年农民袁存泉的家中拍摄。摄制组在袁存泉的家中连续跟踪拍摄了 3 天才进行完。因为袁存泉脑部以下全部失去知觉，所以每拍摄完一个镜头，袁存泉都大汗淋漓。每当看着他艰难地用骨节敲击键盘的时候，摄制人员都会不自觉地流下热泪，甚至因为打湿了镜头而不得不被迫停下录制。

2008 年，摄制组在拍摄“百姓雷锋”年度人物顾启明时已是寒冬。顾启明的先进事迹中有这样一个情节被摄制组看重，即他在巡山时意外发现了盗伐者，他不顾一切地去追寻盗伐者，而与此同时他的女儿溺进了水流湍急的河里，因为救护不及时而结束了花一样的生命。为了展现这个情节，反映顾启明的无私与高尚，摄制组决定用松林衬托着一条徐徐飘下的红丝巾来展现。拍摄这一情节时，摄制组成员是含着热泪完成录制的。

为了拍摄出意境，更好地烘托“百姓雷锋”顾启明的感人事迹，孙建民与任东升（时任抚顺晚报编辑）一同站在没膝深的雪地里，在寒风呼啸的瞭望塔上整整站着投了两个小时的丝巾，而摄制人员在雪地里趴了整整两个小时。当这一画面拍摄完时，摄制人员的身体在不知不觉中被冻得麻木了。

2009 年 2 月，按照流程，“百姓雷锋”颁奖典礼进入了舞美设计呈现阶段，一天凌晨时分，何长锁与原市戏剧创作室主任、中国戏剧家协会会员梅红岩、任东升等几人还在一起研究如何利用舞台效果完美表现“百姓雷锋”年度人物一事，逐一研究设计怎样的出场才能更完美地展现出他们的美好，当研究到顺城区抚顺城一校教师裴蓓时，几个人再也控制不住，齐刷刷地面对着窗子流下热泪，久久地，谁都不肯说话，谁都无法与谁对视。

如此动情的、忘我的几个片段，不仅出现在拍摄先进事迹时，出现在研究方案中，几乎在“百姓雷锋”评选活动的每个环节里，都会出现如此动情的一幕幕。原因只有一个——因为每个走近“百姓雷锋”的人们都会情不自禁地爱上这样一群优秀的人们，每个走近“百姓雷锋”的人都会在不知不觉中受他们影响，像他们那样做事。

那些付出：为雷锋而来的感动

2007 年的 3 月 5 日，预定举行的“百姓雷锋”2006 年度人物颁奖典礼。然而，3 月 4 日深夜，一场突如其来的大暴雪袭击了抚顺市，一时间，城际、城区、城乡之间交通几乎陷入了瘫痪。张金柱、袁存泉两位来自清原的获奖者及一些演职员被大雪困阻，无法赶到颁奖现场，颁奖典礼被迫推迟一天举行。为了能让病重的张金柱与行动不便的袁存泉顺利到达典礼现场，清原满族自治县政府派出人员和除雪车辆赶到两位“百姓雷锋”的家乡，为其清雪开道，并一路护送他们至典礼现场，从而保证了他们准时参加颁奖典礼。

表演舞蹈《雄鹰》的市特殊教育学校学生中有4人被省残疾人艺术团录用为演员，当他们3月4日乘车从沈阳赶往抚顺时，车辆陷在被暴雪覆盖的半路上，他们无奈只好返回驻地。这些令人敬佩又令人感动的残疾孩子相互搀扶着，一路顶风冒雪，深一脚浅一脚艰难地跋涉。坐在轮椅上表演的那名小演员，耗费了4个多小时才回到驻地。得知这些情况，3月4日夜，市交警支队、市巡特警支队专门派出警车开道，引领辽宁城际客运有限公司无偿支援的一辆大客车，克服重重困难，在大暴雪将沈抚之间道路完全封死的恶劣条件下，历尽艰辛，费尽周折，整整用了9个小时才把省残疾人艺术团的演员们从沈阳接到抚顺。当小演员们到达抚顺时，已是3月5日凌晨。

3月5日上午进行联合彩排，而乔安山、陈雅娟、雷锋班班长薛步瑞等典礼嘉宾此前被海城市请去作报告，暴风雪袭来后，道路不通，火车停运，他们在海城火车站候车室里等到3月5日凌晨2时才上了车，回到抚顺没有休息就投入到彩排中。

为确保颁奖典礼顺利进行，一些“百姓雷锋”获奖者、学雷锋老典型、演员和工作人员，在没膝深的雪路上步行了两三个小时赶到抚顺剧院。

2008年3月4日，“百姓雷锋”颁奖典礼即将举行的前一天，当紧张的联排结束时已是晚上7时，大部分演职人员都退场后，石油三厂文化宫内终于安静和空旷下来，许志、何长锁等人留了下来，继续研究着典礼合成的修改，还有哪些需要注意的问题。由大到小逐项问题研究讨论下来，等研究到怎样转身、如何下台才能更加有序自然时，已是3月5日的凌晨3点钟了。当在场的人看到已年近花甲的许部长凌晨了还在一遍又遍地梳理细节时，大家的眼眶都湿润了。当把典礼上的一切流程都安排妥当时，已是3月5日的清晨了。白珊说：“那天，我们大家是迎着初升的朝阳回到家的。”

5年来，为了确保“百姓雷锋”颁奖典礼顺利完成，追求呈现的精益求精，通宵达旦是常有的事儿。

2009年3月5日，“百姓雷锋”颁奖典礼上午进行完最后的彩排，临近中午时分，一些留在石化会议中心的演职人员午饭后便安静地坐在椅子上闭目养神，为下午典礼蓄积精力，而只有梅红岩拿出了小扫帚一点儿一点儿地在清理舞台前方台阶上的小碎屑。要知道当时的梅红岩已是花甲之年，其实如果不清理那些小碎屑，对于这场颁奖典礼来说也是无伤大雅。梅红岩，一位老艺术家能有这样的点滴付出，难道只是一名老艺术家追求完美的体现吗？难道不是因为心底的那份敬重与感动吗？

2010年的正月的一天，“百姓雷锋”颁奖典礼进入后期制作阶段，辽宁人民广播电台的音乐总监徐晓霞、抚顺广播电视台的音乐制作吴艳华与何长锁3人在抚顺广播电视台的一间制作间内为“百姓雷锋”颁奖典礼做后期音乐制作。已是下半夜两点，3人在制作的同时，还在不停地讨论怎样制作才能让音乐的表现力和穿透力表达得更完善、更完美。两个通宵过后，第三天，一个令人满意的近乎完美的后期音乐制作终于完成。当徐晓霞走出抚顺广播电视台的制作间时，累得几乎要虚脱，好在不知谁轻轻扶住了她。徐晓霞开玩笑似地说：“就冲着这些‘百姓雷锋’，咱累死了也值得。”

2011年，“百姓雷锋”策划组将颁奖典礼现场改在了户外。在户外又是在晚上录制节目，对录制设备的要求极高。而抚顺现有的设备，不仅十分紧缺，而且设备难以适应这种高要求的拍摄条件。无奈，为了保证典礼如期举行，执行策划何长锁不得不请朋友们来帮忙，终于以半借半租的形式搞到了所需要的全部设备，从而保证了这场典礼以最佳的视觉效果呈现出来。说到此，不得不提一下风雷传媒公司，风雷传媒公司一直在为几届“百姓雷锋”颁奖典礼默默地做着贡献，有时为达到更精美的舞台呈现效果，执行策划和导演们会有一些临时动意，比如多加些射灯、多加些小点缀等，风雷传媒公司从来都给予鼎力支持，从未计较过利益得失。至今，何长锁仍感动于这些朋友、这些团队近乎于义举的友情赞助，而这份感动也来自于他的朋友们说过的最经典的一句话“为了这些‘百姓雷锋’，这一切的付出都是值得的”。

这一年，“百姓雷锋”策划组决定邀请央视的节目主持人来主持颁奖典礼，为“百姓雷锋”走出“市”门做出考量。何长锁临时接受邀请主持人的任务，并连夜赶赴北京。央视负责人听说何长锁是为了一群英雄、一群“活雷锋”而来，二话没说，给予大力支持，决定派出著名主持人杨柳为此次典礼担纲主持。杨柳来到抚顺后，不仅被抚顺的向善气氛所感染，而且当他了解到这些“百姓雷锋”的先进事迹时，被深深地感动了，那一晚，他留下了最深情的泪水。他当场表示，是为雷锋而来，更为这样一些“活雷锋”而感动，抚顺，来得值。

那些创意：欣喜与痛苦交织的煎熬日子

如果让所有参与“百姓雷锋”策划的策划者们都来评价第一届“百姓雷锋”颁奖典礼，会是什么呢？答案只能有一个，那就是“创新”。它的创新在于抚顺的舞台上首次运用了电子大屏幕；歌舞、小品、快板、诗朗诵等多种艺术形式开始交错使用；舞台布景那具有标志性意义的“赵、钱、孙、李”百家姓的奇思妙想。可以自豪地说，这种模式开创了抚顺史上典礼模式的先河。这一次的创意和突破，让人们感觉到了耳目一新的同时，更记住了一个名字——“百姓雷锋”。

240多天的痛苦煎熬，这个创意来之不易。2006年10月，公出在外的何长锁、关卫东走在杭州的街头，第一次见识到了那个叫大屏幕的东西，大屏幕上不断滚动出的山水画面，给两人留下了深刻印象。回到抚顺，两人在参加部里的“百姓雷锋”策划会议时，谈到了所见识到的大屏幕，并因此产生动意，如果要是在颁奖典礼上能使用大屏幕的话，那么“百姓雷锋”的人物事迹将更具感染力、表现力、更有说服力。这样的动意在这次会上得到了大家的一致认同。两人听说当时铁岭的一场晚会便运用了大屏幕，于是立即赶赴铁岭取经。可是在抚顺哪能租到这样的大屏幕呢？何长锁辗转询问了几家相关部门，可是人家都没听说过大屏幕，更不知道大屏幕为何物，眼看典礼时间逼近，苦苦寻觅了很久仍不得下落，怎么办？在这样的痛苦煎熬中，何长锁等人始终没有放弃寻找。最终，一个好消息从何长锁的朋友处传来：沈阳就有这种大屏幕。终于找到了可以租用大屏幕的地方，为此策划组兴奋了好几天。那一年，大屏幕在“百姓雷锋”颁奖典礼上发挥出近乎完美的功效。

2007年初，“百姓雷锋”评选活动进入了颁奖典礼筹划阶段。在推翻了一个又一个颁奖典礼晚会的方案后，活动策划组终于确定了典礼的基调：典礼必须体现出独特、新颖和时尚的特征，必须让观礼者感受到贴近生活、贴近实际、贴近群众的宣传模式。

由于是场前所未有的典礼，一些创意是在数番争论中，擦出无数次智慧的火花中诞生的。那是一些快乐与痛苦相交织的日子。痛苦的是一切创意都是在“摸着石头过河”，令人欣喜的是这些创意的实施得到了高度认同。首先是苦寻下终于有了大屏幕的音讯，这让策划组众人为此兴奋了很长一段时间。

其次是苦苦坚持百家姓的布景，最终却成为创意的亮点之一。舞台布景是呈现舞台效果的重要部分，当时为突出百姓雷锋中也有百家姓的寓意，一部分策划者提出大胆建议：舞台要用百家姓为背景布景，还有一部分策划者对此表示反对，反对方认为以百家姓为背景让人感觉有些散乱，效果并不一定好，舞台布景还是以烘托气氛为主，建议用大红色的绸布摆出图案作为背景最好。两方为此进行了多番激烈的争论，那是一段痛苦的日子，谁也说服不了谁。大家决定两者都尝试一下，哪个布景好就用哪个。最后，还是少数服从多数，用上了百家姓的布景。那一年，百家姓的布景引起了极好的反响。所有观众都被这个精巧的小创意所吸引，以至于这个“百家姓”的小创意就像“百姓雷锋”的标识，经常出现在颁奖典礼上、“百姓雷锋”书籍的封面上。

其实，在创意过程中所经历的那些争论和坚持的痛苦，与创意受到高度认同所带来的兴奋感和成就感相比，实在是不值一提。但每个小创意的策划、采用注定都会是痛苦与欣喜相交织的过程。

这些争执与分歧的痛苦、一次次苦苦的寻觅，最后还是化作了成功时的快乐与兴奋。

2009年2月的一天，“百姓雷锋”颁奖典礼进入最后的舞美设计研究阶段，这已是第三次颁奖典礼，如何创新？怎样突破？这让典礼创意者们一筹莫展，几乎每个晚上，汤亚良、朱连义、梅红岩、何长锁4人都在一起研究舞美设计，期望从舞台效果和表现手法上实现又一次突破，然而这绝非易事。在不知不觉中，这种研究和争论往往要至第二天的凌晨，后来，4个人索性住在一起，彻夜研究舞美创意。尽管在研究过程中，他们之间常起纷争，甚至吵得面红耳赤，但一旦倒头睡下，第二天仍是好哥们儿。一天，几人又研究了一通舞美设计的创意，到了凌晨刚刚入睡，梅红岩、汤亚良、何长锁便被朱连义推醒，朱连义抑制不住地兴奋着说：“我刚想好一个舞美创意，你们再看看行不行？”何长锁等人睁开朦胧的睡眼，一时懵懵地听着朱连义兴奋的话，很快3人便随着朱连义也进入了兴奋状态，4人你一言我一语地掰着舞台模型，最后终于争论出一套令4人都很满意的新方案。类似的情形不单单出现在这一年。其实每年在为颁奖典礼做舞美前期设计的那段日子里，灵感来时的兴奋与欣喜与寻求创新和突破的痛苦煎熬始终交织在一起，没有人能睡个安稳觉，即便是睡下了，主创者们的脑袋仍无法停止运转，而是反复地思考着创意。如此往复，何长锁说：“其实每次颁奖典礼过后，自己都像被掏空了一样。无数个日夜煎熬的痛苦与无数次有了新设想的兴奋循环往复，无非都是为了典礼上那一刻的精彩呈现。典礼结束，聚光灯灭掉，一切繁华散尽，每当这时，我都会在剧场内静静地坐一会儿，为的是让自己慢慢沉寂下来，让一切思绪慢慢沉淀。唯有如此，似乎才会找到下次创意暴发的动力。”

2011年，第五届“百姓雷锋”颁奖典礼并没有按照前几届的惯例如期举行，而是延至6月初来举行，主要源于一次大胆的创意。这一年，策划组决定将典礼现场搬出剧场，搬到户外去。无论如何这都是个大胆的决定。搬到户外固然可以让观众体验到新鲜感，但6月天孩儿面，一旦天气变脸，典礼很难顺利举行。户外典礼对于舞美设计、灯光、设备等硬件要求很高，而仅凭抚顺的实力很难达到。

事实上，选择户外进行典礼是需要冒极大风险的。2011年6月9日晚，第五届“百姓雷锋”颁奖典礼准时启幕。刚开始五分钟后，主创人员便接到气象局的预报，一大片厚厚的积雨云正向典礼现场方向飘动，大约在20分钟后到达现场上空。情况非常紧急，主创人员都为此捏了一把汗。很显然，一旦下起雨来，典礼就会被迫中断，那么意味着一切创意、一切痛苦的煎熬都白白付之东流了。也许是上天感受到策划者们的艰辛不易，也许是“活雷锋”们的先进事迹感动苍天，老天不负苦心人，那天的那场雨终究没有下，使得这场颁奖典礼顺利成功举行。

呈现，被后来者效仿的经典

如果给每一届百姓雷锋颁奖典礼贴上一个标签的话，许多人给出了这样的关键词：2007年，首次“百姓雷锋”颁奖典礼的关键词有创新、兴奋；2008年的关键词为改进、责任；2009年的关键词为大胆、包容；2010年的关键词为精致、同心；2011年关键词为突破、灿烂；2012年的关键词为继承、发扬。

2007年，颁奖典礼由于实现了与以往典礼全然不同的突破，因此，创新这个词最是恰当。因为抚顺首次举行这样的颁奖典礼，让人耳目一新，那些精妙的构思和成功的效果中凝结着怎样的集体智慧和力量不言而喻。一旦终于实现了呈现形式的完美转身，它的成功令策划者们兴奋不已。关卫东说：“一周后我仍沉浸在兴奋之中。”何长锁说：“第一次颁奖典礼就像历经分娩之痛而生下的孩子，没有人顾及孩子是否漂亮，也没有人担忧孩子健不健康，来不及回味，一切只要平安顺利就好，除了兴奋还是兴奋。”

归纳一下2007年典礼的创意亮点有：动用了抚顺市历次大型典礼、晚会没有采用过的艺术手段和舞台技术，这成为颁奖典礼的最大特色和亮点。6×4米电子大屏幕的首次运用，生动画面与激情朗诵相辅相成，鲜活、逼真地再现了这些“百姓雷锋”工作、学习、生活的情景。精心的舞美设计更是匠心独运，以百家姓为场景，重点突出“赵钱孙李百家姓，东西南北活雷锋”的主题。舞台上绽放的鲜花，寓意着雷锋精神永存，以一段感人、贴切的赞颂词，正好与“百姓雷锋”的本质和特征相得益彰。通过歌舞、小品、快板、诗朗诵等艺术形式的交错运用，使颁奖与文艺演出穿插进行，使“百姓雷锋”的人物塑造更加饱满、更加引人入胜。

2008 年的颁奖典礼在沿用第一届舞台效果和艺术呈现形式的基础上进行了些许改进。除此之外，在首届“百姓雷锋”的鼓舞下，市委宣传部所有人员齐上阵，大家着眼大局、勇担责任、互相补位、同心协力，保证了典礼的成功举行。这一年典礼临近，各节目即将进入紧张彩排阶段。这天，满族艺术剧院的排练现场，聚合了所有的演出队伍，“五彩缤纷”的演员们或说笑着或打闹着，排练场里一片嘈杂，大家都在等候主创人员来给予指导。彩排时间已到，因为主创人员未到，排练场内仍是无序嘈杂。突然间，只听一声哨响，有力的口令声响起，排练场内立时安静有序起来，所有演员纷纷找到自己的队伍，站好了队列，当主创人员到达时满族艺术剧院时，演员们已在进行排练。这样的小事、细节在每届颁奖典礼的筹划中都曾发生，它们说明了一点：市委宣传部是一个有凝聚力的大家庭，人人都在补台，没有人拆台，每个人都有着强烈的责任感。

到了 2009 年，由于颁奖典礼已历经两届，在形式上寻求突破很难，如果没有创新，恐怕很难满足观众们的需求和欲望。按照传统，几乎所有的颁奖典礼都是以红色调为主，策划组决定尝试运用全新的色调和元素来打造这场典礼。这样的决定无疑是大胆的，因为观众能否接受是未知之数，但只有大胆尝试才能实现创意的突破。事实证明，这场典礼大胆使用的蓝灰色调和新鲜元素，被大众所接受和认同。而大众的这种认同和接受主要说明一点：随着典礼的不断改进和创新，所有人的包容能力、欣赏能力和创新能力也在同步提升。

2010 年的颁奖典礼很难再让主创人员兴奋起来并再次激发出创作灵感。为了追求创新，主创人员决定在舞台上加以精细包装——首次使用了旋转舞台、首次采用两个刻有百家姓的主题立柱，一方面在舞台上制造出空间流动的效果，另一方面在舞台上运用百家姓元素，突出

“百姓雷锋”的主题，可以说，舞台包装美轮美奂。但意想不到的是这个旋转舞台的每次转动，都是幕后的7名工作人员用自己的双手在推动。7名坚守岗位的同心人，他们的辛苦付出为典礼的成功举行奠定了基础。

那一年正月里，典礼进入了舞美呈现的关键期，可就在这个时候，主创人之一的何长锁病倒了，因为过分的劳累和追求完美的焦虑、压力而导致身体过度透支。住院期间，他打完点滴，仍要继续赶往典礼现场，指导舞美设计。他说：“那段时间，大家看到我生病，都不将重活、累活留给我，而且在母亲住院抢救期间，部里的领导和同事们都十分关心，陪着我一同守在重症监护室外。我明白，我只有一心一意地把颁奖典礼策划好，才能回报他们对我的支持和爱护。”

2011年是个最灿烂的一年。这一年典礼的创意从形式到内容都有了一次里程碑意义的飞跃。在舞台艺术展现上、地点选设上甚至在颁奖嘉宾和主持人的选择上都有了大胆的突破，至今仍被堪称经典。突破一，这场典礼打破了“百姓雷锋”××××年度人物的说法，而是改用了第五届“百姓雷锋”颁奖典礼，虽仅是一个小小的名称，却足以说明主创者的创新意识和品牌意识浓了；突破二，这场典礼突破了坐在剧院里颁奖的模式，而是改在了户外进行，这是极大胆的设想，且不说户外形式对舞美设计的要求高，单说阴晴不定、难以人为控制的天气，便足以证明此次创意的大胆；突破三，将舞台从雷锋纪念碑前一直连接到雷锋纪念馆门前，这一表现手法的突破，寓意着“百姓雷锋”在踏着雷锋的足迹前进，而且有越来越多的人加入到这个队伍中来；突破四，邀请央视节目主持人主持，邀请到了全国著名的先进典型李素丽、李中华、“草原英雄小姐妹”龙梅与玉荣和郭明义作为颁奖嘉宾，并设计了向他们颁发荣誉市民证书的环节，这些创意将“百姓雷锋”这一品牌推向全国。

“海阔天空”，用这4个字来形容那一场典礼的创意并不为过。这些突破的创意，说说简单，但其实凝聚了主创者们日夜煎熬的心血，凝聚了主创者们星星点点的智慧火花。

颁奖嘉宾“草原英雄小姐妹”龙梅、玉荣是怎样被邀请来的？颁奖典礼上“百姓雷锋”张鑫的学生们泣不成声是刻意安排的吗？当观众心中的这些疑问终于被一一揭开谜底时，我们不难读出这些奇思妙想的精妙之处。2011 年 3 月的一天，央视新闻联播正在播放“双百”人物中的共产党员——“草原英雄小姐妹”龙梅和玉荣的事迹，当主创者何长锁看到当年姐妹俩在暴风雪中保护羊群的动漫画面时，一个念头立即在他的脑海中闪现，龙梅、玉荣是全国早期的先进典型，她们的先进事迹广为人知，这么多年过去了，人们都很想知道她们的近况，如果能邀请到她们来参加“百姓雷锋”颁奖典礼，不仅切合典礼主题的定位，而且还能加深对她们的了解。更巧的是当时嘉宾人选中有两位还没确定。何长锁想到了龙梅、玉荣这对姐妹组合的同时也想到了“百姓雷锋”洪博、洪玉兄弟组合，如果能让这两对组合站在一起一定能有震撼的效果。这两对组合不仅符合主题定位，而且存在很大反差，一对年老，一对年轻；一对在暴雪中救羊，一对在烈火中救人。何长锁向总策划人提出自己的想法时，想法一经说出便得到策划组的一致认同。

那场典礼上最为感人的一幕当属张鑫的 6 名学生捧着亲手制作的礼物走上颁奖台，泣不成声地讲述着老师的故事，现场观众无不为此动容。这个场面并不在主创内容里，完全是学生们的真情流露，学生们亲手包了饺子作为礼物送给老师，原来，张鑫老师平时很关爱学生，是他教会了学生们包饺子，所以当学生们听说要把亲手制作的礼物送给老师时，便一起动手包了饺子。这个环节起初并未做硬性安排，结果却收到了意想不到的效果。

2012 年 8 月 15 日，纪念雷锋同志因公殉职 50 周年暨第六届“百姓雷锋”颁奖典礼选在抚顺天湖体育馆内举行。这次颁奖典礼与前五届有了很大不同，根本变化在于它是一套全新的策划班底来创意。这场典礼在继承中有了一些尝试和创新。总策划许玉清在接受记者采访时说，颁奖典礼突出平实、庄重的基调，在继承中更贴近百姓。

此次典礼的颁奖嘉宾还特别邀请了与雷锋有关的人，如：为雷锋拍第一张照片的人，雷锋班第一任班长和郭明义等。典礼运用了情景再现、视频画面和人物访谈等多种艺术形式，再现典型人物事迹。在表现上，不仅有“百姓雷锋”年度人物事迹介绍，也有他们与普通群众的交流沟通，使“百姓雷锋”年度人物的先进事迹更加生动、真实，更加可亲可敬。在技术处理上，抚顺广播电视台技术处工作人员与一家广告公司联合运用三维动画的手法，为颁奖典礼制作了片头、片尾和片花，使视频画面精美、色彩绚丽、具有了很强的视觉冲击力。

回眸六届“百姓雷锋”评选活动的脚步，你看到的一定是六次日臻完善的创意呈现。如今，“百姓雷锋”不仅成为抚顺市所有大型策划活动中的“王牌”，更成为被其他大型策划活动所效仿的经典，没有超越只有借鉴。

一直以来，每年的“百姓雷锋”颁奖典礼都要结集成册，透过厚厚的六本书，我们可以看到舞台上歌颂“百姓雷锋”的点点滴滴，更看到了舞台外对“百姓雷锋”的别样呈现——评论、消息、专访、侧记、图片、台前幕后拾零，如今还有网络微博，2011 年开始，抚顺市的两家网络媒体——抚顺新闻网和抚顺传媒网也在对“百姓雷锋”进行跟进、宣传。多种媒介手段的运用，表达出一个共同的声音，那就是宣传呈现“百姓雷锋”不惜笔力、不拘于形式、更不吝奉献体力和智慧，只因为这些“活雷锋”令人们感动、让人们自觉效仿，只为这座雷锋城里的“活雷锋”可以多些、再多些。

如今，抚顺市各部门、各行业、各领域承办的全市性评选颁奖活动大多是以“百姓雷锋”颁奖典礼为蓝本而策划实施的，可以说，几届“百姓雷锋”评选活动已成为后来者效仿的经典。

第三章

满园花开

抚顺市几年来的“百姓雷锋”评选，使雷锋第二故乡的学雷锋活动愈发具有激发人民团结奋斗的强大动力，愈发具有引领时代风气之先的独特魅力，愈发具有感动人心、温暖社会的道德引力。到普通的群众中去发现雷锋，用身边的偶像去引领城市文明和时代风尚，让雷锋精神渗透进城市的每一个角落，让雷锋精神贯穿于每一个市民的日常工作和生活中，这完全可以说是抚顺对学雷锋活动的一次重大创新。

如果用花来比喻，抚顺市的“百姓雷锋”评选活动恰似先春含苞、入春而放的迎春花。她虽乏惊世之表，也无撩人之香，却能以纤秾娇小的姿质先百花而开，向人间传递春天到来的消息。“迎得春来非自足，百花千卉共芬芳”，这是迎春花品格的写照，也完全能够作为抚顺评选“百姓雷锋”这一创举的写真。

“一花引来百花开”。用这句话来形容抚顺“百姓雷锋”年度人物评选活动后出现的“凝心聚力”现象是再贴切不过的了。抚顺市每年大规模举办隆重的“百姓雷锋”评选表彰活动，实际上都是向全社会做出的道德示范与道德带动，既展示了普通人对良好美德的信守与传承，更彰显了普通人弘扬雷锋精神所产生的道德力量。在“百姓雷锋”评选活动的启示带动下，全市多领域、各层面，也都开展了各具特色的“百姓雷锋”式评选、评比活动。可以说，抚顺以“百姓雷锋”年度人物评选为牵动，引发了一波又一波蔚为壮观的学雷锋热潮。从望花区的“望花好人”，到东洲区的“东洲之星”；从教育系统的“小雷锋”，到清原县的“四德楷模”；从往来于沈抚之间的“雷锋号”城际客车，到遍布在城乡各处的“志愿者”……越来越多的“雷锋”们用各自的方式进行着雷锋传人的道德实践接力。如果说，当年的雷锋是一轮明月，那么，如今的“百姓雷锋”就是照亮这座城市的点点明星；如果说，“百姓雷锋”是根植于抚顺大地的棵棵迎春花，那么，由“百姓雷锋”评选活动所引发的“望花好人”、“四德楷模”、“东洲之星”以及“雷锋号”、“志愿者”……就是扮靓这座城市的丛丛百花，为抚顺这座英雄的城市平添了无穷的魅力。

引来望花繁花似锦

“你是一棵树，我是一片林，我们搭起浓浓的绿荫。树有树的根，林有林的魂，在这块温情的土地上，我们来做好人……你是好人，我是好人，我们都是雷锋传人。无论在城市，无论在乡村，一个个动人的故事，说也说不尽……”

《望花好人》这首旋律悠扬、词韵优美的歌曲，在抚顺市望花区老百姓中已经传唱开来很久……

望花区是雷锋生活和战斗过的地方，雷锋是望花区的自豪与骄傲。望花区人民对雷锋怀有深厚的感情和人格认同，学雷锋更有着广泛的基础和丰富的实践。全市开展的“百姓雷锋”评选活动，也向望花区提出了需要继续探索的时代命题：如何发挥好望花现有优势，不断创新学雷锋活动的内容和载体。多年来，望花区一直坚持用雷锋精神建区育人，积极探索着在新形势下加强思想道德建设的有效途径。2008 年，望花区委、区政府在广泛调研、深入分析的基础上，立足评选“百姓雷锋”的理念和思路提出了打造“望花好人”品牌，推进文明城区建设的工作目标，并先后开展了“深化四德教育，争做望花好人”、“学雷锋、做好人”、“好人温暖望花”等主题实践活动。实践证明，“望花好人”品牌创建工作，是新时期望花人学雷锋活动的有效载体，通过几年来持续不断地精心评选，已在望花地区营造出了“评好人、做好人”的浓厚良好氛围，得到了各级领导充分肯定和社会各界广泛赞誉。

2009 年 12 月 30 日，省委书记王珉来抚顺调研时，他与北厚社区居民“望花好人”周庆余作了亲切交谈之后，欣然题写了“望花好人”四个大字。

抚顺市委书记刘强这样说过：“望花区开展的‘望花好人’评选，与全市开展的‘百姓雷锋’评选在本质上是一致的，都是倡导积极向上的社会风气，让我们的城市更美好。”

突出大众性，选育“望花好人”

自 2008 年初开始，望花区就以宽阔的视野、创新的方法，把选树学雷锋典型的重心下移到基层街道和社区，聚焦于最广大的普通群众，在他们的身上寻觅闪光点，从他们的生活中挖掘感动，成功地推出了一大批既具传统美德、又有时代风采的“望花好人”。

正如望花区委常委、宣传部长杨学仕所说：“评选‘望花好人’，百姓认可是最重要的标准。他们不需要做惊天动地的大事儿，只要身上有闪光点，能感动人，都有可能成为‘好人’。”这让人们感觉到做“望花好人”人人可为，“雷锋”就在我们身边，“雷锋”就是我们老百姓自己。

望花区朴屯街道中海直社区居民 68 岁老人王美兰 1986 年退休，那时候大女儿在家待业，小女儿和儿子在校读书，而老伴已去世多年，全家就靠她一人支撑。当时由于受客观条件限制，民政部门收养的弃婴部分“散养”在民间，王美兰也加入到收养弃婴的行列。当年 8 月，她领养了第一名男婴。因为她照料孩子认真，就不断有弃婴被送到她家里，最多时，她同时收养 5 名。喂养婴儿是个细致活儿，有时候一顿饭就得喂上一小时。虽然民政部门给予适当补贴，但这远不够育婴的开销。三个子女也不理解王美兰的做法。因为她收养弃婴，大儿子 30 多岁还没找上对象。“他们是最弱小的生命，养久了，就舍不得放下。如果放弃了，他们还怎么活？”王美兰总是这样说，就这样她先后收养过

18名弃婴。每当听到孩子们叫她“奶奶”，她感觉自己是世上最幸福的人。2010年，王美兰被评为“望花好人”，成为望花区“望花好人”群体中的一员。

这些“望花好人”不仅遍布在望花区的各个社区，还遍及驻区的企事业单位。在他们当中有帮助千名失业者找工作的“光明老人”陈怀臣；二十余年自费编印诗歌、童谣，义务宣传雷锋精神的退休老教师于波；自强不息支撑家庭的好少年李雪；二十年如一日照顾失明邻居的胡信民、岳桂玲夫妇；心里装着百姓的“小巷总理”徐秀香；传递爱心的好大姐秦启兰……他们的年龄、职业各不相同，但他们都是为他人、为社会送温暖、献爱心不求回报，被大家交口称赞的“雷锋式”的好人。目前，他们中已有8人被评为抚顺市“百姓雷锋”。其中，“望花好人”白艳杰当选为辽宁省第十一届人大代表，获得2011年度全国优秀党务工作者、辽宁省“道德模范”提名奖等荣誉称号；“望花好人”徐秀香当选为中国共产党辽宁省第十一次党代会代表，还被评为全国优秀人民调解员；“望花好人”赵玉霞被评为2012年度辽宁省优秀共产党员……

望花区学雷锋活动坚持联系基层实际，注重大众广泛参与，精心选育“望花好人”之花，必然会迎来满园春色。

讲究鲜活性，推介“望花好人”

“望花好人”犹如空谷幽兰，本来生长在社区里巷，却能以其幽香感化世界。为了让更多的居民群众去追效“望花好人”的风范，望花区通过多种形式宣传推介“望花好人”之花。

“为凡人立传，为好人著书”，这是望花区宣传推介“望花好人”的重要举措之一。他们调拨资金，组织专人，将“望花好人”的先进事迹汇编成书。由区委统一组织编写的《望花好人》系列丛书，自2008年到现在，已经连续结集出版了四部。这套系列丛书集中收录了近年来全区的好人好事和学雷锋文明成果，堪称望花区平民的爱心“史记”。为扩大“望花好人”影响，望花区每年都组织召开隆重的颁书仪式。在仪式上，为“望花好人”佩戴好人徽章、颁发好人奖杯，赠送好人纪念邮册等。当用真情爱心书写的传记与“望花好人”见面时，有的“望花好人”手捧着书满含热泪地说：“我也能被写进书里啊！以前我总觉得自己做了应该做的事儿，现在一定要把事儿做得更多、更好！”

开展“好人说事”主题宣讲活动，是望花区宣传推介“望花好人”的又一举措。为了让“望花好人”从自己所在的社区、单位走出来，用百姓身边人的鲜活事迹教育和感化全区人民，从2009年开始，望花区开展了“好人说事”宣讲活动。让“好人”们带着雷锋精神进社区、入校园、到机关……四年来，共计宣讲1300余场，受教育群众达10万余人。和平街道风华社区有个姓王的居民，2008年刑满释放后一直没有找到合适的工作，再加上他身体有残疾，连基本生活都没有保障。这个人感觉自己是被社会遗弃了，失去了生活信心。社区了解这一情况后对他做了思想工作，积极化解他的不稳定情绪。一次，社区安排王某参加“望花好人”齐洪杰的事迹报告会。齐洪杰十几年独自一人照顾患病小姑子表现出的家庭美德，深深地触动了他的心灵，使他重新鼓起了生活的信心和勇气。他诚恳地对社区书记说：“没想到还有比我更困难的人，我再也不找社区了，我要像齐洪杰那样自立自强！”社区帮王某找到了合适工作后，他的生活有了依靠。现在他非常支持社区工作，时不时到社区为居民做些力所能及的公益事情。

为进一步增强“望花好人”的针对性和实效性，望花区还组织开展了“知好人学好人”、“讲文明树形象”宣传教育实践活动。“望花好人”积极参与其中，并发挥典型示范作用，极大地调动了广大居民群众参与社区建设的积极性。望花区还以“望花好人”的先进事迹为题材，创作了歌颂“望花好人”的文艺节目，以歌曲、快板、京东大鼓、单弦弹唱等群众喜闻乐见的形式，深入社区宣传“望花好人”的事迹。“好人之歌”在望花广为传唱，深受全区人民欢迎。望花区同时策划、制作了“望花好人”专题片，并先后在《求是》杂志、《辽宁日报》以及市直各家新闻媒体上宣传推介“望花好人”和“好人团队”，使

“望花好人”成了望花区一张解读雷锋精神的鲜活名片。

注重引领性，广育“望花好人”

“望花好人”与雷锋精神一脉相承，他们不仅是真情与爱心的化身，也是文明与进步的楷模。他们立足社区、贴近生活、贴近群众，对居民百姓有着春风化雨、润物无声的引领作用。如今，“望花好人”越来越受到居民群众的信赖，居民有事找“望花好人”已成日常习惯。

朴屯街道岫岩社区的“望花好人”姜宏波，生活一度非常窘迫，妻子与他离异，致使其失去了生活信心。社区在走访中发现，姜宏波能用高粱秆制作出精美工艺品，就鼓励他在这方面创业，并常帮他出谋划策。从此，姜宏波的高粱秆工艺品制作一发而不可收，逐渐在省内外小有名气。沈阳一家外资企业要用 50 万元高薪聘用姜宏波，可他说啥也没签约，因为他打算回社区自创公司，领着更多下岗职工一起富起来。近年来，在望花区像姜宏波这样的人还有很多。据不完全统计，由“望花好人”引路帮扶的居民少说也有 200 余人。

工农街道东丰社区原来上访人员较多，社区注重发挥“望花好人”帮大家解决困难、理顺情绪的作用。社区党总支及时做好民情的收集反馈工作，针对居民提出的清除小区内垃圾死角、减少噪声污染和修建车棚的要求，在“望花好人”赵其明的带领下，经多方协调得到解决，赢得了居民们的认可。

随着“望花好人”社会影响不断扩大，望花区“好人”层出不穷，“好人团队”不断涌现。煤研社区“青年志愿者”服务队、铁岭社区老年巡逻队、北厚社区残疾人“阳光团队”、风华社区“爱心同行”志愿者服务队……好人团队如雨后春笋般不断涌现，使社区的治安巡逻、护绿保洁、矛盾调解、扶贫帮困、就业信息宣传等工作有了可靠的承担载体，有力地促进了和谐社区建设。

光明街道在“望花好人”倡导下，成立了“平安志愿者”服务队。参加这支志愿者队伍的除了“望花好人”，还有政法干警、机关干部、社区工作者和居民骨干等 500 余人。他们统一配备了标识、服装和袖标，安全宣传、治安巡逻、收集上报各类安全信息等工作都由这些志愿者担任，为社区平安建设做着实实在在的工作。

创业园区“爱同舟”服务队起初有35名志愿者，在“望花好人”秦启兰带领下，常年照顾、帮助社区里的138名孤寡老人和残疾人，深深地感动了园区所有百姓。如今“爱同舟”在古城地区非常有威望，成员已有百余人，服务区域也从原来的古城棚改新区扩展到整个创业园区。

望花区雷锋艺术团的文艺志愿者们，在“望花好人”陈凤霞等人的带领下，多年坚持深入社区（村），为居民群众义务演出达上千场。在迎接建党九十周年的演出活动中，他们不顾路远、天热、风吹、日晒，为全区干部群众献出了一场又一场精彩的文艺节目，深受望花区各界欢迎。

“好人”团队用真情和爱心温暖望花，得到了广大居民群众发自内心的认可。如今，“望花好人”之花长势愈来愈旺盛，而且不断蘖生分枝，迅速在望花这片土地上发展蔓延开来。

增强自觉性，呵护“望花好人”

要使“望花好人”之花常开不谢、花繁叶茂，不仅应有识花之能、爱花之情、赏花之趣，更需要有育花之工和护花之行。

四年来，望花区投入数十万元资金，用于评选、表彰“望花好人”和“好人团队”。各级党工委和街道、社区也都通过命名表奖、走访慰问、开座谈会等多种形式对街道、社区好人进行扶植、鼓励，极大地调动了广大居民群众参与社区建设，争当“望花好人”的积极性。

为了凝聚“好人”力量，发挥“好人”群体效应，望花区在条件具备的社区、单位成立了“好人之家”，引领和谐社区（村）创建活动深入开展。“好人之家”以“望花好人”为骨干，采取居民自治方式，建立、健全组织机构，明确工作职能和服务标准，定期开展活动。“好人之家”将“望花好人”和居民群众的力量凝聚在一起，把大家动员和组织起来，积极为和谐望花建设出力。

光明街道铝北社区有12位"望花好人"，他们在社区党总支的指导和支持下，牵头成立"铝北好人之家"，并聘请了雷锋生前战友乔安山为名誉主任。"好人之家"下设政策法律咨询宣传队、再就业帮扶队、文体活动健身队、爱心老人服务队、助残敬老帮扶队等7个"好人团队"。一百余名"社区好人"在这些"望花好人"带动下，积极开展社会公益活动，为居民办好事、办实事，受到铝北社区居民一致赞誉。

"望花好人"大都属于居民百姓层面，他们虽然为他人送温暖、献爱心，可他们的生活也会遇到难处，也需要别人帮助。望花区区长鲁波在一次全区干部大会上曾说过："'望花好人'是我们区的精神动力和宝贵财富。他们平时无私地帮助别人，可有时自己遇到困难，也应该得到别人的帮助。我们要立个规矩，就叫做好人帮好人，政府做后盾。"望花区委、区政府和各基层党组织几年来采取各种措施，用实际行动兑现了"好人帮好人，政府做后盾"的郑重承诺。

望花区一方面要求民政、就业、残联等职能部门在政策允许的情况下，优先为"望花好人"解难题、办实事；另一方面连续几年拨付专项资金，用于走访、慰问、补助、救济"望花好人"，实实在在为"望花好人"排忧解难，用真情温暖"望花好人"。

为形成"别人有难'好人'帮，'好人'有难大家帮"的良好局面，望花区于2010年5月还建立了"好人互助资金"。这项资金专门用来扶植"好人"创业、发展"好人"经济，开展"好人"活动、救助生活上有特殊困难的"好人"。这项互助资金的设立，也为热心社会公益事业的人们提供了一个献爱心的新平台。

光明街道晨光社区"望花好人"于凤靠修鞋为生，他的修鞋点处于危旧楼拆迁范围，一拆迁就直接影响了他一家人的生活。街道工委得知此事后，马上协调有关部门帮助解决问题。通过区残联、区执法大队和抚顺宗裕房地产开发公司等单位的共同努力，于凤终于又有了自己的新修鞋点。

"望花好人"李桂珍的孩子2012年考上了大学急需学费，可丈夫身患肝癌，家中生活十分艰难。区委领导得知这种情况后，积极组织协调，由区工会、民政共同出资解决了他们一家的实际困难。

“望花好人”黄亚文靠制作木制工艺品维持生活，家庭困难突出，区就业局为他解决了价值4万余元的生产设备。黄亚文深受感动，就主动招聘社区内残疾人到他作坊工作，认真教这些人制作工艺品技术，以此来回报党和政府给他的关怀和温暖。

望花区残联还专门协调资金，为两名肢体残疾的“望花好人”于凤和张富购买了残疾人代步电动车。这种面向特殊人群的交通工具为他们的出行带来很多方便，不仅让“好人”深受感动，更激发了居民争做“望花好人”的热情。

“好人”爱望花，望花爱“好人”。随着“望花好人”不断涌现，望花社会各界对“望花好人”的关注度不断提高。不少地区文明单位、“雷锋号”、“雷字号”单位纷纷走近“望花好人”，与以“望花好人”为骨干的社区学雷锋志愿者队伍结成了共建对子，携手弘扬雷锋精神，共同建设和谐望花。目前，望花国税局雷锋分局、工商银行雷锋支行、雷锋中学、雷锋小学、望花区就业局等8家单位，分别与古城社区“爱同舟”志愿服务队、北厚社区“阳光团队”、铝北社区“再就业帮扶队”等结成帮扶对子。在2012年端午节期间，望花地区的“雷字号”单位走访了12名生活较困难的“望花好人”，并为他们送去了慰问金和礼物。结对子单位还为“望花好人”准备志愿服务必需品，与“望花好人”一道走访、慰问社区内的困难群众，切实把爱心和温暖送给居民群众。

如今，“学雷锋、做好人”在望花已成为大多数人们的自觉行动。目前，在“望花好人”的带动下，全区学雷锋志愿者团队已达209支，志愿者6000余人，知“好人”、学“好人”蔚然成风。将雷锋精神融入到争当“望花好人”的社会实践，为望花区经济社会发展提供了有力的思想保障和不竭的精神动力。

催开清原山花烂漫

美丽、静谧的清原县地处辽东山区，是隶属于抚顺市的一个满族自治县。多年来，清原同抚顺其他县区一样，在全县各乡镇、各行业持久、深入、扎实地开展学雷锋活动，也涌现出了一批“百姓雷锋”、雷锋式模范人物和先进集体。全市“百姓雷锋”评选活动的开展和建设“雷锋城”目标的提出，也为这个山区县在新形势下进一步营造学雷锋活动的良好氛围提供了借鉴与启示。

时任县委书记的上官惠庭曾感慨地说：“首先要提高群众的文明素质和道德水准。如果人的思想失衡、道德失范，一切都无从谈起。”县委一班人认为，在经济社会高速发展的今天，社会上一些道德缺失现象严重阻滞了社会目前甚至长远的发展，所以非常有必要开展一次“人心修整”工程。就是要以德化民，提高每个公民的思想道德素质，组成浩浩荡荡的“百姓雷锋”大军，为清原经济社会又好又快发展营造良好的社会软环境。大家深刻认识到，道德力量是经济发展、社会和谐、人民幸福必不可少的重要条件。

从2008年初开始，在清原这个位于抚顺市北端欠发达的山区县，展开了一场以社会公德、职业道德、家庭美德和个人品德建设为内容的“四德”主题教育活动，把它作为“人人学雷锋”的基础工作和中心环节，按照重在实际行动、重在持之以恒、重在形成机制的要求，大力提倡爱国、敬业、诚信、友善等道德规范，深入开展学雷锋活动，推动形成尊老爱幼、扶贫济困、礼让宽容的人际关系，培育文明道德风尚。清原县在“四德”主题教育活动中结合县域实际，以全县在“四德”方面存在的突出问题为切入点，着眼于增强公民责任意识，精心设计了“德惠学子”、“立德成才”、“道德信贷”等系列专项活动载体，以引导人们正确对待自己、他人和社会，正确对待困难、挫折和幸福，自觉履行道德义务、社会责任、家庭责任。清原“四德”主题教育活动虽有所侧重，但其内容已涵盖了公民道德建设整个领域。为保证活动质量，他们还特别明确了“讲有内容、行有规范、学有标杆”的考核评价标准。四年来，“四德”主题教育活动犹如阵阵和煦的春风吹遍了清原城乡，吹进了千家万户，吹得社会公德、职业道德、家庭美德和个人品德建设之花在全县到处开放，真是山花烂漫满目春……

“四德”新风送暖助学花

2009 年 5 月 4 日，群山披彩，松柏吐绿，笼罩在一片春色之中的清原高中生机盎然。清原“四德”主题教育活动系列的“德惠学子”捐资助学活动启动仪式在这里隆重举行……

仪式上，清原县国税局、地税局、移动公司、中华财产保险公司等 11 家单位，成为了首批参与“德惠学子”捐资助学活动的“爱心使者”。当这批助学金送到清原高中 22 名品学兼优的贫困学生手中时，台下响起了一片热烈掌声……

“德惠学子”捐资助学活动，得到了县直各有关单位及各中小学校的广泛响应，掀起了济困助学的新热潮。

县国土资源局在“德惠学子”捐资助学启动仪式上与 2 名贫困学生结成救助对子，其后又到清原高中了解贫困学生状况，额外资助 2 名贫困学生每人 3000 元的助学金。

县总工会开展“金秋助学”活动，每年暑期都要筹集资金，对新考入大学的寒门学子进行扶助；每年寒假还要为这些贫困大学生资助返校的交通费。

县慈善会发动企业和社会为患先天性疾病的儿童捐款，募集了 30 多万元，扶助他们早日重返校园。

清原镇、枸乃甸乡等乡镇政府，每年六一都出资救助山村学校的贫困学子，将党和政府的关爱播撒向深山农户。

锦州银行清原支行多年来坚持扶贫助学，不仅在经济上资助贫困学生，还从生活上、学习上关心这些孩子。他们经常去学校了解贫困生的学习情况，冬季到来时还送去羽绒服等御寒衣物和生活用品，无微不至地关怀贫困学子成长。南山城镇甘井子村贫困学生刘晓清和夏家堡镇张道沟村孤儿徐冰等人，经他们的资助顺利完成了初、高中学业，2011年都考入了高等院校。

……

“德惠学子”捐资助学活动向全社会播撒了助学济困的美德，也引起了不少在外地工作的清原人关注，他们怀着浓浓的桑梓深情主动参与到了助学活动中来。

清原高中学生谢诗瑶，本来家庭贫困，母亲徐永华又在2007年秋天被汽车撞成了“植物人”，这对她家无疑是雪上加霜。在沈阳五爱市场做批发内衣生意的清原人刘振昆与谢诗瑶结成了帮扶对子。他不仅当即资助谢诗瑶3000元钱，还承诺每月提供500元生活费，把谢诗瑶的学习和生活费用全部包了下来。

游子回报家乡的方式各有不同，但都寄托着对家乡和乡亲的厚爱。

清原县第二高中学生孟哲家住红透山镇，她母亲患有小脑萎缩，父亲是小儿麻痹后遗症，家里唯一的经济来源就是父亲摆摊修鞋的收入，而且还常常是入不敷出。孟哲升入高中不到半年，就因家中实在无力继续供她读书而打算辍学。一直在外创业的游子范军始终情系家乡，得知情况后与孟哲结对进行救助。范军承诺每月至少资助孟哲300元学习费用，一直供到她读上大学。此后范军定期为孟哲汇来助学金，鼓励她安心求学。2011年，孟哲不负希望，以全校文科第一名的成绩考取了沈阳师范大学。

为推动“德惠学子”捐资助学活动深入、持续地开展，清原各学校积极探索和创新活动方式，努力使其制度化、规范化、长效化。清原一中通过发动师生捐款、工会经费补助等途径，建立了助学基金，实行对品学兼优学生校内补助的政策。清原县第二高中推出了勤工俭学措施，每学期安排30名左右贫困生到学校食堂洗刷午、晚两餐的餐具，然后向这些同学提供免费伙食，每月还发给100元生活费。清原一中在成立爱心助学基金的基础上，还成立了“爱心助学超市”，用助学金购买或师生捐献来筹集笔、本、尺等各类文具，免费提供给贫困学生……

真情感动学子，道德润泽民心。据不完全统计，截至2011年底，在捐资助学中全县捐款捐物累计人民币110余万元，受到扶助的贫困学子达1100多人。爱心捐助不仅帮助贫困学子们圆了求学之梦，以爱心和温暖陶冶了他们的心灵，也促进了社会公共道德水准的提升，使更多的人都像雷锋那样去关爱他人、关心社会，人人都能为人才、为教育、为社会、为未来尽一份心，出一份力，承担一份社会责任。

“四德”新风吹开幸福花

改革开放30多年来，我国人民物质生活水平大为提高，但是社会转型期带来的心灵迷惘、道德困惑也令人关注和深思……

2011年年初，清原县委宣传部在“四德”主题教育活动中开展调研。通过走访、座谈、问卷调查等形式，发现一些干部群众的道德困惑在很大程度都与幸福观紧密相连。如果人们对幸福的认知出现偏差，不但会在追逐幸福的道路上南辕北辙，甚至会出现道德上的失衡与错位。有的人虽然已拥有丰富的物质生活，可一旦陷入了金钱物欲的藩篱，就会常常感到失落、迷茫，甚至焦躁、空虚，进而出现道德失范。调查表明，幸福观教育应该及时纳入“四德”主题教育活动，幸福观问题解决不好，势必会影响到全民整体道德水平的提升和社会健康稳定的发展。清原县委、县政府决心把幸福观教育融入到“四德”主题教育活动中去。只有贴近这一实际，整个主题教育活动才会有深厚基础、不竭动力，并取得真正实效。

2011年5月6日上午，县委、县政府在县民族文化中心召开了全县“深化‘四德’主题教育活动，开展幸福观教育”动员大会，标志着清原幸福观教育活动正式全面启动。清原县把这次活动的总体目标定位在，引导广大干部群众树立科学、健康、向上的幸福观，主动感受幸福、正确定位幸福、积极创造幸福，从而进一步激发出蕴藏在人们心中的道德力量，全身心地投身到建设“幸福清原”的行动中来。

为了确保这次教育活动健康发展，清原县切实加强分类指导，针对不同层面、不同行业的特点，提出了不同目标任务和工作要求，采取不同的方式方法和实践途径，增强幸福观教育活动的针对性和实效性。他们把受教育对象分成党员领导干部、机关和企事业单位工作人员、民企和个体工商户、农村居民、社区居民及青少年学生等六个层面；把对党员领导干部的教育作为重点，并具体提出了"读一本好书、写一篇心得体会、搞一次调研活动、为群众办一件好事、出一个发展思路、帮百姓上一个致富项目、带一户贫困户脱贫、资助一名贫困学生"的"八个一"活动任务。同时，在县报、县电视台开设了"幸福观教育百姓讲坛"，开辟了"幸福清原大家谈"专题和专栏。《辽宁日报》、《抚顺日报》、《辽宁宣传》、《抚顺宣传》以及东北新闻网等媒体，都相继报道和转载了清原县幸福观教育活动情况，营造了一种浓郁的幸福观教育氛围。

为了使活动扎实有效开展，全县各乡镇、各部门还从各自实际出发，利用主题演讲、知识竞赛、文艺汇演、征文和事迹报告会等多种形式开展幸福观教育活动。比如南口前镇开展了"学在农家、富在农家、美在农家、和在农家、幸福在农家"的"五在农家"活动；敖家堡乡开展了"晒被子、晒家居、晒项目、晒发展"的"晒幸福"系列活动；枸乃甸乡开展了"美化心灵、美化家居、美化庭院"的"三美化·光荣之家"评选活动；草市等乡镇设立了幸福基金；县卫生局开展了"三好一满意"主题活动等等。这些形式丰富多彩的幸福观教育活动，有力地引导广大干部群众从内心深处去感觉人生的价值和意义，发现和感知生活的美好，培养爱心与感恩之心，使全县上下呈现出一派空前的发现幸福、分享幸福、追求道德、彰显道德的良好局面。

幸福，作为人们由于在生活中实现了自己的理想和目标而引起的一种愉悦、满足心理，随着时间的推移，是可能发生变化的。但是，能变换的是理想和目标，不变的是爱心和感恩。那么，换言之，幸福就是爱，用心去爱身边的人而不求回报；幸福就是感恩，感恩惠及自己的一切人和事。这应当是正确的幸福观，也是与雷锋精神的承接与契合。幸福观教育活动提升了清原人的幸福感，使人们对"幸福"的概念在认识上有了提升，也使人们的道德热情有了新的升华。

“四德”新风绽放诚信花

又是一年好光景。清原县清原镇西山堡村的52户村民，在县信用联合社30万元“道德信贷”的支持下，建起的70余座“四位一体”大棚，第一年就获利14万元。带着丰收后的喜悦，村民们说：“这都是‘道德信贷’给我们带来的实惠。”

“道德信贷”是清原县“四德”主题教育系列活动的专题之一。“信贷”这种以借款人的信誉发放的贷款，也是我国农村金融机构长期以来的主要放款方式。而信贷资金的风险性，一直是构成农村信贷供需矛盾的突出原因之一。就其本质来说，既是属于经济领域的问题，也是涉及道德领域的问题。清原县委、县政府在抓“四德”主题教育中敏锐地察觉，激发人们的思想道德建设热情、倡导文明新风，匡正诚信缺失是一项重要任务，而在清原就应当把突破口选在信贷问题上。信贷，它的立足点在一个“信”字。“信”，这里的含义就是信用、信誉，归结起来就是一个诚信问题。早在1999年，清原开展“十星级文明户”评比活动，评上的农户可以享受到一系列优惠政策，如土地承包、房基地审批、子女参军优先等，县农村信用社也把“星级”作为了信用贷款的条件和依据。但由于评星活动已渐行渐远，再加上激励机制不足，人们对“星级”的注意力已淡化。

清原就在这样的背景下筹划了“以文明作担保、以诚信作抵押”的“道德信贷”工程，这实际是引导广大农民群众共铸社会诚信的行动。通过这个工程进一步培养人们的诚信观念和规则意识，推动社会信用体系建设，在全县营造出诚信为本、操守为重、守信光荣、失信可耻的社会氛围。

2009年5月22日，清原县举行了农村“道德信贷”工程启动仪式。有36户星级文明户被列为享受“道德信贷”优惠贷款政策的试点户。他们拿着《星级文明户贷款证》，每户当场拿到了5万元的“道德信贷”。2010年，“道德信贷”又在全县范围内铺开。这项工程的开展，不仅激发了农民的诚信意识和讲德求富的积极性，也重新点燃了他们争创“十星级文明户”的热情。“道德信贷”为“十星级文明户”评比活动增添了更坚实的抓手，安上了强劲的“助力器”。

“道德信贷”，在清原为农村金融机构和农户之间搭起一座新的桥梁，这既可解决农户资金的不足，又可有效地分散农村金融组织的信贷风险，还可加快政府职能的转变，同时也在很大程度上推动了清原县“四德”建设的发展新农村建设的进程。

大苏河乡平岭后村是“道德信贷”试点村。这个村的村民孙喜珍，家中七口人、四世同堂，是“十星级文明户”。当孙喜珍拿到5万元“道德信贷”时，她激动地说：“‘道德信贷’可解决了俺家的大问题！这回发展特色养殖有奔头了。俺们一定精心用好农信联社提供的资金，积极发展产业，加快致富步伐，保证按时偿还贷款，当诚实守信的文明户、信誉户。”

敖家堡乡台沟村的杨玉清，就是靠自己“十星级文明户”的金牌赢得经济效益、社会效益双丰收的。说起“道德信贷”，杨玉清总结出了五大好处：一是手续简便了。以前要五户联保，还得请客吃饭。二是贷款额度提高了。以前最多贷1.5万元，现在是5万元。三是利率调低了。凭“文明户”身份可享受到10%的利率优惠政策。四是效益提高了。过去给贷的额度扩大不了多大生产规模，现在翻了一倍多收入自然会增加。五是自己身份地位提高了。他说：“当上‘十星级文明户’村里人都尊重和羡慕，自己走在道上都觉得腰板直。”

“道德信贷”使以往农民贷款难的普遍现象发生改变。以前，由于信用社贷款环节多，手续繁琐，办一笔贷款需很长时间，很容易误了最佳用款时机，造成许多农户不得已借高利贷。现在，农民只要拿着“星级文明户”证书，不用任何抵押就可贷到款。而且文明星级越高，贷款的额度就越大，利率也越低。“道德信贷”明显缓解了“银行有款不敢贷，农民缺钱贷不来”的“两难”问题。

道德赢得财富，诚信筑就未来。目前，清原全县参与“评星”的54859农户中，八星级以上文明户达到19571户，占全县农户总数的35.6%。现已有974户通过审核，累计投放“道德信贷”3000万元。

如今，清原“道德信贷”工程让农民致富有了帮手，银行化解风险有了依托，农村精神文明建设有了抓手，形成了三方共赢的发展局面。

“四德”新风独秀育人花

十年树木，百年树人。清原县委在开展“四德”主题教育实践活动中，坚持道德建设从青少年抓起的方针，引导未成年人从小培养良好道德习惯。由县委宣传部会同县教育局，精心策划并组织人员编写了中小学德育地方教材——《立德成才》，将“四德”教育纳入学校课堂教学主渠道和学校教学全过程，使师生受到了系统化的道德情操教育。

“背着书包上学去，众多学生校园聚。相互摩擦难避免，谦让二字要牢记……”这是清原中小学思想品德教材《立德成才》一书里用儿歌体编写的部分内容。儿歌易懂好记，孩子们读起来朗朗上口。该教材分为中学版、小学版二册，书中分为社会公德篇、家庭美德篇、职业道德篇、个人品德篇 4 个篇章，系统阐述“四德”建设的基本内容和要求。教材编写针对中小学学生特点，在书中摘引大量中华传统美德故事、尚德古训、格言警句，还包括当代道德模范先进事迹、生活中与道德相关的事例等。教材图文并茂，深入浅出，寓理于事，以理育人。为使《立德成才》实实在在走进课堂，在县教育局的统一安排下，各中小学对原有课时计划进行调整，保证了小学每周至少一课时、中学每间周至少一课时的《立德成才》授课时间。各校还通过升旗仪式、师生大会、校园广播、电子屏幕等方式开展宣传，营造《立德成才》教学良好氛围。

《立德成才》一书于 2010 年 3 月正式出版后，免费发放到全县各中小学校的 3 万余名学生手中。这本教材投入中小学教学之后，为强化青少年思想政治教育提供了新内容，搭建起了“四德”建设向未成年人延伸的新桥梁。为使中小学学生对《立德成才》入耳入脑，各学校大胆创新教学方法，以增强教育效果。

县实验小学，利用周三下午的班主任教研时间，组织教师围绕《立德成才》读本展开教学研讨、设计班队会，并先后组织了《心怀感恩之心》、《邻里之间》、《诚实是金》、《奉献社会》、《做文明的小公民》等主题班队会，形成了这个学校的特色。

清原镇逸夫中心小学，选取与教材每节教育目标相关的歌曲、名人故事、动画版故事、资料链接等内容，统一刻录成光盘下发到各班级，与教师讲课相辅相成，收到了良好的效果。

清原一中设立《立德成才》教学档案，以典型引路，集中收集美德故事与生活实例，组织学生写学习实践《立德成才》心得体会，并从中挑选出优秀作品在校园广播播出，收效良好。

清原二中政治教师张志说：“《立德成才》这本教材的编写贴近学生生活实际、思想实际，使政治教学由大而空转到小而实；把‘四德’教育细化到各种具体事儿和行为上，让学生能透彻理解，在潜移默化中接受。”

“《立德成才》这本书用不少生动有趣的小故事，许多有趣的漫画，让我们轻松愉快地领悟了‘四德’，抓住了我们中学生的特点。”清原一中学生王钰如是说。

育德于心、成德于行。《立德成才》不仅教育青少年学生自觉推崇美德，也将美德的影响从学校辐射到家庭和社会。

清原二中学生付强（化名）原来是家中的“小皇帝”，衣来伸手、饭来张口，家里的活儿什么都不干。进了初中后，有一天他竟主动在家里扫地了，更让母亲惊喜的是，他还学着自己洗袜子、洗衣服了，有时还抢着收拾屋、刷碗筷。用付强的话说：“我以前认为这些活儿应该父母干，读了《立德成才》才懂得儿女应该感恩父母、报答父母。我主动干家务，我妈可乐坏了，逢人就夸我懂事了，我也感到非常快乐！”

中小学思想品德教材《立德成才》的使用，不但推动了青少年学生道德素质显著提升，也深深地触动和感染了学生家长。

土口子中学学生孙钰凯的母亲就深有感触：“通过‘立德成才’的教育，我孩子的学习由被动变主动了，再也不用家长看着学了。上回期末考试那天，我给他10元钱买午饭，可孩子说啥也不要，说在食堂吃就行。《立德成才》这本书，使孩子们的心灵发生了变化！”

南口前中学学生李林原的父亲李庆军，和妻子离婚后自暴自弃，成宿隔夜地找人到家里打麻将，无心照料孩子，更不问孩子学习。老师来家访，正忙着玩麻将的李庆军却说："我儿子学不学没啥大用，将来长大了学门手艺也就算了，老师你不用再多操心了。"之后学校召开"立德成才家长座谈会"，李庆军在学校的一再邀请下来参加了。开始他坐在后头沉默无语，后来听别人都畅所欲言也终于敞开心扉，他对自己因离异而放弃了照顾孩子非常悔恨。会后不久，班主任就发现李林原发生了明显变化，脸上忧郁的表情不见了，成绩也大幅度提高。原来，李庆军彻底搬走了麻将桌，每天都为儿子做好一日三餐，还时常抽时间来辅导孩子作业。李庆军自己说："以前我思想灰颓耽误了儿子，这还真得感谢《立德成才》这书，它让我找回了一个当父亲的责任……"

立德育才百年业，春风化雨润无声。清原"立德成才"教学活动让文明走进了学校，让"四德"扎根到校园。如今，《立德成才》犹如滴滴春雨，正滋润着满园春蕾竞相绽放。

"四德"新风温润心灵花

2011年，在互联网上悄然出现了一个名为"清原义工爱心航班"网友群。在这个群里聚集了一群充满爱心的人，他们中有机关公务员、人民教师、企业职工、个体户及自谋职业者等，基本涵盖了社会各个层面。他们不报自己姓名，只有个人网名，他们以"服务社会、传播文明、倡导新风、助残扶弱"为己任，以"奉献、真诚、互助、进步"为行动准则，通过开展扶贫助残、关注弱势、尊老助学、护绿环保等社会公益活动，帮助困难群体、美化家乡环境，传播思想道德新风尚。这个网友群每月都要组织义工奉献活动，有去帮扶困难学生的；有去义务献血的；有去清洁县城环境卫生的，也有到村屯去救助老军人、困难户的……

"爱心航班"，是在抚顺连年评选"百姓雷锋"、学雷锋爱心团队不断出现、全市学雷锋活动热潮不断高涨的大背景下，由清原一群爱心人士通过互联网平台自发组建而成的，目前该网友群已吸纳上百人参加，这还只是清原志愿者活动蓬勃兴起的一个缩影。除“爱心航班”以外，清原县还先后涌现出“牵手心园爱心团队”、“清原心连心义工联盟”、“清泉爱心团队”等义工团队，它们像漫山遍野的山花一般，不断把馨香播撒向社会，把美德传扬在人间……

目前，清原学雷锋志愿者队伍已达89个，志愿者3106人；其中，仅4个民间学雷锋志愿者队伍，就有志愿者600多人。

县国税局以“爱之翼”为代表的党员干部志愿者群体，开展了“五个一”工程，“让雷锋精神光耀税徽”。即：一缕风，服务纳税人的微笑工程；一颗钉，立足本职的奉献工作；一面旗，建队育人的榜样工程；一把剑，打击偷逃税款的警示工程；一片情，关爱社会的温暖工程。近年来，共为社会公益捐赠款物达50多万元，办税大厅获省、市“雷锋号”荣誉称号。

“清原义工爱心航班”，先后开展了“继承先烈革命传统，发扬前辈爱国精神”、“保护水之源，打造爱心泉”、“关爱老人，走进敬老院”尊老敬老慰问活动以及“爱满小城，情暖人间”扶贫济困、“助学助心助成长”等活动90余次，参加活动人数达1426人次。

由个体家装工人发起成立的“心连心义工联盟”，组织盟员开展了“献爱心、送温暖”活动。中秋节他们到铁北东工人村慰问老人，为老人送月饼、包饺子，带去中秋祝福；入冬后，又给老人们送去过冬的棉衣，帮老人安装保暖棚。

在这些学雷锋志愿者的爱心团队中，我们经常能够看到“百姓雷锋”的身影；而有的学雷锋志愿者团队，直接是由“百姓雷锋”倡导或感召而诞生的。

辽宁省第四届“道德模范”、抚顺市十大慈善人物、抚顺市“百姓雷锋”刘春泉，是清原满族自治县南山城镇黑石头村黑瞎子沟村民组的村民。由他倡导并建立的“清泉爱心团队”，经常深入农村贫困家庭走访，为村民送去种子、化肥、面粉，为孩子送去文具和衣服……2012年“六一”儿童节，刘春泉在敖家堡小学建立了“留守儿童之家”。他捐献了电脑，实现了留守儿童与远方的父母视频通话和定期沟通……

近年来，清原县学雷锋志愿者服务活动蓬勃开展。县委、县政府高度重视，将这一活动确定为全年学雷锋活动重要内容之一，经细化、量化后纳入到年终目标考核之中。他们还对学雷锋自愿者活动加强了领导，随时了解志愿者活动开展情况，定期在宣传工作调度会上通报。为成立全县学雷锋志愿者协会，县委宣传部拿出近4万元资金，统一制作了协会的会旗、会徽和志愿者胸牌，并建立了档案，下一步还将建立清原学雷锋志愿者网站。清原县报、县电视台为了营造良好的舆论氛围，对志愿者活动全面实时跟踪，第一时间刊播报道服务动态，让人们了解身边的好人好事与社会新风，最大限度地唤起广大群众参与学雷锋志愿者活动的热情。

几年来，在“四德”主题教育活动春风吹拂中，一个个来自乡镇基层的先进集体，一个个来自普通群众的道德模范，在清原不断涌现。他们有如绚丽的花朵，千红万紫，烂烂漫漫，装扮着清原的精神家园……

“百姓雷锋”：道德花开别样红

抚顺连续六届命名了61名“百姓雷锋”，从学雷锋先进个人数量看应该算是不小的群体；可是从“百姓雷锋”与抚顺230万百姓之比来看这个群体似乎又不大。但事实绝非如此，因为抚顺的“百姓雷锋”虽出自抚顺百姓，而不可胜计的“百姓雷锋”更寓于抚顺百姓之中。抚顺不仅有已获得称号的“百姓雷锋”，更有许许多多名不见经传的“百姓雷锋”，还有多不胜数的并没有以“百姓雷锋”命名的学雷锋先进集体……

如果说灿烂的“百姓雷锋”之花根植于雷锋第二故乡这方热土，那么她不仅吐馨扬芬在抚顺城乡，而且早已香飘四溢、流芳全国……

迟开奇葩香动京城

2005年的农历正月十五，抚顺人郝洪礼在北京捡到19万元现金主动寻找失主归还巨款的故事，让世人倍感温暖，为这一年的元宵佳节添了别样温情。

2月23日早晨8点多钟，住在房山区良乡北潞园小区女儿家的郝洪礼，像往常一样在小区里四处捡拾着废品。突然间，他在路边发现了一只尼龙提包，用手一拎觉得并不怎么重，就把它放到了几米以外的水泥台阶上。他想：“是谁这么粗心把包落在这儿了，过一会儿肯定得回来找。”就冒着寒风站在旁边等失主来认领。可等了40多分钟还一直不见有人来找，郝洪礼只好把包提回了家。“这包里到底装着什么东西呢？”带着这样的疑问他和老伴儿打开提包，拉开拉锁后立即看到在几张账单下面，竟然是一沓沓百元面值的人民币！老两口顿时惊呆了。郝洪礼急忙拉上拉链，拿着这个包赶到房山北潞园派出所报了案。接待的民警当即对提包中的财物作了清点，里面装有现金共19万元，另外还有外单位欠失主公司的近40万元票据，以及公司的公章和财务章。派出所根据包中账单上的线索，经多方联系后终于找到了失主——石景山某建筑公司的会计张金元。

原来这天早上，家住房山区北潞园的张金元的母亲帮着张金元拾掇行李准备拉到石景山公司为员工开工资。搬行李的时候，母亲把东西递给他，可没想到最后竟把装着钱的提包落在了路边。当张金元把车开到了门头沟的时候才发现提包不见了，就立即开车赶回原地，结果什么也没有找到。当张金元匆忙来到北潞园派出所，民警问清情况后又当面与他核对了提包中的钱物，令他意想不到的是里边所有的东西都完好无缺。张金元74岁的母亲当场说：“如果真要是钱丢了，我也不活了。这19万元可是公司准备过节发给员工的工资啊！”

郝洪礼那年已经78岁。他1950年入党，在抚顺老虎台矿工作了44年，其中当过31年的采煤队队长。退休后他每月的退休金不到1000元；老伴儿的退休金只有200多元，还身患多种疾病。2004年6月，为给老伴儿看病，老两口来到北京住在二女儿家。郝洪礼膝下有6个儿女，5个儿女都下岗，除了二女儿外生活都很拮据。勤劳、耿直的老人不愿多给子女添麻烦，就瞒着女儿女婿在小区里捡起了废品，每月挣个一二百元用于补贴生活，另外还要给在抚顺二中读书的孙子寄点儿钱去。

当新闻媒体采访到郝洪礼，有人问老人："看到那么多钱，家里又缺钱，您当时是怎么想的?"老郝没有正面回答这个问题，而是用浓重东北口音充满深情地说："邱少云在全身被火烧着的时候，为执行纪律两手抠进地里宁可被烧死也一声不吭，他会怎么想？董存瑞手托炸药包明知道一拉响连尸首也留不下，他能怎么想？还有牺牲在我们抚顺的雷锋，他要是遇上了能怎么想？我想他们也就一个想法：我是共产党员，我是革命战士。比起他们来，我这还算什么哪!"他接着又说："从我入党的那天起，就牢记一句话，符合人民利益的事就干，不符合人民利益的事坚决不干！如果失主真要找不到钱，那还不要了他的命啊……"

郝洪礼老人拾金不昧的事迹深深地感动了北京。中央电视台、《北京日报》、《北京青年报》、北京人民广播电台等多家媒体纷纷报道了他的事迹。北京市房山区区委书记聂玉藻说："抚顺培养的好党员在北京做出了常人难以做到的事情，为我们当地开展党员先进性教育提供了活教材，我们一定要向郝师傅学习。"

消息传到抚顺，时任市委书记周忠轩对郝洪礼拾金不昧的高尚品格高度评价，要求抚顺媒体做好郝洪礼先进事迹的宣传，强调要把郝洪礼的精神转化为振兴抚顺老工业基地的动力。3月3日下午，到北京参加全国人大会议的时任抚顺市市长刘强，以及专程赶去的时任抚顺市委副书记张敏等人，来到老人女儿家里，亲切慰问和拜访抚顺老乡郝洪礼。刘强在慰问郝洪礼及其家人时称赞："郝洪礼的精神是抚顺和北京的共同财富，郝师傅是抚顺的骄傲，为抚顺人民赢得了荣誉。"郝洪礼见到家乡的领导格外激动，他拿出一直珍藏的党章说："我是一名老党员，是党让我这样做的，是雷锋让我这样做的，我不能给咱抚顺人抹黑。"刘强对在现场采访的北京媒体记者说："抚顺是雷锋精神的发祥地，从郝师傅的身上我们就可以明白抚顺为什么能成为雷锋精神的发祥地。”

抚顺白兰香郁云南

美丽七彩云南不仅有丰富的旅游资源，更有“植物王国”的美誉。正是在旅游途中，抚顺的两位女医务工作者演绎了一个极为让人感动的“最美女医生”故事，她们犹如两株洁白的白兰花盛开，把浓郁的芳香留在了祖国西南边陲的彩云之南。

2011 年 10 月，抚顺市中心医院护士赵玲趁着休假，和同事朱丽华结伴到云南旅游。19 日那天，她们两人游览完丽江古城便登上了丽江开往昆明的 K9612 次列车。她们的铺位在 10 号车厢，进入车厢安放好携带的物品后就躺在卧铺上休息。她俩还没有聊上几句话，就在列车运行的铿锵节奏声陪伴下睡着了。睡眠中，赵玲好像又在医院值夜班，她似乎听见了救护车警报器声……不，朦胧中还真听到有人在呼叫：“各位旅客：你们好，1 号车厢有一名乘客患病急需救治，哪位是医务工作者，请速来 1 号车厢。”赵玲听清是列车广播室在播报紧急通知时，立即从卧铺上坐起，连忙喊对铺的朱丽华：“丽华，听到广播没，车上有需要急救的患者。”朱丽华说：“我还真没听清，那咱俩快出去看看吧！”说着，她们两个人马上就奔 1 号车厢。

原来，在 1 车厢里有一位叫万琼的 36 岁四川妇女，已经怀孕 7 个月，和丈夫周敏一起来丽江打工。在车上突然感到肚子疼痛，腹部下坠，没有多久就出现大流血，没有料到孕妇出现早产，并把孩子生在了桶里。赵玲和朱丽华尽管都在医院工作了二十几年，可一进 1 车厢看到那种场面仍然让他们震惊：产妇万琼已然瘫坐在卧铺上，丈夫周敏在身后擎着她虚弱的身体，而在万琼的两腿间，一个全身呈深红色的婴儿就躺在一滩鲜红的血泊里，脐带还和母体相连……周围的人正感到束手无策，看到她们两人到来纷纷起身让开了路。而这时赵玲、朱丽华比别人更清楚：情况十分危急！这时列车员也急忙拿来车上备用的急救箱，旅客也帮助传递过来了脸盆、热水瓶，还有人为产妇送来自己携带的新毛巾……列车上马上搭建起了一个简易的临时“产房”。

赵玲和朱丽华给产妇作了简单的检查身体之后，又感到抢救一时无从下手。因为她们一个是五官科护士，一个是外科护士，从来都没接触过助产、接生业务。到底怎么办？情急之下朱丽华迅速掏出手机，给远在3500多公里外的抚顺市中心医院妇产科助产室打电话求助。当夜值班的助产士伞雅玲接听后马上传授“机宜”，一步一步地告诉了她们怎么办。赵玲和朱丽华立即打开急救箱，里边仅有一把医用剪刀、两把止血钳、几卷绷带和一些小块纱布，可除了一小瓶酒精还都不是无菌的。她们向周围旅客借来打火机给剪刀、止血钳消毒之后就迅速开始操作。她们将连接母子的脐带剪断，又对婴儿作了成功处置，可就在为产妇取胎盘时发现其腹中还有一个胎儿，原来是双胞胎。于是朱丽华再次拨通手机，向助产室值班同志学习助产要领。在伞雅玲遥控指导下，她们又作了明确分工：朱丽华负责帮助产妇增强腹压；赵玲和又来“产房”的一名南方护士负责帮助婴儿头部回旋以顺利挤出产道。几分钟过后，又一个婴儿的啼哭声回荡在了1号车厢内……现场的乘务人员和旅客用热烈的掌声向医务工作者致敬，双胞胎女儿的父亲更是在地上长跪不起，不停地向赵玲、朱丽华等人磕头致谢。紧接着，产妇万琼和她的两个孩子在铁路部门的安排下，由祥云站下车转送到了大理白族自治州妇幼保健院休养，母女三人终于转危为安。

赵玲和朱丽华在列车上成功地救助一位产妇和一对双胞胎的事迹，经中央电视台和抚顺媒体报道后，被全国网友称赞为“辽宁最美女医生”。赵玲和朱丽华面对媒体采访时表示，当时情况非常危急，如果不帮助她，大人和小孩都有生命危险，毕竟我们是护士，又是从“雷锋城”出来的，我们的职责就是救死扶伤、帮助需要帮助的人。

怒放：志愿服务之花

一朵鲜花打扮不出美丽的春天，百花齐放才会春色满园。在“雷锋城”抚顺，活跃在城市街巷社区的数以十几万计的学雷锋志愿者，犹如怒放的文明之花，嫔纷锦簇，蔚为花海，幽香浮动，香远益清。

志愿服务，以雷锋的名义

志愿者行动与学雷锋活动的有机结合，既是一种历史的机缘，更是一种历史必然。抚顺市志愿服务始于1993年，当时参加志愿服务活动的志愿者主要是团员、青年。志愿者行动在抚顺兴起之初，人们对志愿服务活动的性质与内涵在认识上并非完全清晰。有人认为志愿服务源于西方国家宗教性的慈善服务，是西方普世价值在我国的一种体现；还有人认为志愿服务反映着社会文明进步程度，不像我们学雷锋太形式化了……各种思想交汇激荡。就在当时这样的背景和条件下，共青团抚顺市委敏锐地感觉到，雷锋精神的内在价值和外在体现就是志愿服务，只是志愿者和志愿服务这样的叫法在当前才开始流行起来的。志愿者服务的“奉献、友爱、互助、进步”理念与雷锋同志那种“全心全意为人民服务”、“助人为乐”、“无私奉献”、“爱岗敬业”等精神内涵是相通的，而且有的地方高度契合。他们进而萌生出一个颇具“创意”的想法，就是能不能尝试用雷锋精神引领志愿者服务，将二者有机地融合在一起，让广大群众在情感上更容易接受志愿者行动这一新兴事物，在价值取向上能得到更广泛的认同，这样就可以使志愿者行动成为新时期学雷锋活动的重要载体。

为进一步推动志愿者行动在抚顺的开展，并形成活动品牌，2004年7月1日《抚顺市志愿者服务条例》正式颁布实施，这在辽宁省是第一部由共青团组织起草完成的针对志愿者服务具有长期执行效力的法规性文件。在共青团抚顺市委的推动下，抚顺市于2005年成立了志愿者协会，并在抚顺市志愿者协会第一届一次理事会上，通过了根据该条例制定的《抚顺市志愿者协会章程》、《抚顺市志愿服务组织管理办法》、《抚顺市注册志愿者管理办法》等规章制度。这些规章制度的制定和完善使全市志愿者的组织招募、注册登记、志愿服务工作的开展都能够有章可循、有据可依。而抚顺市志愿者协会的成立，颇为可圈可点之处在于在国内领先将志愿者统一命名为“学雷锋志愿者”。这样的命名寓意非常鲜明，就是把传统学雷锋活动与新时期志愿服务有机结合起来，以雷锋精神为核心来凝聚志愿者。

志愿服务是一项社会事业，需要凝聚各方面力量，广泛争取社会支持。如果把志愿者概念仅界定在青年志愿者上，那么参与志愿服务的主体在很大程度就局限在还没有走出校园与刚步入社会这个特定人群中。在开展志愿服务过程中，囿于年龄这一客观因素的局限，青年志愿者在某些领域无法深入，于是共青团抚顺市委探索着逐年拓宽志愿者的年龄界限。随着抚顺市志愿者协会的成立，最终取消了对志愿者的年龄限制。在雷锋精神的感召下，一大批热心公益事业的机关干部、企业员工、退休人员踊跃加入到学雷锋志愿者行列里，给这支队伍带来了行业分布、职业状况、专业技能、服务能力等方面的显著变化。截至目前，抚顺市学雷锋志愿者总数已达 13 万人，在各县区和高校成立志愿者协会 13 个；在各行业系统，包括企事业单位、学校、街道成立志愿者指导中心 133 个；在各社区和村成立志愿者工作站 585 个；还组建医疗、法律、环保、救助、反扒等专业志愿者服务队 2179 支。基本形成协会、指导中心、工作站、服务队构成的“四位一体”组织体系，为学雷锋志愿者服务活动的顺利开展奠定了坚实的组织基础。

为加大推广抚顺学雷锋志愿者理念的力度，抚顺团市委和市志愿者协会在 2009 年 3 月，将从抚顺走出去的影视明星佟大为聘为抚顺市志愿者形象大使。在抚顺优秀青年“励志青春话《奋斗》”话题沙龙上，佟大为说：“能够成为抚顺市志愿者形象大使是我的光荣，今后我将进一步弘扬奉献、友爱、互助、进步的志愿服务精神，并将以良好的形象开展各种志愿服务活动。”

抚顺团市委还在每年的 3 月 5 日、12 月 5 日这样的重要时间节点，定期在抚顺日报开辟“学雷锋志愿者在行动”专栏。并通过创建抚顺市志愿者协会网站，建立抚顺市学雷锋志愿者 QQ 群，开通学雷锋志愿者招募热线，制作学雷锋志愿者公益广告宣传片，免费发行志愿者报纸《好人好报》等一系列立体式的宣传举措，全面、真实地展现了抚顺学雷锋志愿者的风采和志愿服务活动的丰硕成果。

近年来，在抚顺团市委的组织推动下，抚顺对学雷锋志愿者活动做了大量的有益尝试与探索，这不仅使“弘扬雷锋精神、开展志愿服务”工作充分体现了时代的要求，而且更具有了蓬勃的生命力。

正因为有了雷锋精神的浇灌，志愿服务之花才能够根深叶茂，万紫千红，使抚顺城乡到处都笼罩在一派盎然春意之中。

心中有爱，花开不败

在抚顺这块神奇的土地，作为新兴事物的志愿服务刚一破土而出就受到雷锋精神的滋养，开出了五色缤纷的花朵。如今，在灿烂的“百姓雷锋”之花引领下，这些花开得更加鲜艳、蔚为壮观……

“百姓雷锋”佟春玲，是抚顺市志愿者协会“心中有爱工作站”发起人。佟春玲作为一名下岗女工，在困境中奋起，热心社会公益，坚持回报社会，终于成就了一番爱心事业。她自参加志愿者行动那天起，就有一个属于自己的志向和愿望：当个人有能力时一定团结起更多的志愿者，把大家组织起来，共同学雷锋，用爱心来建设我们的社会！

2000 年，佟春玲在她原来所在的社区服务队基础上，发起成立了“心中有爱工作站”，并于 2005 年在抚顺团市委和抚顺市志愿者协会正式登记注册。

相比其他的志愿者组织，“心中有爱工作站”学雷锋的色彩尤为鲜明。这个工作站除设有站长外，还由抚顺“百姓雷锋”、顺城区葛布派出所民警庄庆发出任指导员；雷锋生前辅导过的学生、优秀学雷锋志愿者王者光被聘为顾问。全站目前已经吸收了 600 多名志愿者，分为 26 个学雷锋志愿者服务队，共建学雷锋基地 12 个。他们始终坚持像雷锋那样心中有爱，立足于向社会播撒爱心、向人民提供服务，开辟了广阔的志愿服务工作平台。在他们组织的各种志愿服务小分队中，最辛苦的应该是环卫志愿者小分队。志愿者们坚持与环卫工人一道清扫保洁，并肩净化城市：冬季清除路面积雪；节日清扫鞭炮纸屑；春季收拾越冬残冰；夏季清理淤泥积水；秋季扫除枯枝落叶……至于洗刷卫生箱、清除小广告、拾捡白色垃圾等等，也都是他们常干的活儿。一年四季，从顺城区到新抚区、望花区各主要大街；从雷锋纪念馆、高尔山公园这样的公共场所到各社区楼院，随时随处都可能遇到“心中有爱工作站”的志愿者为维护街区与公共场所的环境卫生而忙碌的身影。

在佟春玲的带动下，“心中有爱工作站”适时开展了丰富多彩的爱心服务活动，从拥军慰问到敬老爱老，从照顾孤寡老人到关爱农民工子女，从清洁城市环境到爱家乡扮靓抚顺，从文明出行教育再到消防安全宣传等，通过一个个专题活动，不仅传承着雷锋精神，更把爱洒向了抚顺城乡的许多角落。

抚顺阳光爱心俱乐部发起人卢兵，网名“阳光”，出生于1971年，是抚顺发电厂的一名普通倒班工人。2008年3月5日，他通过网络组建成立了这个群众性的公益组织。维持乘车秩序、为弱者捐款、长期资助困难学子、帮助轻生者重树生活信心……这些都已成为“阳光”和成员们生活中不可或缺的一部分。他们坚信，因为有爱，生活就一定充满阳光。几年来，在“阳光”的带领下，爱心俱乐部成员由最初的几十人发展到近500人，尽管成员职业各异，年龄也从7岁至60多岁不等，但都热心公益事业，累计开展各种公益活动数百次，参与人数达6000多人次，影响受众群体数万人，社会影响力在逐年扩大。这期间，爱心俱乐部共支出善款4万余元。

俱乐部的亮点工作除扶贫帮困活动外，最突出的就是引导市民文明出行。抚顺南站一带是繁华的商业区，也是多路公交车始发站集中的地段，争抢上车混乱现象年深日久。爱心俱乐部志愿者就长期在这里开展维持乘车秩序活动。南站百货大楼东侧的28路、10路、20路、29路、45路、18路和805路及3路公交站的乘车秩序，经志愿者连续三年的精心维护，已从最初上车无人站排到今天井然有序。这种文明新风也带动了站前枢纽站及18路茨沟终点站等线路乘车秩序的改观。爱心俱乐部的志愿服务工作得到了市委、市政府主要领导的高度赞扬和充分认可。

在抚顺的学雷锋自愿服务中，每年的“志愿者行动优秀个人”和“志愿者行动优秀组织”评选，都不断地把不同领域、不同行业中学雷锋志愿服务典型的真、善美展现给世人，激发着人们内心深处的志愿服务意识。

抚顺市志愿者行动优秀个人刘元鑫，是辽宁石油化工大学的一名学生。他出生于丹东宽店一个农民家庭，全家六口人，生活全靠父亲一人务农支撑，还要供他兄弟俩上学。刘元鑫上大学的学费都是家里东挪西借凑的。但他对家境困难从未抱怨，依然勤奋好学，奋发向上，使自己成了一名品学兼优的好学生。为减轻家里的经济负担，刘元鑫坚持利用课余时间找些勤工助学工作来做。即使这样，他还不忘关爱他人，帮助同学。刘元鑫在受到郭明义及社会各界人士资助后时刻记得感恩，主动帮助抚顺望花风华社区残疾人家庭的特困学生王欣，还用自己从助学金和打工钱积攒出来的4000多元给在抚顺望花和平小学就读的农民工子女购买学习用品和衣物。此外，他还长期照顾着风华社区三无老人巩奶奶和北厚社区孙奶奶等。刘元鑫通过一次又一次的志愿服务，来感谢、回报社会给他的帮助。在他的带领下，由“三困生”组成的志愿从事公益服务事业的学生团体“思源社团”，还获得了“抚顺市志愿服务优秀品牌项目”称号。

学雷锋志愿服务不仅让雷锋精神外化于行，更让雷锋精神内化于心。关键时刻他们临危不惧，挺身而出，甚至可以用生命去诠释这一伟大精神。

2010年5月29日，是一个星期六。一场阴雨过后，天气有些凉意。抚顺职业技术学院信息工程系08动漫二班学生张雅楠和同学曹东骁吃过午饭后，一看快下午2点了，就一起到位于顺城区浑河北岸榆林桥附近的绿化景观带散步。

不经意间，他们看见不远处有两个十多岁的小男孩正往河里扔绳子，一边扔着还一边喊：“快抓住绳子啊！”好像是对一个落水的孩子在施救，旁边还有两个老人在帮忙。他们就迅速地跑了过去，一边跑还一边拨打了110报警。跑到岸边他们立即发现，有个孩子正在河水中漂浮，虽然拼命地向岸边挣扎着，可是越扑腾越远，而且眼看着往水里沉。张雅楠、曹东骁也试着向那孩子扔了几次绳子，可是那男孩由于落入水中异常惊恐，加上在河里连累再冻，已经根本没法抓住绳子了。

就在这危急时刻，张雅楠对曹东骁说："咱俩谁都不会水，我体重比你轻，我下水去救人！快把绳子绑在我腰上，你有劲儿，在岸上拽就行！"身材矮小的张雅楠面对险情，毫不退缩！河水冰冷、湍急，而且随时可能会给她带来生命危险，可她全然不顾，迅速地跳入浑河，快步向落水的孩子走去。河水眼看就要淹没张雅楠的脖子了，可她奋力一蹿竟抓住了小孩，并赶紧把孩子抱进怀里。岸边的曹东骁立即顺势往岸上拽绳子，在旁边好心人的协助下，很快就把张雅楠两人拉上了岸。看着孩子清醒了，110 也已赶来，张雅楠穿着满身淌水的衣服就和曹东骁悄然离开了现场。后来人们才知道，张雅楠、曹东骁都是学雷锋志愿者。

有了身边这些可亲、可敬、可学的典型教育引导，自然会使抚顺的学雷锋志愿服务更加贴近实际、更能打动人心、更富时代气息；也必然会在雷锋第二故乡不断兴起践行雷锋精神、开展志愿服务的热潮。

行之有恒，久久芬芳

"在抚顺，几乎每天都能看到学雷锋志愿者服务的身影。一年 365 天，学雷锋志愿者天天都在行动中，在奉献中。学雷锋志愿服务已经不是某一天、某个节日的活动，它已经渗透到市民每天的日常生活中。"抚顺团市委志愿者工作部负责人介绍说。这样的说法形象地表明，抚顺以志愿者和志愿服务形式出现的学雷锋活动已呈现出来一种常态化的喜人态势。

问渠那得清如许，唯有源头活水来。

志愿服务是新的经济社会变革条件下精神文明建设的有效载体。抚顺团市委在充分发挥志愿服务的载体功能过程中，始终坚持以弘扬雷锋精神为主题，在建立完善参与广泛、形式多样、活动经常、机制健全的社会志愿服务体系上下功夫。"以'三个贴近'引领，推进志愿服务载体创新"始终是团市委关注的课题，也是广大志愿者进行社会志愿服务实践的重要领域。积极探索与实践，使学雷锋志愿服务内化为人们的精神追求，外化为社会的时尚潮流，固化为工作的长效机制，不断扩大着抚顺市学雷锋志愿服务活动的社会影响力。

通过不断探索与创新，“学雷锋志愿者”品牌工作的覆盖领域在不断拓展、延伸。在原有的扶贫帮困、帮老助残、环境清洁等学雷锋服务项目的基础上，又开辟出“双进社区”、“双进乡镇”、关爱行动、文明出行、服务大型赛会等新的志愿服务项目。志愿服务团队开始出现专业化分类，组建了助残、救助、反扒、环保、心理辅导、税法宣传等多支新的志愿服务队伍。实现了一次性服务与长期性服务、专业性服务与综合性服务的有机结合，形成了覆盖全市、满足不同层次需求、多元化的志愿服务项目体系和志愿服务供需平台，推动志愿服务向专业化、科学化、实效化方向发展，是抚顺市学雷锋活动常态化的一面鲜明旗帜。

在开展传统志愿服务的基础上，抚顺在省内成立了首个被公安等部门认可的“正规军”——反扒志愿者服务队。2011 年 9 月 14 日，共青团抚顺市委、抚顺市公安局、市社会治安综合管理办公室和抚顺市志愿者协会共同举办了“反扒志愿者在行动”启动仪式。来自大商集团抚顺百货大楼、抚顺市公共汽车总公司、抚顺矿务局总医院、辽宁石油化工大学、抚顺职业技术学院和抚顺师专等相关单位及社会招募的反扒志愿者共计 300 余人参加。阳光人寿保险公司在仪式上为所有反扒志愿者免费提供了人身意外伤害保险，为反扒志愿者的生命安全保驾护航。

抚顺反扒志愿者自 6 月 14 日招募以来，得到了社会各界积极响应和广泛参与。第一个来志愿者协会报名的是抚顺著名反扒英雄、公安部二级英模王双奎，他已 62 岁，已退休。王双奎把反扒技术亲手传授给反扒志愿者服务队每个队员，还经常组织队员到人群聚集的公共场所开展反扒宣传活动。特别是到公共场所开展反扒实战教学培训，不仅提高了志愿者的反扒技能，也向广大市民普及了预防扒窃知识和自我保护方法。反扒志愿者服务队组建以来，在市公安局便衣侦查支队和市志愿者协会的组织、指导下，活跃在全市各大商场、医院、车站以及公交车等扒窃案件易发地点，有效地减少了扒窃犯罪发生，在创建平安抚顺中成了广大市民人身财产安全的民间守护神。

随着社会急剧转型和城市化进程加快，人们心理上承受的压力和困

惑日益增长，群众心理健康问题日益凸显。

抚顺团市委针对这一群众新需要开展心理志愿者公益培训，实施了“心理扬帆”计划，组织志愿者们走上街头、走进社区、走进学校、走进企事业单位。目前已举办免费的心理知识讲座3000余场；提供义务心理咨询、答疑解惑已达10万余人次。同时还开展“童心畅想——涂鸦心中的世界”心理学艺术化活动，深入全市45所农民工子女就读较集中的农村和市区学校，通过与孩子们聊天、做游戏等方式，引导他们勇敢地用自己的努力来实现梦想。

小学生刘欢、刘乐是一对活泼、开朗的小姐妹。可姐妹俩的母亲回忆，她俩刚来到抚顺的时候，既很敏感，又很自卑，不愿意跟别人沟通交流。两个孩子是在老师的关怀和专业心理志愿者的辅导下，才转变成今天的样子。直到今日，孙哲等几名心理咨询师还经常来为她们义务做心理辅导。“我们已经把这里当成自己的家，在抚顺感到很温暖，我们还想在抚顺上中学呢。”小姐俩开朗地告诉别人。她们的心理转变就是受益于团市委开展的志愿服务项目“童心畅想——涂鸦心中的世界”。

抚顺团市委在打造“学雷锋志愿者”品牌工作中，非常注意着眼于解决群众的实际困难和突出问题，将改善民生贯穿于志愿服务的全过程。他们积极研究探索适应本地区自愿服务工作的新趋势、新特点，认清形势，了解民需，以打造“学雷锋志愿者”品牌为动力，通过组织“关注民生送温暖，志愿服务进万家”、“双进社区”等志愿服务活动，努力去解决群众最关心、最直接、最现实的利益问题。东洲区新屯街道莫地小区属于棚改新区，一些居民面临的就学难、就业难、生活难等问题比较突出。东洲区就组织全区志愿者，对回迁到棚改新区的低保家庭开展捐赠物资、义务辅导学习、提供就业信息等活动。新屯四校教师徐婷，利用个人休息时间到她帮扶的学生家里为学生补课，使学生家长深受感动；不少志愿者通过建立社区人才市场、制作楼道就业信息专栏，把岗位送到了待业人员的家门口；新屯街道程娇婵等6名志愿者，冒着严寒走进棚户区，为失业青年提供就业信息咨询，帮助29名失业青年找到工作……

青少年是国家的未来，民族的希望。在打造“学雷锋志愿者”品牌过程中，抚顺团市委坚持用雷锋精神教育引导青少年，结合基层实际，加强活动指导，并形成了服务于少年儿童的特色鲜明志愿服务项目。通过开展“小雷锋娃娃楼长”、“牵手特殊儿童，关注快乐成长”、“小雷锋讲解员”等志愿服务活动，引领少年儿童融入社会，争做“雷锋式的好少年”。望花区建设街道煤研社区，发动社区内的百余名少年担任“娃娃楼长”，组织这些小志愿者在社区内开展绿地维护、监督社区卫生、敬老爱老等活动，一方面保护了社区环境、改善了社区和谐的人际关系，另一方面也使孩子们在参与志愿服务过程中受到教育和锻炼。

目前，以“开展生态环保、节能减排宣传活动”为主要内容的“生态环保志愿行”项目、以“维护候车秩序，宣传文明乘车理念”为主要内容的“文明出行”项目、以特殊青少年帮扶为主要内容的“盲聋哑残弱快乐成长计划”等志愿服务行动已经被抚顺广大群众所熟知和认可。

近年来，抚顺的关爱农民工子女志愿服务行动在省内也一直走在前列。按照团中央开展“共青团关爱农民工子女志愿服务行动”的工作要求，依照“志愿者团队＋农民工子女＋接力”的项目实施模式，广泛动员大中专院校、机关企事业单位以及社会各方面的学雷锋志愿者，围绕学业辅导、亲情陪伴、感受城市、自护教育、爱心捐赠五项重点工作内容，广泛开展关爱农民工子女工作。结合农民工子女的实际需要，学雷锋志愿者与全市31所农民工子女学校的3350名农民工学生结对，结对率达100%。通过“爱心冬令营”、3·5“千语千寻”圆梦行动、六一参观沈阳科技宫、“七彩课堂”进校园等志愿服务活动，积极探索服务农民工子女新途径。同时，团市委积极整合团内资源和社会资源，两年多来，社会各界为农民工子女捐助的书籍、衣物、助学金等累计43.5万元。

社会化是志愿服务发展的根本要求，这也是抚顺团市委多年来一直探索的重大课题。他们不断拓宽社会筹资渠道，努力建立由政府主导、社会各界参与和个人捐助为一体的筹资平台，建立严格的项目评估和资金使用制度，形成推动学雷锋志愿服务事业良性发展的“资金链”，为学雷锋志愿服务事业的长远发展提供有力保障。自2005年开展“天湖—抚顺学雷锋志愿者行动”至今，采取企业冠名方式，通过社会化运作，辽宁天湖啤酒有限责任公司7年累计为抚顺市志愿者协会提供了145万元的工作经费。这不仅为“天湖—学雷锋志愿者在行动”品牌工作的顺利开展奠定了良好的物质基础，也为抚顺市志愿服务事业的蓬勃发展提供了有力的资金保障。

时光荏苒，岁月如歌。抚顺的学雷锋活动已有50年历程，发展方兴未艾；志愿服务落地抚顺也有20个春秋，早已生根开花。在灿烂的“百姓雷锋”之花引领下，学雷锋志愿者之花更进入了盛开怒放时节。她们将一起成长，交相辉映，花开满城，让更加文明、更加幸福、更加美丽的抚顺永在万花丛中……

花儿为什么这样红?

抚顺作为雷锋的第二故乡和雷锋精神的发祥地，半个世纪以来，无论形势如何变化，无论社会怎样变迁，抚顺人民对雷锋的深厚感情从未消减，对雷锋精神的解读、传播、弘扬从未止步。在抚顺，争做雷锋传人者难以计数，雷锋精神在抚顺已经被一群人发扬光大，他们就是——“百姓雷锋”。“百姓雷锋”现已成为抚顺学雷锋活动发展的一个重要引擎。通过发挥“百姓雷锋”引领风尚、教育人民、服务社会、推动发展的作用，抚顺市的学雷锋活动不断向纵深发展，形成了“一花引来百花开”的连锁效应，为抚顺的科学发展提供了强有力的思想保障和不竭的精神动力。

我们可以把这一现象称为“‘百姓雷锋’花盛开现象”。其成因与抚顺多年逐渐形成的一整套学雷锋活动时代化、群众化、常态化的实践模式密不可分。

一、“百姓雷锋”花盛开现象兴于探寻创新之路，激发大众性

学雷锋活动是一种广泛的社会活动，需要发动社会各界人士共同参与。必须运用抓主要矛盾的哲学观点，认准活动主体，选对发动路径。抚顺“百姓雷锋”评选活动的成功实践启迪我们：只要真正尊重群众的主体地位，注重大众参与，贴近生活实际，就会开创学雷锋活动的新天地。

半个世纪以来，学雷锋活动之所以在全国各地蓬勃开展，雷锋精神不断得到传承弘扬，关键就在于广大人民群众始终对雷锋精神表现出高度认同，始终对学雷锋活动保持着巨大热情。抚顺作为全国最早发起声势浩大学雷锋活动的城市，从20世纪60年代起的“学雷锋精神，走雷锋之路”，到“百姓雷锋”年度人物评选活动，再到今天的“人人学雷锋，建设雷锋城”，如果梳理一下这么多年的实践经验，就会发现抚顺市始终坚持了“群众性”这个最具根本意义的立足点。这里所谓的“群众性”，不是指某一部分社会成员，也不是指社会某一层面群体，而是包括社会成员中的每一个主体，即学雷锋活动的主体应是最广大的人民群众。

“人民是历史的创造者，群众是真正的英雄。”这是经过历史反复验证的真理。“百姓雷锋”评选活动强调通过百姓视角，发现人民群众中的优秀典型，又再次证明了：人民群众是社会主义精神文明的创造者，真理来源于群众，道德由群众评判，榜样由群众中产生。而“百姓雷锋”年度评选为我们在新形势下持久深入地开展学雷锋活动指明了方向。

“百姓雷锋”评选活动评出的模范人物，来自群众、有血有肉、可亲可信、可敬可学。他们的事迹体现了平凡人物的精神世界，也充分诠释了什么是“身边的感动”。它清楚地向人们表明：成为雷锋那样的人并不难，我们每一个人都可以成为雷锋，雷锋就生活在我们身边的寻常百姓之中。评选“百姓雷锋”活动已经显示出了宣传群众、动员群众、组织群众的强大作用，必然会使全市的学雷锋活动进一步获得更广泛、

更可靠、更牢固的群众基础和力量源泉。

如何进一步发挥抚顺现有优势，不断创新学雷锋活动的内容和载体，是摆在我们面前需要持续探索的时代命题。这就要求我们在探索中始终坚持把确立人民群众是社会活动主体的观点作为前提；把发挥人民群众的创新精神放在首位；把最大限度地吸引全体社会成员参与作为切入点。只有这样，才能使我们不断开阔思路，不断转变观念，不断突破思维定势的束缚，进而带动全市学雷锋活动在全民化、常态化、持续化的轨道上健康有序运行并在今后各个时期永远都能够得到蓬勃开展。

二、“百姓雷锋”花盛开现象成于大手笔式推进，迸发创新性

创新是一切工作发展的不竭动力。学雷锋活动也需要有敢于创新的胆识、前瞻性的思维、超常规的举措。只有打破常规，敢于尝试，才能使学雷锋活动不断焕发出新的生机活力。抚顺“百姓雷锋”评选活动的成功实践启迪我们：只有大手笔式创新，坚持一抓到底，才能牢牢把握学雷锋活动的主动权，创造出富有抚顺特色的成功经验，使抚顺始终立于全国学雷锋行列的排头。

实践告诉我们，要在全社会营造学雷锋的良好氛围，使雷锋精神的时代价值得到最大限度发挥，就必须要不断充实学雷锋活动内容，创新学雷锋活动形式。离开创新，学雷锋活动就会缺乏吸引力，甚至威胁其生命力，也就更谈不上深入、持久发展。从客观来讲，“百姓雷锋”评选活动就是一个具有创新意义的抚顺城市文化新品牌。所以这一活动一经面世，就以它鲜明的创新性、强劲的感染力和生命力给人们留下了深刻的印象，更让人们看到了它卓尔不凡的价值所在。

“百姓雷锋”评选活动迸发出的创新性，可以说在“百姓雷锋”年度人物颁奖典礼上得到了集中体现。对“百姓雷锋”的宣传打破了以往单纯依托媒体的传统做法，采取了人物事迹与舞台艺术相结合的表现手法，塑造形象，扩大影响，不仅提升了“百姓雷锋”的知名度和美誉度，更在全社会引起了轰动效应，有力地催生了灿烂的“百姓雷锋”花盛开现象的形成。

成功的创新是以新思维、新发明和新描述为特征的。可以说“百姓雷锋”颁奖典礼就是在许多新的想法、新的构思、新的观念和新的创造不断生成的过程中成长、成熟起来的。从颁奖仪式的方案拟定、内容策划、文学脚本撰写，到舞美设计、媒体制作，再到节目编导、正式演出，所有环节都让人感受到了积极的探索和创造。艺术表现手段与现代科技手段当下已经同文化品牌紧密相连，“百姓雷锋”颁奖仪式的主创人员显然深深地懂得这样的道理。他们用鲜明清晰的思维、雅俗共赏的语言、富于个性的风格，将“百姓雷锋”的先进事迹，以各种不同的艺术形式呈现给人们，不仅使群众增进了道德认知、观念认同和理想追求，更使得他们在感动中得到启迪。

创新，不仅是对学雷锋活动的挑战，更应该成为使学雷锋活动深入、持久开展下去的动力。我们不仅要敢创新，还要会创新，在创新中正确处理好继承与创新、常规与突破的关系。离开继承搞创新，放弃常规去突破，都是徒劳无益的。在不断把学雷锋活动引向深入的过程中，创新就寓于多运用喜闻乐见的方式、多搭建群众便于参与的平台、多开辟群众乐于接受的渠道之中。只要我们在贴近实际、贴近生活、贴近群众上下功夫，在创新内容、创新形式、创新手段上下功夫，就一定能够不断探索出新时期学雷锋活动的新思路、新举措、新办法。

三、“百姓雷锋”花盛开现象植于统筹发展全局，彰显辐射性

事物是普遍联系的。学雷锋活动的创新是一项系统工程，必须坚持先进示范，典型引路，带动全局。抚顺“百姓雷锋”评选活动成功实践启迪我们：只有牢固树立“胸中有全局，心中有典型”的思想，突出先进典型的引领作用，实现典型人物与学雷锋活动的完美结合，才能提高抚顺学雷锋活动的感染力和影响力。

选树好典型并充分发挥典型的引领作用，是我们党的重要工作方法之一，也是推动学雷锋活动深入持久的重要举措。“百姓雷锋”是时代的先锋、社会的脊梁、群众的楷模，在他们身上凝聚着先进的理想信念，代表着高尚的人生境界和道德追求。几年来，抚顺市开展的“百

姓雷锋”评选活动已经显示出强大的辐射性。在这一活动的启示带动下，全市各个县区、企事业单位、机关、学校、街道、社区普遍都开展了各具特色的“百姓雷锋”式的评选、评比活动。“望花好人”、“东洲之星”、“四德楷模”、“抚顺小雷锋”……实际都是联系基层实际、针对不同层面特点选树的学雷锋先进典型。

“胸中有全局，心中有典型”。我们要及时总结推广各县区、各单位学雷锋活动取得的新进展新经验，特别是把向雷锋学习与向身边先进模范学习结合起来的经验。各条战线上涌现出的各级各类学雷锋先进典型，都是思想道德的标杆，都是文明进步的旗帜。拨亮一盏灯，照亮一大片。只有用身边典型教育身边人，才能使先进典型可信、可亲、可敬，让广大干部群众看得见、够得着、学得会。只有通过积极宣传先进典型，让人们普遍感受到做好事受敬重、当好人不吃亏，才能形成尊重先进、关心先进、爱护先进的浓烈氛围；才能形成见贤思齐、学习先进、赶超先进的正确导向；才能进一步激发全社会学雷锋、做先进的积极性和主动性，促进更多学雷锋先进集体和个人的不断涌现。

抚顺作为雷锋精神的发祥地和学雷锋活动的策源地，半个世纪以来，历届抚顺市委、市政府都高度重视学雷锋活动，并始终坚持与时俱进地开展学雷锋活动，使学雷锋活动一直站在全国学雷锋活动的排头，引领着学雷锋活动的时代走向。“百姓雷锋”评选活动的开展，不仅拓展了全市学雷锋活动的传播面、扩大了影响力，更增强了富有抚顺地域特色的学雷锋活动示范、辐射功能，进一步展现出抚顺始终要将学雷锋这杆大旗扛到底的决心与气魄。

特别是在2012年纪念雷锋同志牺牲50周年期间，中央电视台先后在抚顺录制了三期大型节目，并在央视7个频道上播出，在全国引发了新一轮学雷锋的高潮。一时间国内主流媒体记者云集抚顺，既巩固了“百姓雷锋”评选活动成果，让更多人走进抚顺、了解抚顺、宣传抚顺，又有力地推动了“雷锋城”建设，扩大了抚顺的知名度和美誉度。

四、“百姓雷锋”花盛开现象源于上下一致，展现自觉性

上下一心，其利断金。团结是成功的重要因素，好的机制是有力保障。抚顺“百姓雷锋”评选活动成功实践启迪我们：对看准的事情、认准的目标，只要有统一意志，做到凝心聚力，有一种声音喊到底、咬定青山不放松的气魄，那就没有战胜不了的困难，就一定能创造出无愧于时代的新业绩。

“百姓雷锋”评选活动是一项系统工程，需要把各方面力量调动起来，形成上下一致、部门联动、群众广泛参与的局面。这项活动从推荐评选、命名表彰到宣传包装、媒体报道等各个环节都进行了精心策划。颁奖典礼是评选活动的高潮与中心环节，需要市委宣传部、市文明办、抚顺日报社、市文广局等多个部门联办，还需要有各县区、各行业、各单位及协办单位的参与、配合。这样的评选活动，工作量大、参与面广、程序复杂、要求严格，没有困难显然是不可能的。能否搞好“百姓雷锋”评选活动，肯定不取决于某一方面因素，而要涉及多方面的因素，不但涉及活动的决策、实施和执行等多个环节，也涉及政令畅通与否的问题。故此，“百姓雷锋”评选是个大的系统工程，需要多管齐下的系统性手段，既不能单兵突进，也不能平均用力，要有重点、分主次、有序进行。

那么是什么力量鼓舞着评选活动的领导者和所有参与者，让他们上下一致、戮力同心地去完成这项复杂的系统工程呢？无疑，这力量只能来源于对雷锋精神在经济社会发展中地位作用的理性认识，来源于对时代发展赋予雷锋第二故乡崇高责任的主动担当，这就是高度的文化自觉。“用雷锋精神办好颁奖典礼”，这就是他们普遍的共识和自觉行动。

下篇

风采——引领时代风尚

第四章

暗夜中那一缕烛光

《风俗通》如是记载中国上古神话中的创世女神女娲：“天地开辟，未有人民，女娲抟黄土作人，剧务，力不暇供，乃引絙于泥中，举以为人。”我们的生命由女性创造而来，我们的身体，是母亲身体的一部分，剪断的是脐带，剪不断基因和血液。

世界上最伟大的力量，是母爱；世界上最美丽的声音，是母亲的呼唤；世界上最崇高的上帝，是我们的母亲。

我之所有，我之所能，都归功于亲爱的母亲。

我们让母亲操了多少心，我们犯下多少错，都能在母亲那里得到宽恕。因为，我们是母亲内心永远的希望。

邱忠翠、王秋荣、徐金英、裴蓓、张敬芝、张平，这些女性既是母亲，也是老师。她们像孩子的守护神，用大海一样的师恩，塑造了幼小的心灵。用红烛一盏的光亮，为孩子烛照前行的方向。

张鑫的故事，莫若说是一首献给母亲的挽歌。这歌声有血有泪，有忧伤，有最柔弱的坚强，也有风雨过后的晴空朗日。走近张鑫，就等于阅读现实版的《青春万岁》。

爱像大海

谁能有如此大的胸怀，装得下那么多误入歧途的浪子。邱忠翠，你把“母亲”的意义延伸了，你把“母爱”的意义扩大了。迷途的孩子有多少，母亲的怀抱就有多大；迷途的孩子走多远，母亲的牵挂就有多远。你用一片大爱，帮助那些迷路浪子，寻找回来的世界！

——献给邱忠翠的颁奖词

爱是你的手，把我的伤痛抚摸；爱是用我的心，倾听你的忧伤欢乐。

爱是一首唱不完的歌，感动着千千万万的心灵。

2006年春天的抚顺，暖日融融，浑河汤汤西流，两岸的植物吐露新绿，整座城市传递着生命勃发的气息。3月6日下午，抚顺剧院座无虚席，社会各界四方云集，前来参加首届“百姓雷锋”评选颁奖典礼。在气氛热烈的现场，首届“百姓雷锋”获得者，新抚区法院少年案件审判庭审判员邱忠翠，与参加颁奖会的领导及其他观众一起，观看了由自己的真实事迹改编的小品《法官妈妈》。当扮演小山的演员沉浸在剧情中，一声“妈妈”震撼了全场，观众无不落泪。邱忠翠也心潮翻涌，眼中泛起泪花。

那个叫小山的孩子，曾经牵动了邱忠翠多少的心思！

小山生在一个令人心酸的家庭，父亲残疾，母亲聋哑。2岁那年，母亲走失，从此音讯渺茫。剩下小山和父亲两个孤苦伶仃，靠政府救济勉强糊口。可怜的小山没有享受物资的福分，别的孩子穿着漂亮衣服，吃精美食物，他只能远远看着，心里羡慕又嫉妒。

后来，小山动手抢了玩伴的一根香肠，狼吞虎咽地吞下肚，初尝武力和香气的快感。从此，小山一发不可收，用一次次的抢劫换取需要，终于被送上法庭。

初见小山时，邱忠翠望着他一脸的稚气，心里很疼。她问自己，挽救这些不幸的孩子，难道仅仅凭一纸判决吗？实际上，心灵的慰藉会让他们感到温暖，绵绵情意一定能消融孩子对这个世界的误解。于是，邱忠翠想接近小山，建立感情，让他在爱的体验中学会确立人生。她听说小山精通电子游戏，特意买来光盘，跟小山“拜师学艺”。小山没想到，还有人要向自己学习，顿时来了兴致，把平常玩电子游戏的经验悉数教给邱忠翠。邱忠翠则每次见小山时，都送给他爱吃的面包、香肠，两人边玩边聊。没多久，邱忠翠和小山亲如母子，无话不谈。邱忠翠见时机已到，遂以母亲的口吻告诉小山，不能沉溺虚拟世界，因为人毕竟活在现实中，幸福的生活要靠智慧和努力创造，而不是掠夺他人得来。邱忠翠循序渐进，小山慢慢懂得了做人的道理，有了正确的价值观判断。

宣判那天，邱忠翠语重心长地对小山说：“少管所是一所学校，你一定要用最好的成绩回报社会。”小山凝视着邱忠翠，眼里涌满泪水：“我两岁就丢了妈妈，我已经 12 年没见到妈妈了，12 年没喊过一声妈，邱阿姨，你是世界上对我最好的人，我想喊你一声妈妈，行吗?”邱忠翠听着孩子的话，心像被针刺一样，冲着孩子点点头。小山一句“妈妈”出口，在场人无不动情动容。

小山被判 6 年，服刑期间，邱忠翠真的履行了妈妈的责任，抽空去探视他，鼓励他，让小山感受到浓浓的母爱。刑满释放后，邱忠翠帮小山找了份工作，虽然工资不多，也很辛苦，但小山很知足，每天都乐呵呵的，因为，他心中燃着一蓬积极向上的火苗。

“我们要给这些不幸的孩子做出一种特殊的补偿，而不仅仅是一纸判决。”这是专门审理少年犯罪的邱忠翠，在经历了那些难以言说的心路历程之后，最真切的认识。她将理性的法律和感性的爱结合，制成抚慰孩子心理创伤的一剂良药，让陷入迷途的羔羊重返正途。多年来，邱忠翠独立或参与审理少年犯罪案 203 件，涉案少年 320 人，靠着这个信念，她尽了自己的最大能力，擦拭蒙尘的心灵，看着一张张冷漠的面孔展露纯真的微笑。

多年审理少年犯罪案件，邱忠翠积累了相当的经验，也透视到了少年犯罪案背后的复杂因素。每一个孩子的健康成长，首先离不开家庭的教育，如果家庭教育失策，将直接伤害到孩子，甚至是少年犯罪的罪魁。邱忠翠意识到这些以后，非常注重深入到犯罪少年的父母做思想工作，引导他们尊重孩子的想法，多关心青春期孩子的心理，改变教育方法。同时，教导犯罪少年以孝为先，敬爱父母，常思养育之恩。而且，她就是通过两边做工作，消除了失足少女小赵与父母间的隔阂，现在，一家人相亲相爱，和美生活。

宽恕、仁慈、真诚，给孩子一个笑脸，一次机会，或许孩子从此就远离犯罪，改变一生。邱忠翠有一套衣服，不是名牌，也不够漂亮，但她视如珍宝，多年不舍得上身。在她看来，与其说这是一套衣服，莫若说是一个孩子最美的心。

少年犯小冯 1988 年参与团伙作案在逃。2001 年，全国开始严打，在家人亲友劝说下，投案自首。此时，小冯已经是省里一家服装学院的学生。接到小冯的案子，再三思量，觉得他当时年少气盛，一时糊涂犯错。而今小冯已改过自新，为什么不能对他从宽处理，给他一次机会，让他顺利完成学业呢。于是，邱忠翠积极建议，争取合议庭和陪审委员会的支持，最终判小冯缓刑。小冯倍加珍惜来之不易的机会，在学校表现上进，缓刑考验期满后，他进入一家外贸企业当了设计师，精心缝制了一身时装，送给邱忠翠，表达对她的感激。

邱忠翠就是用这些特别的方式，重塑灵魂，给迷途知返的孩子树立自信感，成长为对社会有益的人。由于她工作成绩突出，近年被授予诸多荣誉，2006 年，当选抚顺“百姓雷锋”。

守望离去的身影

你是点灯人，照亮孩子的人生路；你是孺子牛，育万千桃李满枝头。25 年以校为家、以生为子，工作的每一天是为学生走得更好、行得更远。张敬芝，名为敬芝，人恒敬之。

——献给张敬芝的颁奖词

写到张敬芝的时候，脑子里浮现出魏敏芝的样子。那个其貌不扬的乡村女孩，偶然当了一名临时代课老师，本以为干几天走人的，谁知，一干就再也撒不了手。于是，魏敏芝和孩子们之间，发生了许多感人的故事。

当年的张敬芝自家条件也不好，父母、哥嫂，侄子侄女，加上她，全家 8 口人，靠几亩地生活，日子过得紧紧巴巴。后来，张敬芝以几分之差被横在大学门外，她没有选择复读，重要的原因就是不想拖累家人。

张敬芝心灰意懒的时候，机会找上门来——她的家乡，抚顺县救兵乡小东中学一位老师休产假，学校急需代课老师。在考虑人选时，乡里和学校不约而同想到张敬芝。

就这样，刚刚高中毕业的张敬芝走进学校大门，当起英语代课老师来。从此以后的 25 年中，她再没有离开这所乡村中学，她的青春、爱恋、热情，全部奉献给了小小的校园，年复一年，孩子们一茬接一茬离开，飞向更远的地方、更广阔的天地，而张敬芝始终站在学校的操场守望着，目送她的学生渐行渐远。

在影片《一个也不能少》中，魏敏芝当老师之初并不顺利，捣蛋孩子想方设法找她的麻烦，企图轰她走，制服她。倔强的魏敏芝不信邪，非跟捣蛋孩子较劲到底，还赢得胜利。张敬芝也是，初登讲台，一看底下坐着的学生，不由倒吸口凉气：初二班级的男生女生，年龄和自己差不多大，甚至有的男生比自己高一头。张敬芝也不是打怵个头高低，是担心镇不住青春躁动的坏男生，被他们找麻烦。

果然，张敬芝的预料成了事实——班里有个男生，每到张敬芝的英语课，故意迟到，“咣”一声把门踢开，大摇大摆入座。张敬芝也像魏敏芝那样，没气走，反而坚定了决心。一天课后，她把坏男生叫到一边，对他说：“咱俩年龄差不多大，我要是你姐的话，你还能这么做吗?”坏男生眨巴眨巴眼，无话可说。不过，以后他再不故意添乱了。

张敬芝教导学生，一向从关怀、亲情角度出发，但在学习方面，她严厉得近乎苛刻。多年来，她总结出一套属于自己的教学经验，即先叫学生做人，再教功课。她要求见人先打招呼问好，求助别人时如何开口，利用各种事情因势利导，让学生认识对与错。受张敬芝潜移默化的影响，她所带班级的学生素质都相对较高，懂得礼节，集体观念强，爱惜东西。

青春期的孩子总是叛逆的，抽烟、早恋现象不可避免。作为班主任的张敬芝，发现班级有了这些苗头，采取柔和的办法，晓之以情，动之以理，梳理学生的心态，最终纠正了那些妨碍学习的状况。单亲家庭孩子的青春期，叛逆性表现更加明显。班级有一位男生，父母离异后，一直跟着父亲生活。父亲心情不好，喝完酒就打骂他，赶他去母亲那边。男生委屈孤独，一天下午，突然失踪。张敬芝急得到处找，终于找到了他。张敬芝看着伤心的孩子，又急又气，竟犯了心脏病。学生的父亲见张敬芝真动了肝火，后悔自己的过失，与儿子和好。就这样，险些失学失踪的孩子，重新坐回课堂。

像妈妈，像朋友，然后才是老师。这是张敬芝的学生给她的评价。的确，25 年来，张敬芝一直和学生这样过来的。而她的教学成绩，也让同事和领导大加赞叹。

张敬芝在教学上，有一套自己的经验——注重基础。对初一的学生，她结合教材，哪里基础差补哪里，对学习好的学生，强化重点知识。到了初三，她利用早、中、晚给学生补课。为方便教学，张敬芝特意在学校附近买了房子，从她家到学校，才 5 分钟的时间。张敬芝的学历并不高，但她善于改变教学方式，灵活掌握。她的原则是，教学生之前，自己一定先做好。她曾用两年时间，自学《许国璋英语》第 2、第 3、第 4 册。备课时，围绕着教材的重点难点下工夫，平时空闲，她经常和别的老师探讨问题，讨人家的教学经验，从中汲取，然后为我所用。在教学方法上，她也有自己的独创。如她采取的“小组合作学习”，通过自学—讨论—总结—应用四部曲，让学生学得轻松愉快，记得好学得扎实，拓宽了思路。

张敬芝靠着敬业精神，辛勤培育，使她所教的班级连续多年成绩在全县名列前茅。她本人多次被评为省、市优秀教师、优秀班主任。2005 年，荣获省“十五”教育科学优秀成果奖。2006 年，又被评为抚顺市

唯一一名全国模范教师，进京接受了胡锦涛主席的接见。2007 年，张敬芝再次被评为抚顺市“百姓雷锋”。

成绩是对过去的总结。张敬芝获得了很多荣誉，但她依然本色，每天坚持 5 点多钟到校，晚上最后一个抱着一摞卷纸离开，回到家里，劳累一天的她还要坐在灯下批改试卷……

张敬芝说，学校和企业不一样，教师和工人不一样。工人生产出次品，也就是个次品而已。教师如果带不好学生，可是要耽误人的一生。这句朴实得不能再朴实的话，很好地解释了张敬芝靠着一种什么样的力量，25 年教学生涯中没因私事请过一天假，没耽误过学生一节课。不能耽误人生，就是张敬芝的师尊信条，这种根植心中的思想，支持着她一路走来。那我们许许多多的教师，能不能也少些抱怨，多些付出，像张敬芝一样为人师表呢？但愿我们拥有越来越多张敬芝这样的教师，塑造我们的人生，我们的世界就会越来越和谐美好。

特别的爱，给特别的你

把孤残儿童揽在怀里，彰显非凡母爱胸襟，捧出一份特别的爱，担当 100 多个孩子母亲的特殊妈妈。

——献给王秋荣的颁奖词

王秋荣的事迹，恰如一首歌的歌词，所以，就成了本文的题目。

王秋荣是个与秋天有着某种渊源的人——1986 年的秋天，有着 5 年多工龄的王秋荣，转到了市社会福利院护理部工作。年轻的她为了尽快进入角色，报名参加了全国幼儿师范特教专业自考。1989 年的春天，王秋荣拿着特教专业的毕业证，回到市福利院儿童部，具体的工作，是孤残儿童特教。

孤残儿童，是一群失去父母呵护的可怜的孩子，他们不知道自己的姓氏，不知创造了他们生命的父母相貌，他们的眼神永远忧伤迷茫，他们的举止总是那么小心翼翼。面对着这样一群折翅的天使，没有谁的心不疼。

当王秋荣走近她要教护的孩子，望着他们的没有笑容的小脸，一双双洁净如水的眼眸，听说一个个孩子的不幸遭遇，灵魂中潜隐的母性瞬间迸发。她暗想，只要自己在这里工作一天，就要给孩子温暖和幸福。

当时的福利院儿童部刚刚组建，条件差，人员不足。王秋荣没有怨言，而是一人兼数职，担负起医疗康复、特教、换尿布、喂药、喂水、喂奶等等工作。福利院 95% 以上的孩子都有不同残疾，有的弃儿刚入院时，多患有疾病。王秋荣一点不嫌弃孩子感染伤口冒出的股股腥臭气，也不怕染上传染病，每天细致地给他们洗伤口服药，有的孩子太小，受不住痛苦日夜啼哭，她就抱着孩子，柔声哄着，不知度过多少个不眠的夜晚。

王秋荣很累，很疲惫，但当孩子们会喊她“妈妈”，搂着她的脖子撒娇时，她心里就涌起阵阵暖流，真的把孩子看做自己的亲生骨肉。她想着，要为孩子们办个“家庭学校”，让孩子们也和健康孩子一样，能上学，读书。院领导非常支持王秋荣的想法，很快，儿童部腾出一间房做教室，课桌椅、课本也都陆续置办齐整。一切准备就绪，王秋荣拟定学习计划，从 1、2、3 开始，教孩子们文化知识。教残疾孩子，比教正常孩子难得多得多，即使最简单的知识，有的孩子也听不懂，有的听懂了，一会儿又忘了。于是，反反复复，一遍又一遍，直到孩子们全部学会。

残疾孩子的康复训练，是儿童部的一项重要工作，也非常之难，考验老师的技术、耐心和责任心。曾经，王秋荣为了教两个脑瘫患儿基本生活能力，花费了大量心血。而漫长的过程中，她也经历了心的煎熬——康复训练很艰苦，为了让孩子们学会说话，能够站立、走路，穿衣穿鞋，王秋荣狠起心肠，任孩子怎样哭，也不放松课程。一年后的魔鬼式训练，两个孩子逐渐好转，会走路，自己能穿衣穿鞋，知道大小便，当两个孩子含混不清地唱《世上只有妈妈好》时，王秋荣的泪水禁不住流下脸颊。

2004 年，国家民政部启动“残疾孤儿手术康复明天计划”，确定抚顺市的 3 名孤儿到中国医大进行手术。接到这个消息，市儿童福利院的领导高兴又发愁。高兴的是，幸运的孩子今后可以过正常人生活了，愁的是，院里人手少，这工作又太重，一时拿不定主意派谁去。

就在这时候，王秋荣站了出来。而她也没想到，自 2004 年开展“明天计划”以后，院里的 12 个孩子做了 22 次手术，全部的护理工作几乎她一个人顶下来。

2006 年底，王秋荣抱着 4 岁的郑爽到沈阳中国医大做患额唇裂手术。手术当晚，麻药失效，感觉疼痛的小郑爽舞动着小手抓挠。王秋荣担心孩子挣开伤口缝合线，就抱着他坐在床上，一手攥紧孩子的两只小手，一手给他擦汗，嘴里不住地哄着：“孩子，别怕疼，有妈妈在你身边呢……”

那个夜晚，正是爆竹声声，礼花满天的新年夜，王秋荣抱着郑爽，眺望着五彩缤纷的窗外，想家的情绪不由得让她伤感，再看看怀里的孩子，心中又充满怜爱，就一个人默默祝家人新年快乐，祈祷孩子术后尽早康复，今后过上正常的生活。

那个夜晚，王秋荣带着祝福和祈祷之心，抱着小郑爽坐到天明。

2007 年初冬，一场小雪后的沈阳银装素裹，中国医大的大院落里，也因这一场雪，尽显素洁之美。一天清晨，王秋荣给患儿郑森穿好衣服，洗完脸，刚要出去打饭，突然，有人敲病房的门。王秋荣开门一看，站在自己面前的是两个小伙子。王秋荣愣了片刻，仔细再看，竟然俩孩子是她护理过的孤残儿童。一个叫党育，一个叫党忠。

“妈，听说您来沈阳陪护，我们来看看您。”两个孩子笑嘻嘻地开口说道。

“来就来么，跑这么急干吗，看这一头的汗。”王秋荣又惊又喜，嗔怪道。

“妈，我和党育给您买了碗抻面，怕时间长凉了，就一路跑过来。妈，您快吃！”

王秋荣的眼泪一下子涌了出来……

2007年，院里推行家庭寄养制度，很多适合家庭寄养的孤残儿童都有了“新爸爸”、“新妈妈”，当“爸爸”、“妈妈”来接孩子回家的时候，孩子们兴高采烈，牵着“爸爸”、“妈妈”的手跟伙伴们告别。患脑瘫的楠楠每次都跟在小哥哥、小姐姐的后面，等他们走远，一个人走回来，一脸的落寞孤独。王秋荣见了，心猛地疼了一下，此时，为人母的她更加懂得孩子的需要，母爱，在她心里已更加强烈，王秋荣抱起楠楠，告诉他，以后，妈妈的家就是你的家。几天后，王秋荣夫妻又多了个儿子，楠楠也能和别的孩子一样，有爸爸妈妈的疼爱了。

20多年的辛苦，20多年的养育，现在王秋荣亲手带大的孩子，已经有100多个，他们当中，有的在读小学、初中、大学，有的结婚成家，有的找到了工作，但这些孩子不管在哪里，生活得怎样，他们都忘不了亲爱的王秋荣妈妈。王秋荣以普通人的心，做出了不普通的事，也赢得信任和尊重，在单位多年被评为优秀职工，2007年，她还实现了多年夙愿，光荣地加入中国共产党。2008年，她被推选为抚顺“百姓雷锋”。

王秋荣的爱，如泉水，清纯甘甜，滋润着一颗颗孤单的心灵；王秋荣的爱，如高悬琼宇的星辰，天幕上有多少团星光，就有她多少的爱；泉水和星辰，是施与的象征，“百姓雷锋”之盛誉，不颁给她，又颁给谁呢！

找朋友的鱼

以爱为犁，在孩子心田种桃李种春风，一切为了孩子，为了孩子一切的辛勤园丁。

——献给裴蓓的颁奖词

孤独莫过于鱼缸中的鱼，在那一片狭小的水域里，它们游来游去，可从来不说话。鱼的生存方式，感动了一位女作家，有一天，她写道，一条鱼，游啊游，找来找去找朋友……

有一些孩子，就是这样的鱼。他们封闭了所有的心思，目光却永远在寻找——疼痛的心灵，渴望爱的包围。然而他们害怕一再受伤，不敢碰触这个纷繁世界，那怕只是浅浅的试探。

抚顺的城市北部，矗立着一座高尔山。高尔山下，有一个古老的地名，叫北关。北关一带，有一所百年老校——抚顺城一校。这学校里，三年级三班的孩子，曾经是一群寻找朋友的鱼。后来，一个女教师走进三年级三班，就像另一条美丽的鱼，用她的爱，驱散了一群小鱼心里的孤寂，带他们游进宽阔的生活海洋。

裴蓓第一次面对这些孩子的时候，没有嫌弃和厌烦，有的只是怜惜：本该葵花一样灿烂的脸庞，却被单亲家庭、流动家庭、下岗失业家庭等无形的阴影笼罩着，遮蔽了稚气和可爱。粗野、顽劣、散漫、不爱学习，好多的坏毛病都能在他们身上一一对应，惹得全校老师都不愿教，不愿意带。

贫穷与不幸，就能毁掉一个人的未来吗？本已贫穷，本已不幸，若不思改变，岂不成了不幸中的大不幸？那一天，裴蓓年轻的心被深深触痛，她在日记中写道：

“我们学校，我们的学生被人瞧不起，但我一定要通过自己的努力来改变点什么。我虽然是学音乐的，免不了受怀疑，既然校长选择我当这个班的班主任，我就要对得起领导的信任，把这个班带好。”

裴蓓通过观察，发现班级的同学性格内向、孤僻，不爱说话。就借着午饭、课余时间与学生聊天，没多久，同学们变得和裴蓓亲近了，有什么话也喜欢跟老师说。裴蓓和学生们，渐渐形成朋友加老师的关系。

细心的裴蓓为了挖管理班级的经验，每天抽时间向其他班主任老师请教，或许上网聊，一聊就忘记时间，很晚才“放人下线”。裴蓓虽然学音乐出身，但通过一段时间与学生的亲密接触，使她明白了一个人必须接受熏陶才能彻底转变的道理。为了培养学生的爱心，增强集体荣誉感，树立个人自信心，裴蓓利用一些学生身边的实际发现，因势利导，及时表扬。周末，她带领学生逛商场、进社区，认识和接触社会。还带学生爬山，观河景，让学生在玩乐中感受自然，热爱自然，在自然中感悟人生。

老师是良心活，要对得起学生，不能给学生留遗憾。裴蓓抱着这种朴实的想法，认认真真履行班主任的职责。她没有像今天的一些老师那样，因各种复杂原因放松对学生的管教，甚至做出有失师德的事情。而是像天使一样，护佑着班级的每一个学生，抚慰他们受伤的心。

大卓曾经是少言寡语的孩子，但他也有很多性格优点。裴蓓因人施教，任命他为小组长，让他慢慢重塑信心。五年级的时候，大卓通过竞选当上班长，更加认真负责，班上的一些事情，主动干，抢着干，扫帚坏了，他用零花钱买把新的，同学的凳子钉掉了，他拿把小锤子修好，救助同学，他每次都捐得最多。裴蓓非常喜欢这个孩子，却不料苍天弄人，让一个好孩子得了绝症。

时间在日升月落中溜走，到了六年级下半学期，有一天裴蓓发现，大卓表现异常，冒虚汗，拉肚子，打不起精神。她很着急，催家长带大卓去医院检查，结果，孩子患了白血病。裴蓓听到这个可怕的消息，想到大卓平日里的好，一次次难忍泪水，寝食难安，想为大卓做点什么。裴蓓知道，大卓在沈阳住院，每天治疗费高达2000多元，他家经济条件有限，已经勉力支撑，这时候最需要资助。于是，裴蓓忍痛跟全班同学说，大卓身患严重的胃病，请大家发扬友爱精神，帮帮大卓。裴蓓捐出了第一笔款，之后，班上的同学和老师纷纷向大卓伸出手，给予他一点小小的温暖。几天后，裴蓓选了两名和大卓最要好的学生，揣着全班同学凑的800多元钱，赶到沈阳看望大卓。当病中的大卓看见推门而进的老师和同学，兴奋地大叫一声，眼里闪着惊喜，抓住老师和同学的手不放。

大卓出院后，裴蓓仍放心不下，定期去看望他。大卓的病情越来越重，但每次见到老师，都表现得顽强勇敢，裴蓓愈加舍不下这个懂事的孩子。2008年6月1日，星期天，裴蓓做了大卓最爱吃的面条，带着同学们去给他过“六一”，大卓躺在床上，看着老师制作的影碟，高兴地做鬼脸——影碟播放的，是每个同学送给大卓的一句祝福，还有纯真的笑颜。那一天，裴蓓一直陪着大卓，但她不曾想到，这是她陪大卓在人世的最后一次。

15 日，大卓妈妈突然给裴蓓打电话，说孩子不行了。裴蓓的心像被掏空了一样，整个人瘫软下去……

因为失去活泼可爱的大卓，裴蓓一下子成熟了很多，对于班级的孩子，她更加视如珍宝，一个也不放弃。小星父母感情不和，疏于管理孩子，结果小星染上网瘾，经常逃学上网。全校老师都知道这个孩子的底细，认为无可救药。但裴蓓不这么想，她要尽最大努力挽救小星。有一次，小星又失踪了几天，裴蓓挨个网吧找，白天找到傍晚，傍晚找到天黑，天黑找到深夜，一个女孩子，走在寂寥的街巷中，忘记了害怕，拖着酸软的双腿，街灯将她的身影拉得很长，很长。

小星在裴蓓的坚持下，慢慢收敛了恶习，变得明事理了。后来，裴蓓又带着他去找离家出走的妈妈，去医院探望受重伤的爸爸。一家人互相原谅，小星又感受到家庭的温暖……

裴蓓之所以特别怜悯不幸、穷困的孩子，是因她的家也生活清贫。那些孩子的苦，她感同身受。她心里装着别人，凡事替人着想，也是家庭环境的影响。

裴蓓和父母挤住在 40 多平方米的单间厢房，因空间太小，她批作业只能把小木板垫在腿上进行。学校搞百年校庆，学音乐出身的裴蓓有了用武之地，12 位女老师需要演出服装，她和一位同事跑到沈阳五爱市场买来布料，自己设计，让妈妈缝纫，然后拿着样品去找服装加工店。前后忙活了七八天，目的就是为学校节省经费。

付出必有回报，汗水浇灌的终将开花结果。数年寒窗苦，裴蓓取得了 20 多项荣誉，2008 年，她被评为抚顺市“百姓雷锋”。当她登上高高的领奖台，接受抚顺城一校的学生为她颁发的奖杯，青春的脸上洋溢着幸福的笑容。这是身为人师所能得到的最贵重的奖赏，是人们对品行高尚的教师的敬意，也是一座城市呼吁社会尊师重教，号召文化教育工作者能够像裴蓓一样，为国家，为未来培养孩子。

裴蓓还年轻，她的人生路还很长，当她教育的孩子一批批长大，当那些即将离校的学生在操场上站成一个大大的心形，挥舞着粉红的气球和金色麦穗，齐声喊着：“老师，我们永远爱你！”我，我们，所有人都看到了希望。

山雀们的巢

妈妈不在，你是“临时妈妈”，妈妈是“临时的”，可爱是一样的。家人不在，这是“临时的家”，家是“临时的”，可温暖是一样的。您把我们拢在怀抱中，我们成长在爱的阳光下。

——献给徐金英的颁奖词

小时候，我以为你很美丽
领着一群小鸟飞来飞去
小时候，我以为你很神气
说上一句话也惊天动地
长大后我就成了你
才知道那间教室
放飞的是希望
守巢的总是你
……

这首感动了无数人的歌，以黑板、教室、讲台、粉笔等意象，赞颂了人民教师无私奉献的情怀。2009 年 3 月 3 日，南窑村的 15 名孩子在抚顺“百姓雷锋”的颁奖典礼上，轻轻地将《长大后我就成了你》唱给亲爱的“临时妈妈”徐金英，她心生别样的感受。这位荣获诸多荣誉的乡村女教师，那一时刻的最大感触，是希望她放飞的这些山雀，有一天能够再回来，在沟沟坎坎里播种，种桃种李种春风，种一片阳光温暖每一个大山里的生命。

1983 年，因病休学的徐金英回到她的家乡——新宾满族自治县清门镇南窑村。半年后，病情好转的徐金英收拾好东西，准备重返县重点高中，继续她的学业。就在这时候，村支书急火火地找上门，恳请她晚走几天，留下来给村里的孩子们代课。村支书说，村小学六年级的老师调走了，孩子们没人管，成了散在野地里的羊。村支书还说，等上级派来新老师，就让徐金英走，绝不误她的事。徐金英看着村支书诚恳、焦急的眼神，想了想，点头答应。

一周，两周，三周，约定好的时间眨眼过去，可新老师迟迟未到。徐金英着急了，天天问村支书，上级派的老师啥时候来。村支书支吾着，面有难色，央求徐金英再等等。一个月，两个月，又过去了。徐金英再也不愿等，她决定辞职，赶快回学校撵课程。孩子们听说老师要走，堵在她家的门前、窗下，泪眼汪汪看着她。

徐金英心软了，放弃了念高中考大学的理想，选择在村庄的小学校里，和孩子们在一起。

自徐金英回村教学那天起，挣了 13 年代课老师的工资，直到 1997 年才转正。这 13 年里，她由少女变成妻子、母亲，她教的孩子一茬一茬长大，考上大学，她的教学成绩一直在镇里名列前茅。

2006 年，镇里成立九年一贯制学校，调到镇里任教的徐金英和同为教师的丈夫一起，每天骑一辆摩托车，往返于村里到镇里的山路上。丈夫心疼妻子风风雨雨地奔波，计划把家搬到镇子里，当他满怀热望跟妻子商量时，却遭到妻子的否决。

此时的徐金英，心里已另做打算。

徐金英要利用自家的房子，办一个“留守儿童之家”，吸收父母外出打工的孩子进来，让他们享受到家的温暖。作为班主任的徐金英，深知留守儿童的情况，他们的生活缺人管教，学习缺人辅导，性格自卑、孤僻，甚至逃学辍学。所以，她考虑再三，下决心做这件事。

知妻莫若夫，何况徐金英的丈夫也有着二十多年的教龄，对于村庄里的孩子，也有着天然的感情。于是在丈夫的支持下，2007 年秋天，徐金英创办了“留守儿童之家”，利用双休日、寒暑假、节假日，把孩子们召集到“家”里，学习、游戏，在“家”的氛围中度过快乐时光。

每周活动时间，徐金英的丈夫就骑着摩托车，把孩子们一个个接来，若来不及干脆打车。每次孩子回到“家”里，徐金英第一时间先检查作业，对出现的问题及时辅导。对孩子在学习中出现的共性问题，进行系统培训。每周进行一次成绩检测，使孩子们每周都有一点进步。

在“家”里，不仅仅是课程学习，还有丰富多彩的文娱活动。知识竞赛、口头作文、故事会、诗歌朗诵、法制小品表演、法制书画展等等，还有以孩子名字命名的长跑队、足球队等等，通过这些活动，陶冶孩子的情操，使孩子得到多方面的锻炼。同时，还开展感恩系列主题教育，给父亲写一封信，给老人洗一次脚，每日帮助大人做家务……孩子们在多姿多彩的课余活动中，明白了很多事理，留守儿童身上的那些坏毛病，渐渐地得以改正。

为了增添孩子们的乐趣，徐金英购买了各类杂志、象棋、图书、玩具等，免费的午餐也变着花样做，让孩子玩得高兴，吃得高兴。她还带着孩子举行升国旗、奏国歌仪式，让孩子在国旗前讲话，培养他们的爱国心、自信心和使命感。俗话说，血浓于水。徐金英知道，孩子们长期不在父母身边，思念和孤独都埋在心里。她就让孩子用自家电话和父母打长途电话，后来又买回电脑，让孩子和远方的父母视频聊天，增加父母与孩子的感情交流。孩子们过生日，她准会买一只生日蛋糕，送上一份小小的礼物。每逢元旦，特意将孩子的爷爷奶奶请到家里搞联欢。夏季里，夫妻俩自费开展夏令营活动，让孩子开阔眼界，增长见识……

南窑村一共有15名留守儿童，在徐金英母亲般的关怀呵护下，像一颗颗雨润风吹的幼苗，一天比一天长大。他们有什么心事、为难事，也愿意求助于徐金英，正如歌中唱的那样，以为老师妈妈“说上一句话也惊天动地”。

五年级女生万禹彤，一直对徐金英抱着感激与愧疚的复杂感情。万禹彤父母离异，父亲去韩国打工，需公务员做10万元经济担保，她就请求徐金英帮助父亲。徐金英本可以不冒这个风险，可她怜悯孩子，终于还是随了孩子心愿。结果，万禹彤的父亲一到韩国就违规，徐金英被

迫贷款 7 万元，替万禹彤的父亲还债。因为这件事，万禹彤最初到徐金英家，怎么都乐不起来。

徐金英焉能看不出万禹彤的心思，她不伤害孩子，在孩子面前对此事只字不提。她也知道孩子性格孤僻内向，便针对性地开展“夸夸自己”活动，要求孩子每周到“家”里来，第一件事是先夸夸自己，将本周在学校、社会和家庭中的进步做汇报，然后大家点评。通过这种活动，万禹彤消除了心理障碍，变得活泼开朗，还担任了美术小组组长。

自成立“留守儿童之家”，徐金英倾尽全力，给村里的留守儿童最真切的关怀，最真挚的母爱，孩子们就像小山雀一样，在她营造的巢穴里享受着温暖和安全。徐金英精心地为山雀们梳理羽毛，捕捉食物，教他们飞翔的姿势，期盼着他们有朝一日飞走，越飞越远，越飞越高，他们翱翔在蓝天和阳光里，她就是这世界上最幸福的人。

磨难是最好的教科书

> 他用责任发言：路，该怎样护。他用爱心表态：路，该怎样走。最寂寞的岗位，他不埋怨，像石子，铺好别人脚下的路；最曲折的人生，他不沉沦，像雄鹰，寻找自己头上的天。安贫、能乐其道；穷途，不改其志。一个是人生的方向标，一个是青春的教科书。
>
> ——献给张鑫的颁奖词

这世界照亮我们的，并不是幸福，而是苦难。

幸福只是一束花，让我们看上去很美，很漂亮。苦难，充满悲凉的况味，沉重了生活的调子，颠覆了既定的命运，帮我们重塑人生。

大凡苦难中熬过来的人，皆具备坚定的意志，时刻保持着竞技状态。因为受苦难的催逼，不敢稍有懈怠。若再下细想，卓有成就的人，大多吃尽苦头。因为深陷厄难，又不想输得太惨，惟一的办法就是用命。

于苦难后建立成就的人，多胸襟宽广，乐于包容，总以俯身的姿态看芸芸众生。也乐于向那些正在苦苦挣扎的人伸出一双手，因为他们更懂得，一个身陷绝境的人的内心的孤独与渴望。

在张鑫的记忆中，童年、少年时期，父亲的形象是模糊的。乃至到他的青年时代，那样身处艰难，也没有山一样的父亲为他遮风挡雨。失去父爱，对每一个人来说都是剧痛的事情，张鑫遇上了。这，该算他人生的第一苦。

1982 年，张鑫出生在抚顺市的一个工人家庭。

1988 年，张鑫 6 岁。妈妈患乳腺癌淋巴转移住进医院，而陪着妈妈辗转各家医院的人，只有姥姥和他。

妈妈在抚矿总医院住院期间，姥姥分身无术，陪着女儿，就必须扔下外孙。照顾外孙，病床上的女儿又没人伺候。姥姥没办法，只好两边跑——大多数时间陪护女儿，抽空回家做点饭。生活的逼迫，使小张鑫过早地表现出与年龄不相符的懂事、成熟，他学会了做饭，炒鸡蛋，每天将饭菜送到医院，给妈妈和姥姥吃。第二年，妈妈住进沈阳的一家医院，做右侧乳腺切除，两个多月的时间里，张鑫一个人守在家里，他不舍得花钱买菜，饿了啃几块饼干，渴了喝几口自来水，困了，胡乱睡在寂寞的房间里。

极为糟糕的是，妈妈因病失去工作，一家三口靠着姥姥微薄的退休金苦撑苦挺。1997 年，给予张鑫和妈妈最大帮助的姥姥也被查出喉癌。看着无情的诊断书，相依为命的三个人，像寒风中颤抖的树叶，悬挂在命运的枝头。

妈妈急火攻心，再次住进医院，姥姥也做了全喉切除手术。15 岁的张鑫被迫挑起家庭重担——每天中午放学后，以最快速度赶到家，做好饭骑着自行车送到医院。下午放了学，再买菜做饭，送到医院。伺候完姥姥和妈妈，已经晚上八九点钟，再赶回家学习。那段时间，他每天只能吃一顿饭，后来竟形成了习惯。

2000 年，张鑫的中考分数超过省重点高中录取线。他多希望读一所出类拔萃的高中，为自己拼一个美好的未来。可看看家里的情况，张鑫把志愿投到了抚顺师范高等专科学校，选择了享受国家补贴的普师专业。

进入抚顺师专的张鑫，为了赚取生活费和妈妈、姥姥的医疗费，开始勤工俭学。给同学打饭、打扫公用教室和图书馆，一天到晚忙碌不停。抚顺师专知道了张鑫的家庭情况后，几次要为他捐款，呼吁社会救助，均被张鑫婉言谢绝。

张鑫要靠自己的能力，养活自己和妈妈、姥姥。这是他活着的尊严。

一天，张鑫偶然在学校微机房看见一个网络工程师轻松赚到一千块钱，立即动了心，想把这门技术学到手。他买来专业书籍研究，到电脑城打工实践。经过刻苦的学习训练，张鑫可以安装调试电脑了，为了多揽活，他少收钱，少睡觉，每天晚上在网吧奋战。同时，他还通过了一系列的计算机资格认证考试，通过了美国微软公司的八项工程师认证，并获得讲师资格。天津大学等多家院校聘他为网络工程师和讲师。

张鑫拼了三年，赚了 30 多万元，还清了所有债务，还给妈妈和姥姥存了一笔治病钱，初步实现了内心的愿望。

2002 年，姥姥病逝。张鑫忍泪含悲，安葬了给他慈爱和亲情的姥姥。正当他沉浸在思念的痛苦中，伤心过度的妈妈第五次入院。这一次，她的胸腔里长出四个鸡蛋大的肿瘤，肋骨被压迫变形。

市肿瘤医院的老专家悄悄告诉张鑫："孩子，放弃吧，没有治疗的意义了。"

张鑫含着泪水，摇摇头。

随后，他带着妈妈前往北京 301 医院。当晚，张鑫抱着妈妈的病志，在值班专家门外守了一夜。老专家被他深深感动，召集几名专家为张鑫妈妈会诊，并制定了治疗方案。同时，推荐他到第四军医大学乳癌专科，另外制定一套方案。张鑫闻听，直奔第四军医大学，并且真的拿到了治疗方案。最终，北京的老专家和张鑫一道研究，选择了两地方案中的一套相同的方案。

张鑫稍稍透口气。然而，等待他的是更大数额的医疗费——按照选定的治疗方案，一疗程需两三万元，16 个疗程下来，统共要 30 多万元！

张鑫带着妈妈回到家，开始为心中的 30 多万元拼。做网络、找维护活，张鑫每天骑着一辆破自行车，穿梭在抚顺的大街小巷。

过度的劳累，损害了张鑫的身体，一天，一脚踏进教室的张鑫，只觉眼前一黑，猛地栽倒在地。医院检查的结果，令送他去看病的老师同学热泪盈眶——年刚 22 岁的男孩子，竟身患肾积水、辐射性紫癜、免疫力低下等多种综合症。医生要求他住院治疗，张鑫又一次摇头。

一身疾病，16 个疗程，30 多万元，张鑫换来了妈妈生的希望——四个大肿瘤居然全部消失。他开心地笑了，紧紧拥抱着妈妈。

鉴于张鑫的优秀，抚顺师专保送他去沈阳师范大学进修，毕业后回母校任教。对此，张鑫深怀感恩之心。而工作上的稳定，也给他和妈妈以心理安慰，那段时间，是母子两个最开心的日子。

然而，妈妈还是走了。2007 年 10 月，妈妈怀着对儿子的爱恋，与儿子做最后告别。张鑫望着脸色苍白的妈妈，悲痛欲绝：“妈妈，从此我是这世上最孤独的人！”

没了姥姥和妈妈，张鑫咽下苦涩的泪水，忍受着难以忍受的痛苦，将全部的热情投入到工作和帮助他人身上。他组织系同学成立青年志愿者服务队，深入社区、县区，开展爱心助学、科技下乡活动；为市再就业工程的失业人员讲课；义务为市妇联筹建再就业机房；主持开发抚顺市信访网上办公系统……

家里再没有妈妈和姥姥的身影，家还何称家？张鑫就把学校当成家，“家”里所有与计算机有关的活儿，他全部包揽。修投影仪电路板，建局域网络，一年为“家”省下 6 万多元。此外，还带了一个最不好带的五年制计算机双语班。

共有二十三名学生的计算机双语班，多数为男生，多出身于单亲家庭，身上的毛病、问题多多。自幼受苦的张鑫，深知他们的心理，就像对待兄弟姐妹一样对待他们，哪个同学有困难，哪个同学有病，哪个同学想做生意，张鑫都会及时出现，帮他们一一圆梦。在张鑫的鼓励教导下，班里的同学渐渐改变了人生态度，变得懂事、上进。

从2005年起，张鑫凭借自己与全国各大网络公司的关系，为学校300多名学生找到工作。2008年，张鑫将自己参加“真情耀中华”节目组争取的8万元真情基金，分别捐助给营口市大石桥的重症患者张福正4万元，给师专全体贫困学生4万元。参加“真情耀中华”节目的同时，在场的很多公司都表示愿意和张鑫签约，许以高薪。但张鑫一一拒绝，因为他不能忘记母校对他的好，不能放下他的那些学生。

2010年4月，张鑫应邀参加中国民族出版社举办的雷锋讲坛，在节目现场，他讲述的亲身经历感动了所有观众。同样是2010年，张鑫怀着激动的心情，走上抚顺市第五届“百姓雷锋”的颁奖舞台。

受人点水之恩，当以涌泉相报。张鑫铭记着古训，并一直努力践行。百善孝为先，作为“80后”，张鑫让人们深切感受到，中华传统美德在这一代人身上的传承与发扬。他让人们看到了“孝”的终极意义——“小孝治家，大孝治国。”

我们共同的名字

她是守护火种的人，点亮孩子们精神的灯笼，而她就是那支蜡烛，燃烧得热烈火红。在雷锋留下足迹的校园，她跟着雷锋奉献前行，像春风吹拂幼苗，像黄牛埋头深耕。在雷锋离开的日子里，她把雷锋刻在孩子心田之中。

——献给张平的颁奖词

这世界上只有一个名字没有性别之分，也不必忌讳男女老幼，跨越了国籍种族的界限。这名字，属于我们共同拥有——雷锋。回想起来，当年那个满脸笑容的时髦青年，到今天早已成为我们膜拜的偶像。但他仍不是神，他仍然以血肉之躯，以饱满的热情和真挚的感情，存在于我们中间。雷锋，可以是贫困、羸弱、强壮、富裕，可以是各种职业，各个阶层，个体乃至团体。说到底，尽管我们千百遍地歌唱、书写，他也站在人性的角度出发，永远不失原初底色。

在抚顺，处处都有“雷锋”的痕迹——雷锋号城际汽车、雷锋团、雷锋号储蓄所、雷锋头像的街灯、雷锋公园，及雷锋小学等等。抚顺，由表及里，由内而外，就是一座雷锋的城市。雷锋，构成了一座城市的核心价值观——奉献。

雷锋小学，其实是外乡人和当地民众透视抚顺的一个窗口。荣誉加身，也意味着形象塑造的责任与义务，好与不好，是否沽名钓誉或徒有虚名，直接涉及为城市添彩还是使城市黯然失色。而我们这些年来看到的是，这所以道德典范命名的小学校，确有其独特性和唯一性，并将平民道德模范的精神薪火相传。

张平是现任雷锋小学的校长。在她的教学理念和人生理想中，雷锋小学是一个高度，她所要做的，就是保持学校的荣誉，从小培养孩子的荣辱观，让爱常驻孩子的心田。基于此，她提出了“理性的思路、柔性的服务、和谐的鼓励”教学管理模式，建立“以德育人，以物育人，以心育人，以情育人，以人育人，以人促人”的教学环境。同时，为学生量身订制了 36 个好习惯，在日常行为中实施。

如何让雷锋走下神坛，回到孩子身边，回到孩子的视野，给一颗颗幼小心灵播撒爱的种子，是张平任雷锋小学校长之后，又一个积极探索的问题。经过深思熟虑，她发起推动了“相约雷锋城”夏令营暨“雷锋精神与未成年人思想道德建设”活动，吸引了 20 多个省市 40 所学校的师生代表、部分雷锋班班长、全国著名雷锋式英雄模范、雷锋生前战友及雷锋辅导过的学生，共 300 多人来抚参加。中央、省市多家媒体对此进行了跟踪报道，在社会上引起巨大反响。

类似这种大型活动，张平设计组织开展了 5 次，使全国范围内的“雷锋号”学校由 13 所增加到 28 所，雷锋精神在 100 多所友谊校的交流中广泛传播。此外，她还每学期特邀北京师范大学教师入校讲学，每年拿出数万元资金培训师资，使全校 85% 的老师参加课题研究，摸索出“一听、二看、三辅导”，“一查、二讲、三提高”，“三测、两改、一公开”等新颖的教学方式，提高孩子的整体素质。正是这种德育、教学两手抓的管理方式，雷锋小学的孩子每逢毕业之际，市重点中学都去抢生源。

雷锋小学久负盛名，但硬件条件差，资金不足，一定程度上影响了创建特色学校的办学风格。2009 年，张平抓住望花区棚户改造这一契机，通过置换土地，新建了一座占地 15600 平方米的校舍。施工那段时间，张平像监工一样，每天里里外外地跑腿、监督，晚上一回到家，整个人瘫在床上一动不能动。腿病也因此发作，使她备受煎熬。爱人心疼地埋怨，张平却说，这么大的工程，我这个校长能不管吗？爱人无奈，只好多替她分担些家务，减轻她的压力。新学校建成投入使用后，一直资助雷锋小学的北京建桥集团董事长周兴增，再次出资 30 万元，为雷锋小学建立了阅览室。

作为雷锋小学的校长，张平一向严格要求自己，廉洁自律。但她对学校的普通教师，却极尽关心，用宽厚的胸怀，容纳、感动着身边人。2004 年 4 月，青年教师小杨被派往无锡学习。可刚到那里，就接到母亲病危的消息。小杨不知如何是好，张平打来长途电话，让小杨立即返回。等小杨第二天大清早赶到家时，张平正在帮助料理老人后事。

教书育人者，需怀天下大爱。张平对待老师一片温情，对贫困学生亦如此。2011 年，望花区教育局收到一封感谢信。信中再三感谢的人，就是张平。2003 年，张平在一次人大代表活动中，偶然走进魏小虎的家庭。彼时，魏小虎才 5 岁，因父母双亡，跟着奶奶一起生活。张平见小虎可怜，随后就把他接进自己所在的学校幼儿园，生活上给予资助。一晃 8 年过去，13 岁的小虎已升入中学，学习成绩非常好。像帮助小虎这样的事情，张平做了不止一件。在她的感染下，雷锋小学的党员、积极分子，每年都要扶持一名贫困生，帮他们渡过困难，安心学习。

张平的正能量传递给别人，自己默默承受着压力——她和爱人收入有限，要供女儿上大学，为患癌的公公治病，加上必要的生活开支，最后所剩无几。因为一心工作，对女儿的关心也很少，好在女儿懂事，理解妈妈。张平欣慰之余，也有令人怦然心动的骄傲——她主持研发的课题《青少年科技活动资源开发及操作室研究》、《用雷锋精神育人与素质教育》、《小学语文、数学创新能力的培养试验研究》、《德育方法个性化》，分别获得国家、省级优秀科研成果奖。她所承担的全国性课题研究获二等奖，她撰写发表的10多篇论文中，《如何提高校长的艺术》获全国优秀论文二等奖。雷锋小学也先后荣获“辽宁省文明单位”、“市科研先进单位”等等。

从一名普通教师到声震全国的雷锋小学校长，张平走过的路辛苦而劳累。这是一个人的自我嬗变过程，每一天，每一月，每一年，都在不断改善、思索、行动。张平依靠这样不间断地拼搏，夺取了许多成绩：“抚顺市劳动模范”、“辽宁省三八红旗手”、“市德育工作先进个人”等，还有，2011年，她成功入选抚顺“百姓雷锋”。然而，张平面对一长串的殊荣时，淡定而从容，她只是说：“这是过去老校长打下的基础，是团队的力量，我个人实在微不足道。”

一个人虚怀若谷，才能放眼风物。

第五章

肩膀上的国土

黄天厚土，江南塞北，每一寸都是祖宗的遗赠。

父母妻儿，兄弟姐妹，哪一个不是血浓于水？

帽顶的徽章，象征着国魂军魂，一副肩膀扛起的，是土地人民。

军人，就意味着为国家民族舍生忘死，他们的脊梁是长城，为家国的兴旺阻挡风霜雨雪。当一名警察，就要舍弃儿女情长，担当大义，为一方安宁流血流汗。军人，警察，男人中的男人，日月星辰淬炼的精魂，他们用胸膛谱写勇士的忠诚赞歌。

姜冯丁、张伟、朱言春、史建忠、张光付……这些闪光的名字，雕琢在时间的铜版上，哪怕光阴流年，他们也依然在那里。

社区小保姆

张伟，普普通通的名字，普普通通的民警，却把平凡的事情做得不平凡：足迹走遍社区，你不辞千辛万苦；促进邻里和谐，你倾吐千言万语；确保一方平安，你想尽千方百计。你把群众放在心头上，群众把你融进感情里。人生没有传奇，你却用自己的方式，把人民警察的形象高高树起。

——献给张伟的颁奖词

2006年，他还是个满脸稚气的大男孩，若搁在权贵人家，像他这般年纪，尚在父母的羽翼下撒娇蛮横，呼风唤雨。可他已经懂得张开翅膀，去呵护关怀别人。

2006年，他参加工作满打满算才五年，却先后获得辽宁省人民满意民警、全国人民满意民警等称号。而他的家乡，更赐予他足以骄傲一生的光荣——百姓雷锋。

张伟，2001年毕业于辽宁警官高等专科学校，走出校门伊始，他的去向就定下了：回家当一名民警。最初，他被分配到南花园派出所湖边社区，后来，他调到东洲区公安分局莫地社区当一名民警。张伟所在的莫地社区，居住着转产破产煤矿的工人，他们当中，失去生活来源者有之，残疾贫困者有之，总的来说，多半为弱势群体。而初出茅庐的青年，谁不怀一腔热情，期望干好工作，早一天出人头地，回报辛苦养育的爹娘。可在婆婆妈妈的社区，想干出骄人的成绩，不是难不难的事情，根本是机会渺茫。刚走出校门的张伟，面对碎嘴老太婆似的工作，却干得不同凡响。可见，再怎么不招人待见的事务，换个人，换个思路，换个态度，就云开月朗了。

“我这个社区民警就是大家的勤务员。”

张伟如是给自己定位。

他是这么想的，这么说的，也是这么做的。张伟从一个年轻的生面孔，到社区三千多居民无人不熟悉；从一个什么都摸不着头脑的公安新兵，到张口能说出辖区内的每栋楼、每户人家的情况，得益于走家串户。

那时的张伟，长着一张可爱的孩子脸，加上人勤嘴甜，见面赚了好人缘，三朝两日的，张伟就和社区居民混熟了。其实无论“脸熟”，还是“心交”，张伟都是用了心思的。在走访中，他了解了社区居民各自不同的困难，亟待解决的事情，然后逐一去落实，给社区居民满意的答复，让大家看到了希望，感受到真实的信任。比如，张伟通过入户拜访，获悉刚迁入新居的社区居民，因种种原因没办理房产证无法落户，进而影响了就业、上学、结婚等，令人焦急而无奈。张伟听了，念念在心，回头争取分局户政科和市局户政处的支持，为棚户区改造回迁居民开通户口办理绿色通道，极大地方便了底层百姓。考虑到辖区居民来回跑耽误时间，还麻烦，张伟索性在社区警务室增加代办户口的服务项目，只要居民把证件带全并登记，身份证就由张伟办妥，并抽空送上门去。

生活在莫地社区的居民，因处境、素质等复杂原因，养成爱计较、爱发牢骚的性格。但张伟一点不厌烦、疏远，反而说，他们计较，但朴实；满腹牢骚，却直率，相处久了，缺点优点都变成感情。没错，因为有了感情，世界才美好。世间有了感情，才让人产生不尽的牵挂。

莫地社区翟守海，曾因抢劫罪被判刑 13 年。刑满释放回家，一直不在人前露面。张伟放心不下，决定去看望他。这一去才发现，翟守海过得很苦——姐姐患精神病，需要翟守海照顾，姐弟俩只能靠低保费生活。张伟一见翟守海的窘境，再不能漠然视之，马上恳请社区送翟守海的姐姐去精神病院，同时，为他联系单位打工。在张伟的帮助下，翟守海解开心结，再没有干危害社会和他人的事情。又念及张伟和社区的好，闲暇就跑到社区帮忙，干些力所能及的零活，表达自己的感谢。

在莫地社区，还有一个相当棘手的人，让张伟在他身上用了不少心思。其实，若说起来，这个人他差不多都够张伟的父辈了，可孩子气未脱的张伟，要反过来关照他。说到底，张伟为他劳心劳神，是责任一半，爱一半。

“酒槽子”王春山，在整个社区无人不知，无人不晓。多年前下岗后，不思谋生之路，偏游手好闲，嗜酒如命。时间一长，搞得妻离子散，老父也气得住进养老院，不愿再看逆子一眼。王春山因纵酒被亲人抛弃，不思悔改，反而觉得摆脱束缚，愈发沉溺其中。张伟在偶然一次聊天中，听社区居民提及此人，心想，好端端的人再这么喝下去，岂不没命了。于是，张伟三天两头去看王春山，替他收拾脏乱不堪的屋子，苦口婆心劝导他。开始，王春山朦胧着双眼，任张伟说得口干舌燥，他那里依然固执。社区居民都失望了，告诉张伟别在跟他浪费时间。张伟不放弃，数月之内不间断地找王春山，以心换心，终于打动了王春山。

张伟见他有悔悟之意，赶紧多方沟通，安置他当社区联防队员。这一来，破罐子破摔的王春山，有了精神支撑，彻底忌酒。张伟见王春山浪子回头，心中十分高兴，将好消息传递给翟守海的老父和妻儿，还拉上社区干部，几个人一起说服他老父和老婆，这样，夫妻俩破镜重圆，老父也回到家里，安享晚年，一家人又过上快乐的生活。

张伟的辛勤努力，改变了莫地社区的落后现象。他通过建立低保户治安巡逻队、党员治安巡逻队等，使社区治安案件大幅下降，没发生一起刑事案件。他自己也在基层工作中得到锻炼，逐渐成长。

年轻，意味着机遇、活力、奋进，毛泽东曾说，年轻人就像早晨八九点钟的太阳，是希望所在。愿张伟在漫长的人生路上，更快走向成熟，多做些与他人有益的事情。不求千古流芳，只为身心修炼。

烈火炼青春

火场生死线，命悬一念间。王军庆，多少次奔走在危难之际，多少次面临着生死考验。“跟我上”，是你浴血火场的生命交响，“让我来”，是你出生入死的慷慨之声。你的每处创伤，记录着化险为夷的故事；你的火热心灵，闪烁着青春无悔的忠诚。你骄傲，蓝盾是你的姓名；你自豪，特勤是你的属性。

——献给王军庆的颁奖词

1998 年 12 月，王军庆身着军装，胸前佩戴着大红花，在欢送的锣鼓声中，告别亲人和家乡，走进绿色军营。那一年，他不满二十岁，心中盛满对未来的期待。

在乡村长大的王军庆，骨子里继承了父辈的坚韧，报到的第一天起，他就暗下决心，一定要在部队好好干，给父母，给生他养他的村庄争光。从最初的亢奋与好奇中平静下来，被分配到抚顺消防支队特勤中队的王军庆，开始投入艰苦的训练。农村娃自小摔摔打打，没有娇气、

自私的坏毛病，王军庆又胸怀大志，训练自然比别人刻苦。水带连接和攀梯是消防基本功，王军庆就天天铺水带，胳膊甩肿了，掌心磨出血泡；为练成爬云梯挂钩梯这种硬功夫，王军庆一遍又一遍地重复，一次，两次，三次，大腿软组织拉伤，膝盖磕破淤青……

凭着一股子执拗尽头，入伍一年后，王军庆由一个瘦弱的小伙子成长为优秀的消防战士，被破格保送到南京士官学校学习。2002 年 7 月，王军庆毕业回队。通过几年的学习深造，他越发显得成熟干练，队领导十分赏识，任命他为特勤中队的班长。此时的王军庆，无论思想还是体魄，都得到彻底的锤炼，更加明白自己的点滴进步都源自部队的培养，而他最好的回报，就是努力干好消防特勤工作。在队里，他将在南京士官学校汲取的知识营养，转化为实践应用。他发现中队配备的多种特殊消防装备中，一部分是国外进口的，印满外文的使用说明书，战士们看不懂，对设备性能掌握不好，心想，为什么不把使用书译成中文呢。于是，王军庆就向附近学校的英语老师请教，逐个单词研究，终于把英文使用书译成汉语，极大地方便了战士们对进口消防设备的了解和应用。

上进、勤奋、是王军庆的性格特点，质朴、善良，是王军庆血液中流淌的乡村本色，是耕读传家的几千年中国文化的一脉相承。正因传统价值的熏陶，使王军庆心怀大爱，在别人遇到困难的时候，默默伸出双手，在瞬息发生的极度危险中，不皱眉头地挺身而出。

2005 年 7 月 14 日，清晨中的抚顺望花区朝霞初放，街边的绿树染上一层桃花粉，早起晨练的人们也在丁香的暗香中，聚集到公园、广场，随着乐曲做健身操。然而，这看似与往常一样的时刻，却酝酿着一场灾难……

5 时 35 分，位于西露天矿北部矸石山下的东北特钢集团院内，一列运送苯的列车意外倾覆，车厢里的苯液体发生泄露，顷刻间，刺鼻的化学气体弥漫在空气中！市消防队第一时间接到报警，支队领导万分焦急，命令消防队员紧急出动，立即赶赴出事地点。王军庆片刻未停，集合好全班战士，驾着消防车飞速驶向东北特钢集团。

到了出事现场，王军庆觉得脑袋里“嗡”地一声——23 节车厢，9

节脱轨。火车头自带的一节苯罐槽车与后面的列车脱离，其中第三节苯罐车倾覆，撞到电车高压线杆。更可怕的是，泄露的大量气体已燃烧成熊熊烈火，槽车罐体受热变形，随时有爆炸的危险。王军庆紧张得心跳加速，他非常清楚，一旦车上装载的800多吨苯真的轰然爆炸，必将引燃附近的大型氧气储气罐和一个氩气罐，连锁反应的直接后果，将使半个望花区不复存在！

危急时刻，没有时间多想。王军庆大喊：“跟我上！”话音未落，人已冲进火海。他身后的消防战士，一起飞身扑向血色的大火。这就是现实的残酷，与影视的抒情表现截然不同，置身其中的人，来不及托付什么，想一些什么，电光火石间，他们只有出于一种本能，毫不犹豫地豁出去血肉之躯。命，负伤，乃至死亡，那都是之后的事。而这本能，其实是嵌入思想中的责任感和牺牲精神。

王军庆带领全班战士，冒着浓烟，向烈火架起高射水枪，哗哗的水流中，时间分分秒秒地过去，他们脚下的积水和泡沫由脚踝而小腿，由小腿淹没膝盖，后来，竟及腰部。嗓子喊哑了，眼睛被烟熏得睁不开，但王军庆和消防战士们屹立水火之中，毫不退缩，咬紧牙关坚持着……

3小时后，大火渐渐熄灭。王军庆稍稍松口气，此时，他才发觉，自己的胳膊腿已经麻木。火势虽控制住，但泄露的苯罐继续流淌着白色液体，如果不采取措施堵住，还会酿造更大的危险。

连续奋战的王军庆已经很疲惫，若他躲到旁边歇息，哪个人也说不出什么来。可他听到一声：“谁去?”的时候，第一个站出来，沙哑着嗓子说：“我去！”语气坚决地不容商量。

源源泄露的苯，像童话故事中渔夫捞到的那只魔瓶，升腾着诡异的白色气体，飘荡在空中。没有人不害怕，没有人不心惊，即使身穿重型防化服、背着空气呼吸器的王军庆，也一样有恐惧感。明知恐惧，却不慌张，不迟疑，一步步走近危险，若说勇气，这便是了。

那天，王军庆在众人的紧张盼望中，堵住了泄露罐车。

王军庆荣立二等功的喜报传回家乡，村干部高兴了，说，村里娃在外面做了英雄事，咱得庆祝。县民政局的干部也将大红花戴在王军庆父亲胸前，一辈子老老实实的种田人，一时不知说什么好。听说儿子受伤了，又惦记着伤得怎么样，到底伤到啥程度。父子情深，急火攻心的王军庆父亲，突然双目失明。直到儿子回家探亲，一进门，父子俩拥抱在一起，父亲喃喃低语："儿啊，救火可要格外小心！"

就是这样朴实的关怀，朴实的教育方式，使王军庆对待身边的每一个人都真诚、善良，和战士们在一起，他默默地包揽打热水，清扫室内卫生，烘烤鞋垫，哪个战士家有困难，偷偷给寄钱；哪个战士过生日，他双手捧上庆贺蛋糕。驻地有孤寡老人，他利用节假日和休息时间，帮老人干活，陪老人聊天，给老人买生活用品，连续照顾8年，直至老人去世。

8年的特勤生涯，磨炼了王军庆，他也在水与火中成长。8年中，王军庆共完成300多次电梯、竖井、地坑、车祸以及洪水中被困的群众救援任务。仅他个人独立救援的群众就有60多人。8年中，王军庆参加灭火救援战斗1000多人次，先后荣立二等功一次，三等功3次。多次被评为省、市公安消防部队"优秀士兵"、"优秀共产党员"，2006年，他光荣被评为抚顺市"百姓雷锋"，成为当今青年、战士的楷模。

路　标

车流人海的公路上，你是指引安全的路标；万里行程的奔波中，你将安全教育送达城乡。身为警察你一身正气，心系百姓你侠骨柔肠。病痛折磨着你的骨骼，精神风骨却挺拔坚强。

——献给史建忠的颁奖词

蜿蜒的山路，拉长了他寂寞的身影；夕阳余晖，映照着他被风雨淫侵的脸庞；乡村空旷的野地里，他撑开幕布，支起机器，为百姓放映电影。只不过，观众看到的不是娱乐故事片，而是生动真实的安全教育宣传。记录数据显示，2005年的七八九三个月，他一共演了128场电影，平均每天三场。这么大的工作量，年轻人都吃不消，何况一个年过五十，身患奇症的病人。

他是怎么坚持下来的，一种什么样的力量支撑着他，乐此不疲地驾驶着一辆破车，咣哩咣当行进在村路上，脚印所过之处，播下一路芬芳？

阅读他的事迹，实在枯燥，似乎所有的事情都在简单地复制。比如放电影，张家村、李家村、王家村，影片题材几无太大变化，尽是围绕着交通安全警示教育。在城里上岗执勤，也整天跟孩子们搅在一起，嘴里说的话，永远是安全、安全、安全。

安全的属性在个体，每个想活着的人，想活得快乐的人，必须尽最大可能保护好自己。但是，偏偏我们自己的头等大事，需要别人不断地提醒。又恐怕叮咛得紧了，搞得我们很烦，索性你说你的，我行我素，直至大祸临头，方才醒悟。是的，他就是负责别人安全的人，抚顺市交警支队车宣大队民警史建忠。他干了二十多年的民警，天天干的就这一项工作，乏味之极。

可这毫无乐趣的职业，他居然干劲十足，竭尽全力——患上罕见的骨滑膜结核，手腕水肿，如小碗一般粗细，他还在社区给居民播放多媒体录像教育片，被送进医院治病，站在病房的窗前，望着秋末冬初的落叶，他还惦记着到乡村给乡亲们放电影。

为工作忽略自己的史建忠，损失了健康，得到的是等身的荣誉：1990 年，市公安局命名他为“十佳民警”；1995 年，团市委评选他为“十佳模范校外辅导员”，同年，被团省委命名“优秀少先队辅导员”；1997 年，是市政府“尊师重教先进个人”获得者；2002 年，抚顺市学雷锋标兵；2003 年，他是“辽宁省人民满意警察”；2004 年，荣获全国一级星星火炬奖章；2005 年，省公安厅“五进”工程先进个人；2006 年，全省政法系统先进个人；2006 年，以东三省唯一一名交警校外辅导员身份参加全国第四次少先队代表大会，受到江泽民等国家领导人的接见。2007 年，他被评为抚顺市“百姓雷锋”。

毫无疑问，荣誉的背后是艰辛付出。而付出一定有精神动力，正如前面所说，什么原因让一个人坚持不懈地多年做一件事？答案是泣血的眼泪。

史建忠永远记得那桩桩件件的悲惨。

那一年，他执勤的路段上，一起车祸夺走了一名小学生的生命。史建忠望着刚才还活蹦乱跳的孩子，转瞬间血肉模糊，心里针扎一样的痛苦。

那一年，他到清原县大苏河乡小苏河村下乡，偶然认识一个叫叶婷的小女孩。村小学校的老师告诉史建忠，叶婷才9岁，父亲却因车祸身亡，母亲带着她三姐妹苦撑苦熬。因失去经济来源，叶婷马上面临辍学。村小学老师的话，再次触动了史建忠的心，脑海里浮现出惨死在车轮下的小学生。回到家里，他怎么也放不下小叶婷，就跟妻子讲了孩子的遭遇。妻子也是善良人，几天后，夫妻俩一路颠簸赶去看叶婷。可是，史建忠夫妻扑了空。老师说，叶婷已经辍学。两人又徒步数里山路，找到小叶婷的家。

刚到村口，史建忠就看到那个小小的印在脑海里的身影——小叶婷光着脚，牵着一头牛，慢慢地朝村外走去。史建忠的心猛然间被刀子戳了似的疼，一旁的妻子眼里也涌满泪水。要知道，在城里，这般年纪的孩子还被父母搂着抱着，吃肯德基麦当劳逛公园。可是小叶婷瘦弱的肩膀，却压上生活的重担。史建忠无语地迎面走向叶婷，叶婷也发现了他，兴奋地扔掉缰绳，奔跑向他的怀里。

“孩子，叔叔今天来接你去上学，以后，你可以天天坐在教室听课了。”

史建忠强忍泪水，哽咽着说。

妻子取出新书包、笔、本子和上学的费用，一一交给叶婷。叶婷高兴地露出孩子天真的笑脸。

当天，史建忠离开叶婷家时，懂事的孩子一直送到村口，紧紧拉住史建忠的手不松。良久，孩子怯怯地喊了一声：“爸爸……”

史建忠的泪水簌簌而落。

从此，他下决心要保护好孩子。他联系学校，成立“小黄帽”交通队，他组织发起“请跟我来”交通安全宣传活动，他成立少年警校，自己担任辅导老师，摸索出适合少儿学习的教育模式，教孩子们掌握交通安全知识。他省吃俭用，用自己的工资资助贫困儿童，他帮着身患绝症的女孩落实户口，让女孩母亲领取低保救济，保证基本生活。

细看一看，史建忠所做的事情，我们都能做，可为什么史建忠做了，我们没有做？这个社会上，还有多少我们能做的事情，但我们从未加以理会？或许，别的人做了，我们还嗤之以鼻，大加嘲讽，扣上“出风头”、“捞名誉”的大帽子，残忍地践踏爱，侮辱爱。究其原因，是我们漠视了他人的苦难，我们乐享生活，以为所有的生活都跟我们所拥有的一样。甚至我们靠剥夺了他人的资源，而换得己身的快活。

这是一种罪，不是吗？

唯愿这世上多些史建忠，再多一些，我们才能创造真正的幸福世界，就像陶渊明记下的桃花源。

把爱写在土地上

洪水咆哮时，你筑成堤岸；风雪袭来后，你释放温暖。铁肩担道义，丹心铸军魂，以人民利益为重。你以雷锋的名义，捧出春天。

——献给朱言春的颁奖词

2004年，利比亚燃起战火。作为联合国常任理事国的中国，必然要负起大国的责任，向利比亚派出维和部队。抚顺雷锋团修理班班长朱言春，就出现在这支远赴非洲的维和部队中。

此时的朱言春，抚摸着头上的贝雷帽，心情无比激动——作为一名战士，最渴望的事情就是上战场，经历刀光剑影，成为真正的男人。而此次走出国门，去维护异族国土的安全，更显得意义非凡。朱言春觉得，这是一个男人一生的骄傲。同时，他心里又弥漫着不舍的情愫，放不下怀孕的妻子，恐怕她失去自己的照顾，母子俩孤独无依。

带着复杂心情的朱言春出发了，这一走，整整9个多月。在硝烟、炮弹、烈火、废墟中穿梭的中国维和部队，冒着时刻陪伴的危险，帮助利比亚人民。朱言春的任务，则是抢修被破坏的装配设备，协助架设桥梁。在疲惫和思念着，把中国士兵的坚强勇敢形象留给饱经战乱的国家，把和平写在异国的土地上。

那一年，朱言春未满30岁。

那时虽然年轻，但朱言春已经多次参加重大任务，战役演习，除雪救灾，抗洪抢险等等，都闪现过他的身影。这个江苏籍的士官，自踏进雷锋团那天起，就把自己和雷锋重合在一起，所做的一切事情，他个人的思想，都在向老班长看齐。朱言春维和归国的第二年，即2005年夏季，抚顺发生特大洪水，灾难中，朱言春再次表现出雷锋团传统的优良作风，连续奋战3昼夜，1人救起79名被困群众。

朱言春入伍十几年，凭借钻研勤奋，积极上进，和雷锋似的工作和思想作风，先后被解放军总政治部评为首届“军优秀士官人才一等奖”、“学习成才先进个人”，被沈阳军区评为“优秀班长”、“学雷锋学苏宁学习成才标兵”、“装备技术士官优秀人才”，被联合国授予“和平荣誉勋章”，被沈阳军区授予“金质学雷锋荣誉章”、荣立三等功3次、二等功1次、一等功1次。2007年，朱言春被评为抚顺“百姓雷锋”。

朱言春事迹多多，且不说他给新战士打热水泡脚，不说为了让新战士感受家庭的温暖，发动全班战友给他过生日。这些琐碎小事，相信每一个部队的班长都做过，做得很好。朱言春最感动抚顺的事情，是2005年那一场洪水中的表现。

时至今日，2005年8月13日，仍是一个让所有抚顺人记忆犹新的黑色日子。那天凌晨，下了一夜的秋雨猛然加大气势，铺天盖地砸向抚顺城乡。霎时间，抚顺到处告急，洪水疯狂地冲刷着乡镇、村庄、公路、水库、田地、桥梁等等，坏消息一个跟着一个，紧紧揪住人心。

抚顺市区内，暴涨的浑河一改平日温婉的气质，咆哮着吓人的声音滚滚西流。市内的各社区、街道等地险情频发，市防汛指挥中心的电话不停地打进雷锋团作战值班室，请他们火速支援。

危难之际，朱言春接到的第一个任务，是迅速赶往抚顺县救兵乡的孟家沟铁矿，那里已经被洪水包围，36 名工人危在旦夕。朱言春赶到现场，见矿区工人拥挤在一个高处，浑浊的洪水就在他们脚下翻滚，像贪婪的魔兽，一点点逼近工人们。朱言春见状，放下冲锋舟，朝受困工人驶去。可下水没多远，冲锋舟就被上游冲下来的杂草等物缠住，动弹不得。朱言春不敢耽搁时间，跳下水，扶着冲锋舟，清除纠缠的杂草，然后凭着过硬的驾驶技术，在激流中开辟一条安全的水道，救出受困矿工。

大雨给抚顺城乡造成巨大损失，到处停水停电，交通中断。14 日晚，东北输电大动脉——抚顺高湾经济技术开发区内的一座 220 万千伏的高压输电塔因洪水冲刷，塔基裸露，塔身摇摇欲坠。此时，距上游的大伙房水库第五次泄洪已不足 2 小时，如果之前不能加固好塔基，一旦输电塔倒塌，损失难以估量！

而当时的情况，到了令人崩溃的程度——洪流滚滚上百米宽，无法架设浮桥，门桥不能组合，如果用冲锋舟，洪水流速已超过 3.6 米每秒，大大超过使用冲锋舟的最大时速。加上洪水中裹挟着杂草、树木等漂浮物，一旦缠住螺旋桨，冲锋舟发生扣翻，后果不堪设想。可是，没有桥，不用冲锋舟，意味着抢险物资难以最快速度运上去，筑临时围堰保护铁塔的计划就会落空。

关键时刻，雷锋团团长急了，嘶哑着嗓子吼道：“把朱言春给我叫来，我和他一起驾冲锋舟上去！”

正在忙碌的朱言春被叫到团长跟前，团长指着前面的洪水，脸绷得紧紧地：“朱言春，看见没有？”朱言春郑重地点点头：“团长，你放心！”

说罢，朱言春甩开团长，驾着装满抢险物资的冲锋舟冲进洪水。可是，在肆虐的洪水中，冲锋舟就像一片树叶飘零，刚使出不远，先被杂草缠住螺旋桨，又被巨浪掀出几十米远，失去控制后咣的一声撞上水下的输油管道上，转个360度的大弯，又身不由己地向下冲去，然后，又被巨浪冲出几百米。

与朱言春同在舟上的团长高喊：“小朱，冷静，一定要冷静!”

朱言春稳定心神，冒险清除螺旋桨里的杂草，重新启动冲锋舟，一次一次接近塔基。

这一次，朱言春驾驶冲锋舟在急流中往返近百次，运送抢险物资8000多公斤，运送维修等人员800多人次，终于使输电塔屹立于洪水中。

人常说，大爱无言。朱言春心中的爱，体现在对士兵的关心，对业务的精研，更在于危难之时的舍生忘死。这样的爱，不是喊出来的豪言壮语，也不是写在纸上的华丽辞藻，是天长日久累计起来的，是奋勇上阵展现出来的。这样的爱，是沉默中爆发的力量，孤独时伸向你的双手，沮丧时朝你展露的微笑。

是战士心中的家国情怀。

一身肝胆书传奇

一身肝胆，满腔正义，破大案要案有勇有谋，对待人民群众有情有义的忠诚卫士。

——献给孙海武的颁奖词

人到中年，四十而立。这“立”字，泛指趋于成熟，且拥有了功名。换言之，人生四十，风头正劲，适逢建功立业，登高望远的大好年纪。然则因选择的不同，收获的渠道和感觉也不尽相同，有人的得意，起家于钻营；有的人一呼百诺，靠的是舍财投机；有人宝马香车，或因裙带生风，或受益父辈，如此等等，不一而足。但有些人的成就，是脚踩大地，一步一步艰苦付出的结果。因此，这一部分人，多踏实勤恳，懂得包容，胸怀宽广，胜而不骄，挫败不消沉，不张扬，不吹嘘，不管遇到什么，总能够泰然处之，实乃成大器者。

这是一个人的功勋履历：抚顺市劳动模范、省政法系统人民满意政法干警、省公安系统人民满意民警，荣记个人三等功四次。2003 年底至 2007 年初，在抚顺战前派出所刑警中队任中队长时，共破获各类刑事案件 1300 多起，打击各类犯罪嫌疑人 400 多人，带领的刑警中队连续两次被公安部评为全国一级达标刑警中队，是当时全省范围内的惟一。2008 年度，他以抚顺市百姓雷锋的身份，登上颁奖台。

他就是新抚区公安分局刑侦大队副大队长孙海武，一个拥有二十多年警龄的硬汉。若说铁血汉子，他的容貌更符合温和兄长的形象——神态没有警匪片中的警官英俊，目光也没有鹰隼般的锐利，倘换上便装，走在人群中，他就像一滴水融入更多的水，丝毫看不出什么特别。但这么一个人，却叫穷凶极恶者心惊胆寒，闻之色变。而百姓视他为守护神，有他在，就有平安在，有他在，就有温情在。

刑侦，给人神秘、威风的印象，可实际上是高风险职业，破案过程又曲曲折折，耗人心血。现实版的刑事案，绝非影视中的艺术加工，刑警们也不是神探狄仁杰，总能携手幸运，于山重水复中峰回路转，柳暗花明，一举缉捕凶犯，大快天下。干刑侦的辛苦，恐怕只有亲身经历的人才深深体会，如孙海武，多年在刀尖上摸爬滚打，个中滋味均已尝遍。

其实破一桩案子，明暗双方拼的不是谁勇敢，谁足够霸气，更多是拼智慧，拼耐力。孙海武破案率高，非他神机妙算，而得益于勤奋学习，把知识当做自己的另一件武器。孙海武喜欢收集古今中外的疑难案例，空闲时反复研读，开拓思路。长此以往，孙海武形成了独特的思维，善于梳理迷离扑朔的复杂案情，从中发现蛛丝马迹，寻找破绽，最终揭开真相。

2005 年 2 月 26 日，凌晨，早春的寒气笼罩着城市，人们还沉浸在温暖的梦境中。位于西六路的一家电器商行，却上演了一幕惊心动魄的抢劫案：蒙面人突然闯入店内，将摄像机、照相机、MP3 等高档电器洗劫一空，得逞后迅速逃离。店老板从最初的惊吓中清醒，急忙报案，一口气向孙海武说出20多嫌疑人，简单地说，同行业竞争对手、内部员工、辞掉的司机等等都属于他的怀疑范围。孙海伍按照店老板提供的线索，连续筛查三天，结果一无所获。

似乎所有的线索都断了，案子无法继续深入。

孙海武陷入苦思之中……

一天夜里，孙海武躺在床上发呆，身旁的妻子看电视，抱怨遥控器不灵光。孙海武随手接过妻子递来的遥控器，一检查，是电池没电了。原本一件生活琐事，竟激发了孙海武的灵感：那贼抢劫大批的高档电器，必须配备专用电池才能销赃或使用，何不去专卖店一试呢？孙海武为这个思路振奋，翌日一大早，就带人赶到周边城市各家专卖店，向店主说明情况，请他们多加配合。4天后，孙海武等来好消息——沈阳一家专卖店发现一对抚顺口音的男女，购买了大量电池、充电器，数量和型号与被抢劫电器吻合。孙海武立即急赴沈阳，却因格外出岔子，上钩的鱼又溜开。孙海武调出监控录像，经售货员指认，确定那对男女的衣着打扮，马上安排警力排查沈阳至抚顺的城际客车，当日下午5点多钟，在排查1000多台车辆之后，孙海武终于擒获犯罪嫌疑人，为失主挽回价值14多万元的损失。

二十多年来，孙海武忘却生死，流血流汗，维护着一方平安。他的付出，也确实到了闻者动容，听者落泪的程度。而人民和政府给他的奖赏，就是让他站在高高的奖台上，接受鲜花和掌声。幸福的一刻，这个东北硬汉展露开心的笑颜，为抓逃犯负的重伤，为屈死的流浪汉东奔西走，为遭残害的农村青年申冤吃尽苦头，面对亡命徒的威胁毫无惧色，一幕一幕，都使他觉得，这一切是多么有意义。可这荣耀自豪的背后，又隐着他不能为人道的辛酸和苦涩——他对得起百姓，对得起领导和同志，但看着亲人的时候，永远都是愧疚的眼神。

孙海武成年累月地忙，忙得没时间回家吃年夜饭，没时间换衣服，没时间陪妻子说说话，没时间带心爱的儿子出门玩，给心爱的儿子开家长会。他亏欠父母、妻子、儿子太多太多，点点滴滴都在他心里记着：那一年，78岁的老父患糖尿病综合症昏迷，孙海武正忙于一桩杀人大案，在辽阳抓逃，是邻居叫来救护车把老人送进医院。两天后，孙海武才匆匆赶回，看望重症室监护的老父。老人风烛残年，去日无多，父子相见，禁不住泪眼朦胧，两双手紧紧握住不松。可是孙海武必须走，因为破案进入关键阶段，40 多人的专案组还在等着他，责任告诉他，必须放弃亲情，以工作为念。而他的内心深处，又舍不下老父，他害怕这一时的离开，就成了隔世的告别。孙海武犹豫、迟疑、矛盾，老父亲却看出儿子的心思，挥手撵儿子走。孙海武无奈，趁老父睡着的功夫，两眼含泪，悄悄走出病房，步步回头。

古语说，男儿有泪不轻弹，只是未到伤心处。孙海武也有泪，但他独吞泪水，不叫任何人知晓，因为他肩上有担子。心中的家是小家，肩上的家是大家，心中的家是私情，肩上的家是责任，这一点，他区分得非常清楚。因此，他耐得住孤独，忍得住感情上的痛苦，像一个远古的卫士，栉风沐雨，手握长剑，日夜守护着这一片土地的安宁。

坚守被遗忘的词语

为集体，你心比头发丝还细；为他人，你把整个心都掏出来。单位的大忙人，社区的大好人。你是一颗大树，咱们享受你的绿荫；你心里装着一盆火，咱们就是那烤火的人。

——献给李树民的颁奖词

20 世纪五六十年代，磕磕绊绊走出百年近代屈辱的中国，正是凭着节俭勤劳的品质，建设了满目疮痍的国土。至今回想，那是令人热血沸腾的年代，彼时的人们思想纯真，一心一意用双手创造美好生活。王进喜、王崇伦，乃至老孟泰，哪一个不是满怀赤诚，依靠勤劳节俭的传统道德规范，为新中国的繁荣贡献出自己的力量。若翻开时间的日记，我们能看到，老孟泰是怎样让几近报废的炼铁高炉恢复生产的——淘废品堆，翻垃圾箱，走路遇上根钉子都要捡起来，然后利用废旧材料修好鞍钢的一号到十号高炉，给曾放言鞍钢今后只能种高粱的日本人以事实的回击。老孟泰用智慧和汗水，维护了中国的尊严。

遍地英雄的时代已然过去，那么今天，我们沉浸富足带来的愉悦，谁还在乎些微小事？因为丰盈，就不自觉地懈怠，这劣性，根植在人的骨子里。但普遍的现象中，总会有让人心动的镜头，如一个平凡人，多少年坚持干些杂七杂八的事，没有轰轰烈烈，没有资财的回馈，没有职务的晋升。若说一点满足，那便是心底的坦然。而他想得到的，也仅限于精神层面的快慰。

李树民，抚顺市劳动教养管理所警察，观他的事迹文章，实在找不出一件惊心动魄的发生，从头到尾，全部是别人不稀罕、懒得理的鸡毛蒜皮。而这，恰好是他的可贵之处，亦因此，2009 年，李树民被评为抚顺市“百姓雷锋”之一。

在抚顺市劳动教养管理所，李树民颇有名气——因他太能算计，管的事太多。1984 年，李树民就职抚顺市劳教所，先后当过管教、食堂管理员、副大队长、办公室副主任、行政科副主任科员，人戏称他的官儿越干越小。事实亦如此，若换做旁人，受这等挫败感影响，多半精神萎靡，思想长疙瘩。李树民不，不管干什么工作，他始终心态平和，乐于接受，把工作梳理得井井有条。行政科副主任科员，其实无非负责采购，一个人干几个人的活，忙得团团转，吃力不讨好。就这么一个好人不稀罕，孬人干不了的工作，李树民硬是干得有声有色。

李树民手巧，心思细密，会修理很多东西。当食堂管理员时，小到伙房的锅碗瓢盆，大到鼓风机、排风扇，几乎全经他的手修过。到行政科以后，他开始留意下班后电灯有没有关，水龙头有无跑冒滴漏，拖布坏了、电路出故障，下水道堵了，加固通讯设施，都成了他分内的事情。义务负责维修的同时，李树民搭上时间和力气，还要搭进去钱。关于此，有太多的事例作证——单位办公楼卫生间缺卫生纸、肥皂、毛巾，他一声不响买来，方便同志们使用。哪扇窗玻璃坏了，他量好尺寸，去市场买一块回来换上……

李树民的生活并未富裕到潇洒消费的程度，甚至婚后许多年来，老少三代一直蜗居在50多平方米的小房子里。作为一个男人，给予家人幸福安康是最大的心愿，但李树民偏偏在这方面表现得很含糊。而在帮助别人的时候，五尺男儿又心细如发，慈悲为怀。

劳教所羁押人员，清一色给社会造成不同程度的危害，他们的思想深处，有自卑，也有极度的桀骜，其言语行为，流露着抵触和对抗。李树民没有鄙视这些劳教人员，从不摆出高高在上的架势苛责训斥，他的管理理念是，法律政策教育，人性角度感化。当伙食管理员时，只要知道哪个劳教人员生病，他总会第一时间端上一碗热乎乎的“病号饭”；哪个劳教人员过生日，他第一个送上内心的祝福；每个月他都算计着有限的经费，节省出一部分钱来给劳教人员改善伙食。

说李树民心思细密，还在于他每每能及时发现劳教人员的情绪变化，了解深层原因，为他们解决实际困难。

有一年，一名劳教人员的老父病故，劳教所本着人性化管理原则，派李树民带那位劳教人员回家奔丧。临到村口，李树民拦住那名劳教人员，取出事先备好的便装让他换上，自己也脱下警服，塞进包里，然后才和那位劳教人员并肩进村。丧期内，李树民一直以朋友的身份守在死者灵前，向吊唁亲朋行人子之礼。李树民的礼贤下士，感动了那位劳教人员的母亲，拿出200元钱，流泪酬谢。李树民推辞不掉，返回单位后，把钱存在所里的小商店，并告诉那位劳教人员，如果缺少什么用品，就从那笔钱里扣除。这件事情，触及劳教人员的心灵，他开始反思、醒悟，后来他积极改造，终于获得减期，提前释放回家。

公交车上让座，在浴池帮人搓背，关爱流浪汉，照顾孤寡老人，这些事情，或许我们很多人做过。不是吗，每逢年节，我们都要按规定，走访慰问弱势群体，给苦寒者送上一点温暖。但扪心自问，恐怕都是情在一时，瞬间的怜惜，眨眼就忙于为自己盘算了。所以，帮劳教人员的爹娘修房子，给劳教人员垫付医药费的诸多小事，若多少年如一日地坚持下来，这人便成了值得颂扬的楷模，成为一面道德的旗帜。

其实许多时候，不是我们遗忘了什么，而是我们被抛弃了。可惜我们未意识到这悲哀，反沾沾自喜地误认为，现代人越来越趋向文明。但貌似进步的背后，确又隐着可怕的自我放逐——醉心物质享受的快感时，“我们”这个庞大的群体当中，谁还记得“吃苦耐劳”、“勤俭节约”之类的词？几千年来，这些被国人谨遵奉行的美德，还在几页书里印着，存在于哪个家庭的教育，几个人的行为准则里？特别是我们的“表叔”、“房叔”，在贪图享乐的时候，是否更应该注目那些平凡的伟大，像皈依的门徒一样，接受灵魂的洗礼，重新思考活着的意义？

我是你雪中的一块炭

> 你是咱们的老庄大哥，心里装着大家伙儿。为人够实在，心肠真挺热。不喝咱一口水，不抽咱一颗烟，不收咱一分钱。你掏出一颗好心，让咱们看到好人的真本色。
>
> ——献给庄庆发的颁奖词

若按当时的年龄，现在他已退休了。脱下心爱的警服，陪着老伴，侍弄花草，到公园里锻炼身体，和老朋友聚会叙旧，日子轻松自在。从警四十载，近三十年的“片警”经历，苦和累都受过，他应该有一段安闲的生活。

他当了几十年的警察，干了那么多工作，帮助了那么多人，却始终甘于沉默，不争夺利益，不炫耀成绩，守得住清贫，耐得住寂寞。若说最好的奖赏，那就是人民的信赖，党和政府的认可——2009 年，他被推选为抚顺市“百姓雷锋”，这也是临离开岗位前，他得到的最高奖赏。

庄庆发荣获抚顺市“百姓雷锋”称号那一年已经 57 岁，站在领奖台上，扬起手中的鲜花和奖杯的刹那，他双眼润湿，心潮涌动。这个刚强的汉子，不是暗喜这迟来的荣誉，而是感慨自己即将离开社区，内心依依不舍。在激昂的乐曲声中，庄庆发的思绪回到自己工作多年的地方，那里的一切人事那样亲切，他熟悉那里，像熟悉自己的掌纹……

2002年，年过五十的顺城公安分局葛布派出所民警庄庆发，意外接到一个新任务：到远航社区当民警。庄庆发心里陡然一震，但很快平静下来，爽利地接受领导安排。远航社区有1854户居民，治安状况差，打仗吵架、抢劫偷盗之类的事情层出不穷，社会发案率占葛布派出所辖区的30%左右，邻里与邻里之间，人与人之间，充满怀疑和防范心理。作为一名辖区内警察，庄庆发对远航社区的无序焉能不知根知底，同时，也非常清楚领导派他去的用意。

还有什么比信任和责任更让人振奋精神呢，庄庆发领命的那天开始，就暗下决心，一定要改变远航社区的现状，改善环境，修复人与人之间和善、相互依存的关系。“投入感情做工作，没有捂不热的心。”庄庆发的语言没有修饰性，一句实打实的话，是自己对自己的鞭策和鼓励。这“精诚所至，金石为开”的朴素思想，比讲多少空洞的理论都管用，因为他与民众接触时，以心换心，以情换情，谁人又不为其真诚感念至深。

心里装着一盆火的庄庆发，一踏进社区就遭遇到兜头冷水——居民们冷言冷语，讽刺牢骚，根本不买他的账。好在庄庆发有多年的社区工作经验，对这些漠视一笑了之，他知道怎么和大家拉近距离，让他们慢慢接受自己。

庄庆发开始从生活小事入手——帮上年岁的老人往楼上搬东西，让漆黑的楼道恢复光明，冬季下雪，他第一个出现在街区，顶着清晨的寒气，挥动木锨除雪，犄角旮旯堆积垃圾，他张罗着往外清……起初，居民们冷眼旁观，猜测这个新来的民警在作秀，还是真心实意。日子久了，大家明白，老庄为社区所做的一切，全凭着一片赤诚。渐渐地，老庄的名字在社区叫响，谁有什么为难事，委屈事，都愿意和他说，老庄总是乐呵呵地听着，然后设法帮着解决、调解，点点滴滴的付出，使他的人脉越来越好。

社区的事情，无非些芝麻谷子，油盐酱醋的零碎，想做件八面见光的露脸事都难。这样的工作，最不易出成绩，若哪里一时疏忽，却可能引起大麻烦，一笔抹煞前面的铺垫。但庄庆发却将社区的七零八碎，做得极妥帖，你挑不出他一点毛病。甚至，他那种俯下身去的踏实作风，使他成了远航社区居民的主心骨、当家人。而他为了赢得这些，独自承受的又太多太多——庄庆发年过五十，身患多种疾病，帮人家扛送东西，常常七楼八楼的一阶阶走上去，累得心跳加剧，腿软眼花，扫雪、清垃圾这类重活，也消耗了他的体力，使他处于疲惫状态，表面却要微笑着迎来送往。

庄庆发心细，善琢磨，针对远航社区的治安和人员混杂情况，他建议编写了《辖区警务图》、《社区民警户口资料簿》。这两项工作繁琐得令人崩溃，为了搜集居民基本信息，庄庆发挨家挨户摸底调查，白天找不到人，晚上找，一次找不到人，两次找，一年当中，庄庆发不知道度过多少气喘吁吁的日夜。在他的坚持下，《辖区警务图》和《社区民警户口资料簿》的资料终于全部拿到手，录入的时候，却又是另一件费时费力的活。当时社区民警办公条件差，没配备电脑、打印机等现代办公设备，庄庆发就戴着老花镜，俯身桌前，仔仔细细地抄写，里面详细登记了社区居民的自然情况，特别“两劳”释放人员、有违法劣迹人员的名字、住址、职业等一清二楚。辖区的公共场所、31 栋居民楼的具体区域等等也一一标出。后来，公安信息化的开展普及，就是以庄庆发的一图、一薄为模本建设的。

其实庄庆发在远航社区所做的事情，何止上述的这些。曾经，他为老年公寓 14 位瘫痪在床的老人买来半导体收音机，给老人的生活带来乐趣。低保户的孩子辍学，庄庆发用自己的工资给孩子交学费；精神病人交不起采暖费，又是他多方沟通，让精神病人度过温暖的冬天。贫困户冯文明，简直就成了庄庆发的亲兄弟。冯文明夫妻两个智力都不健全，上有八十多岁的老娘，下有年幼的孩子，一家人租住在一处破旧的工棚里，可以说家徒四壁。庄庆发第一次看到这一家子，皱紧了眉头，心像刀扎一样，暗想，一定要尽力相帮，让这一家老小过得像点样子。

此后，庄庆发为这可怜的一家操碎了心，他先是按特殊情况给冯文明和白发老娘办理了城市户口，接着办理低保，解决了温饱问题。可冯家的破棚子冬不耐寒，夏不遮雨，庄庆发心里还不落底，先替他们租间旧楼房栖身。冯家收入低，无力长期支付房租，庄庆发思来想去，决定发动冯家的亲戚，大伙儿凑钱给冯文明买间房。冯家的亲戚受庄庆发感动，纷纷伸出援手，但钱还不够，庄庆发索性不顾老伴反对，拿出自己多年积攒的15000块钱，总算凑足房款。于是，冯文明一家搬进每天洒满阳光的楼房里。基本生活有了保障，庄庆发仍不放心，他知道，冯家仅靠几百块钱的低保还是困难多多，便几经周折，安排冯文明夫妻在社区当清扫员，增加工资收入。

人生天地间，生命何其短。因而不乏苦求权贵者，期望着一生过得舒服、逍遥，事实上，很多人通过努力也确实得到了想要的一切。可悲的是，追求奋斗的过程中，“我”字愈显强烈，愈接近成功，或成功之后，“我”字愈具有排他性，所以许多人权柄在握，锦衣玉食，却四顾茫然。因为他心里无限放大的只是自己，而装不下众人，他只是他自己的世界，融不进众人这个大宇宙，迷途也终必然。所以，强势的人，有能力的人，应该像庄庆发一样，我做不了一盏灯，我也要做一块炭，在你需要的时候，给予小小的温暖。

喧嚣里的目光

警服在身，捧出侠肝义胆；军装褪下，依旧满怀春风。面对罪恶，舍生忘死扑上去，鲜血，开出英雄花！隐身人海，年复一年学雷锋。军魂，永远不退色！道德的基石下，你们铺下同样的大爱！信仰的大路上，你们保持同样的冲锋姿态！

——献给姜冯丁的颁奖词

与万千的人当中，目光与目光相遇，我们可能会怦然心动，或无意间一瞥，或偶然相逢，难掩欢喜，唏嘘怀旧。这温暖的情绪流动之外，也有另一种状况——逼视和屈服。敢于逼视别人的，必胸襟坦荡；躲避着锥子般的锐利，又被震慑到骨软心酥的，行动多不磊落。逼视和屈

服，其实是辩证关系，表示正与邪、爱与恨，明与暗。若换思路解读，这两个词汇编组，则涉猎心理学的范畴。

早些年，有个爆红全国的小品《警察与小偷》，两位名演员诙谐幽默，将正义与邪恶之间的本质淋漓尽致地表演出来，给观众开心一笑之余，留下无尽思索。然而，现实版的警察与小偷较量，却不那么轻松愉快，生活中的警察没朱时茂的威风，小偷也不像陈佩斯塑造的那样不中用，两者长期处于流血流汗、你死我活的对立状态，谁也不敢松垮懈怠，随时预备贴身格斗，刀来剑走。不过，获胜方总会一边倒，就像狐狸和猎人玩小聪明，最终难逃挨枪击的命运。

反扒警察是份苦差，从事这种特殊职业的人，常年身着便装，哪里拥挤，哪里吵闹，就往哪里去。经年累月干着琐碎事，与重案刑警比，立功机会少，相应地讲，待遇、提职等几率也小得多。但这样的工作，有人竟一干十几年，没有抱怨，没有懊恼，不管遇到什么情况，都保持一颗平常心，日子久了，平常也变得不平常。

姜冯丁，抚顺市公安局便衣侦查支队的反扒侦察员。从警三十年，曾被授予抚顺市模范共产党员，抚顺市妇女儿童维权特殊贡献奖，荣立二等功一次、三等功一次，2010 年度抚顺市“百姓雷锋”获得者。作为一名警察，身兼诸多荣誉，足够炫耀了，也有资本跟领导谈条件，满足个人要求。但姜冯丁头顶光环却依然故我，一如他的相貌——厚道、稳健、踏实，也正因他的淡定从容，才受到社会的尊重。

若说姜冯丁的反扒生涯，实在称得上尝尽百味，惊险万状。

2010 年，国庆节，人们趁着长假，纷纷上街购物，各大商场为招徕顾客，不失时机地推出优惠购物方式，提高营业额。这一天，大商集团抚顺百货大楼里人如潮涌，选购中意的货物。其中，一个装扮朴素的中年男子也挤在人群中，漫不经心地东走西看。但若稍加留心，他并未浏览商品，而是悄悄地扫描周围的人。骤然之间，中年男子的目光像鹰眼一样，身体也迅速扑出去，冲着前面的一个年轻人一个扫堂腿，接着锁喉、掰腕，人们还没明白怎么回事，年轻人已被掼倒在地，咔嚓一声套上手铐。

一连串的动作娴熟有序，一丝不乱，原本喧闹的商场顿时安静下来，人们面面相觑，互相询问发生了什么事情。直到这时，一位老太看见中年人手里攥着的钱包，才恍然大悟：这包是我的！

那一天姜冯丁捉住的贼，是他现场抓获的第一千五百四十三个。

十几年来，姜冯丁练就了火眼金睛，凡进购物商场，谁下手，谁“挂帘子”打掩护，新手还是老手，本地的还是外地的，他一看就心中有数，出手不落空。而他为了守护公众的钱财，也不止一次付出血的代价。

2004 年 2 月，抚顺站前的繁华商业区里，盗窃、抢劫案件频发。人说，作案的是两个年轻人，心狠手辣，飘忽不定，恐怕警察也无能为力。姜冯丁不信邪，经详细走访调查，掌握了案犯的基本规律。胸有成竹的姜冯丁，决意到百货大楼守株待兔，一举破获这桩案子。两天后，姜冯丁与对手遭遇了。当时，一年轻女子被案犯盯梢，走到背静处，两案犯快步上去，意欲下手。不料，螳螂捕蝉，黄雀在后，姜冯丁一声高呼，冲过去抓捕案犯。搏斗中，案犯孤注一掷，甩掉棉袄、毛衣、衬衣、赤膊上阵。姜冯丁以一敌二，毫无惧色，其中一案犯见状，拔出刀来，一刀刺中姜冯丁手背，这一刀用力极狠，刀尖竟从手心穿出来。姜冯丁忍住剧痛，打掉凶犯手中的刀，掐住他的脖子不松。另一个案犯怕纠缠下去双双被擒，只好独自跑走。

姜冯丁这一次抓的小偷是亲兄弟，侥幸逃脱的叫鄂成俊，被俘的叫鄂成凯。正所谓冤家路窄，几个月后，姜冯丁再次与老对手相遇，而这一回，鄂成俊没有那么幸运了，但姜冯丁为了缉拿他归案，也险些丧命。

2004 年 6 月 14 日晚上，姜冯丁和同事郭青山下班，途径百货大楼附近的公共汽车站，突然在前面的电话亭里发现一张面孔，姜冯丁稍加思索，猛地想起此人正是他们一直要抓的惯犯，名叫鄂成俊。姜冯丁跟同事一使眼色，两人无声无息地包抄过去。鄂成俊也意识到危险近在咫尺，跑已来不及，索性亮出弹簧刀，对准姜冯丁的右臂狠狠扎进去。姜冯丁只觉手臂一凉，顷刻间，鲜血汩汩而流。鄂成俊借机逃跑。姜冯丁

不顾负伤流血，紧追不舍，一直追出一百多米远，尔后因流血过多瘫倒在地……

姜冯丁严重失血，手术从当晚十一点进行到翌日凌晨三点，才算救回他一条命。术后，医生说，姜冯丁右臂尺神经、尺动脉血管、尺肌腱全部刺断，光输血就输了6000CC，而一个人身上的血只有8000cc，若再晚十分钟，一点希望都没了。姜冯丁家人听了，忍不住泪水涟涟。

大腿粉碎性骨折、牙齿被打掉、刀尖穿透掌心、鼻梁骨骨折，如此等等，至于淤青淤血之类，已是家常便饭，小事一桩，不足为道了。

作为一名普通警察，姜冯丁没有丰厚的知识积淀，也不会连篇累牍，在会场，在公共场合滔滔不绝。他做的事情也杂碎，不成系统。但他能在一个暗藏凶险的职业中，从风华正茂干到两鬓飞霜，想来，又多么地不容易。这是一种内心的坚守，靠的是朴素的情感，一如他本人所说的："有我的勇敢，就没有罪犯的嚣张。"

在缺少英雄的年代，平凡的品质应大力弘扬，更应像草籽一样传播大地，织就无边的绿茵。

种田的士兵

无上光荣的光，无悔付出的付，他以爱心为柴，让名字有了暖人的温度。相助鳏寡老人，解囊寒门学子，救人危急关头，带着爱心冲锋，和平年代亦为真英雄。披一身橄榄绿，跟雷锋零距离，他用自己的方式，完成最漂亮的"士兵突击"。

——献给张光付的颁奖词

"白天去地头，晚上听蛙吼，天天扛锄头，啥时有盼头？"若不看后两句的消极，白天侍弄庄稼，晚上躺在星光下听一片蛙鸣，实在是难得的诗意人生。这话倘若不对种田人讲，或者不是文人营造的意境，那又另当别论了。

士官张光付调到三中队的时候，环视着100多亩大田、果园和菜地，及4亩多的鱼塘，呆愣了好半天。作为农民的儿子，对土地并不陌生，但念完初中打两年工，然后当兵的经历，使他不精通农事。因此，第一天报道的张光付，一见要带领十几名战士耕田养鱼种果树，着实有点儿发蒙。好在出于对土地天然的亲近感，和骨子里的执拗精神，他很快进入角色。

张光付2005年入伍，新兵集训结业后，分配到武警辽宁总队抚顺市支队机动中队。机动中队对身体素质要求高，张光付为了不输给战友，拿出业余时间“加练”，最终练就一身硬功夫，在新兵中脱颖而出。

2007年，张光付升为士官，担任副班长。后来，鉴于张光付的优秀表现，大队领导决定调他到三中队，希望他在生产中队发挥骨干带头作用。机动中队是全训单位，三中队则每天研究耕种养殖，就性质来说，完全风马牛不相及。对战士而言，更是难以接受的事实，因为他们来到军营的最大梦想，就是通过各种残酷训练，把自己打造成钢铁汉子，让自己脱胎换骨。但张光付没有闹思想情绪，反而愉快地担起担子，领着三中队的战士辛勤耕耘。

战士种田，锄头也能当枪杆，田垄也可做靶子。春天，张光付带领战士犁地，每条垄都修得笔直，种蔬菜，拉起白线按尺寸播种，菜苗出来时，前后左右整齐划一。三中队农机设备多，一般情况下，故障维修由营房股承担。但张光付细心，每次营房股来修器械，他总是围前围后，东问西问，悄悄记住机械原理和维修要点。再后来，三中队的机械设备出什么问题，张光付自己也可以动手修理了。就这样，在三中队任班长期间，张光付荣立三等功一次。

三中队以生产为主，拿锄头的时间肯定成倍于拿枪的时间。但张光付没有就此放松训练，而是自己动手造训练器械，自掏腰包买来沙袋和拳击手套，领着战士利用空闲时训练。晚上，战士们都休息了，张光付借着月光星光自己继续练——俯卧撑、长跑、仰卧起坐、推砖等等，每一次都是一身汗水浸透军衣。张光付对自己严酷而刻苦，是想用实际行动告诉领导和战友们：即使拿锄头，我们也是军人！

坚持，一定有收获的时候。2010 年底，在全支队选新训班长的骨干考核中，张光付凭着器械、5000 米跑等项目中成绩优秀，被队领导慧眼相中，挑选出来担任新训班长。此后，在 5 公里全副武装越野训练中，张光付仅用 18 分钟就跑完全程，成为支队的一匹“黑马”。一中队指导员郝俊利如是评价张光付：“他的单兵素质，在全中队数一数二。”

事实上，张光付练就一副钢筋铁骨的同时，也有一腔绕指柔情。他当班长数年，最大心得体会是以情带兵，以情暖人。他帮教后进战士，生活上关心新战士，资助贫困战士，营造昂扬、向上、兄弟手足般的情意氛围。累计下来，他带的班里，有 7 人入党，2 人提干，11 人转改士官。

身为草根，也记挂草根。张光付在部队得到锻炼与培养，看到了未来与前途。但他时刻不忘自己流淌着底层人的血液，对身边那些需要扶助的人，总是毫不吝啬地伸出手，尽自己的微薄之力。

2008 年 7 月的一天，张光付正在中队的大棚里干活，原本晴朗的天空，忽然一阵阴云翻滚，紧接隆隆几声雷，尔后哗哗的大雨铺天盖地。张光付张望雨势时，偶然发现大棚不远处，一个孩子正吃力地推着自行车，踩着泥泞的土路冒雨前行。张光付急忙向中队请假，拿起自己的雨衣，追上那个孩子，将他送回高湾开发区大泗水村。在孩子家中，张光付了解到，孩子的父亲叫郭俊明，母亲叫赵荣华，夫妻俩均患腰间盘突出，干不了重体力活。偏偏家中的 50 多亩山坡地上不去机械，春种秋收全靠人力，负担之重可想而知。

自那以后，张光付经常帮助郭家干农活，还掏钱买化肥农药来施肥除草。2009 年 5 月，赵荣华腰脱病复发，需住院治疗。郭俊明苦于手中没钱，一筹莫展。张光付知道后，马上取出工资卡里的 4000 元存款，替赵荣华交上住院费。住院期间，张光付多次拎着营养品和药品前去看望，嘘寒问暖，极力关照。郭俊明一家对张光付的大度无私感激在心，赵荣华出院后，和丈夫、孩子一起专程给武警中队送上一面锦旗，以表谢意。

当兵数载，绿色军营锤炼了张光付，他的思想境界、能力素质得到全方位的提高。而他帮助驻地群众的事情，也随着年龄的增长和军龄的延长，为众人称道——2011 年，沈阳高坎镇中和村村委会主任叶仁鹏，带着村民申家福、赵淑芬老两口来到抚顺武警支队一中队，将一面锦旗和一封感谢信送到教导中队指导员郝俊利手中，感谢部队为他们培养出“好儿子”张光付。而中和村得到张光付帮助的，又何止申家福老两口。霍树林、张勤子、赵庆奎、张明辉等等，哪一个人没花过张光付的钱，没借过张光付的力呢！还有他家乡的父老乡亲，身陷危难时，张光付舍命相救，无钱读书时，张光付倾其所有。不知情的人，会误以为张光付是富二代，可他的家庭，年收入才 6000 元左右，他自己平常节俭到吝啬的程度，但若见贫弱需要，张光付真的做到在所不惜。

张光付给他人以无私帮助，政府、军队和社会也同样认可他，入伍数年来，他 2 次荣立三等功；5 次被评为优秀士兵；受到总队、支队嘉奖各 1 次；2008 年被评为“学雷锋先进个人”；2011 年底被辽宁总队评为第二届“十大深知兵真爱兵模范”；2012 年 5 月，被抚顺市委、市政府授予“五四”奖章；2012 年 6 月，被评为 2010～2012 年武警部队争先创优共产党员。2011 年，张光付还获得了梦寐以求的抚顺“百姓雷锋”称号。这是作为一名军人，所能得到的一份意义特别的荣耀。

张光付只是一个靠津贴生活的军人，与腰缠万贯的富翁显贵相比，实在穷得寒酸。可他的慷慨令多少商贾富翁蒙面含羞，所以，富有这个词的意思，真值得我们细细商榷。

警心如阳照民心

右手扬善，左手除恶，十五年捐资助学，十一年无偿献血，为他人打开希望之门，甘此身向春色。临危赴牺牲，血染除夕夜，伤卧冻冷街头，身后万家灯火。他用最直接的方式告诉你我：血，总是热的！

——献给郎毅军的颁奖词

自古忠孝不能两全。说的是一个人精力、能力有限，若胸怀宽广，定宰负亲朋挚爱，若顾及妻儿老小，必辗转厅堂而难扫天下。郎毅军无颜见亲人，但对工作、对社会，竭尽全力。在他 7 年“片警”，8 年警长，6 年户政科长的警察生涯中，岗位变、职务变，内心的情结却未曾稍有改变。二十载岁月，半生峥嵘，郎毅军没挣下万贯资财，没为自己拼下一个男人的辉煌事业，但他的每一步都瓷实有力，震撼人心——近年来，他先后获市劳动模范，省公安厅命名的“马天民式公安民警”等殊荣。2011 年，他被授予抚顺市“百姓雷锋”称号。

三年时间，200 万居民第二代身份证全部换发完成。到 2006 年底，70 万人第一代身份证作废，需要办理第二代身份证。这是 2006 年初，郎毅军调入市公安局户政处碰到的第一项超强度工作。

当时，全市 22 个城区派出所门前，天天队伍如龙，负责办理人员没有片刻喘息，仍是喟然长叹。资金短缺、警力不足等显著困难摆在郎毅君面前，成为困扰郎毅军的最大难题。为缩短排队时间，郎毅军采取头天发号，第二天办证的办法，缓解紧张状况。他自己则奔波于各派出所协调指导，听取群众意见和建议，总结归纳一线派出所的成功经验和不足之处，增加人力、培训人员、调试设备，然后推出便民措施。且针对那些行动不便的居民，抽调组织了 12 台便民办证服务车，深入到居民家中采集信息。

顺城区 92 岁高龄的沈桂芹腿脚不便，出不了门。郎毅军接到家属的求助，马上带着便民服务车到老人家里，为她采集人像信息，如期办好了新身份证。事后，老人的孙女将一面绣着“热心警察、登门服务。耄耋老人，铭感五内”的锦旗送到户政处。在新身份证办理期间，像这样的登门服务，郎毅军跟踪一千多户。

现代社会，人口流动量大，这部分人或在异地经商，或在他乡打工、求学，规定时间内办理新身份证是件大难事。考虑到这一点，郎毅军和技术人员反复研究论证，最终在全国公安机关率先建立了第二代证便民服务平台，在新闻媒体和互联网上发布了公告，使身在外地的抚顺人只要到所在地公安派出所采集人像信息，就可通过全国公安联网传回抚顺，办理第二代身份证。同样，居留在抚顺的外地人，也可以参照这个方法，由抚顺的公安机关联系户籍所在地公安机关办理。

年近八旬的刘大爷，户口在宁夏，常住抚顺的儿子家。老人年老多病，回宁夏办理新身份证确实困难。郎毅军得知情况，亲自带人登门，给老人采集基本信息，然后通过联网平台，为他办理了身份证。刘大爷感激地说：“这要是回宁夏，得耗个把月时间，花掉几千块钱，我这把老骨头兴许也折腾散了。”

在换发第二代身份证的三年多时间里，郎毅军加了三百多个班。同时负责全市 272 个社区的警务工作，4155 名公益岗位人员，组织全市社会治安巡逻。2000 年春节前，郎毅军周日奔忙着第二代身份证的收尾工作，汇总、报表、纠错等等，占用他大量的时间。但他没有料到，与自己朝夕相处的老父亲已身患多发性骨癌，直到春节后，老父撑不住入院，他才如梦方醒。然而，追悔和愧疚已无济于事，郎毅军不得不含泪送走慈父，留下一生的遗憾。

回看郎毅军的人生足迹，可以说他忽略了家小和自己，但他将一腔爱意给了陌路，给了那些被生活压榨的人，为他们撑起一片晴朗的天空。

早在 1996 年，郎毅军在公园派出所当民警的时候，月工资不到 600 元的他，就开始资助贫困学生。郎毅军帮助的第一个孩子，叫徐林，家住新宾旺清门镇南岔村。当他第一次踏进徐家门槛，便被眼中所见惊诧万分——一家人栖身的草房连窗户玻璃都没有，徐林的父亲弱智，只会嘿嘿傻笑，一家人的衣裳补丁摞着补丁……自那天起，至五年后，徐林的学杂费全部由郎毅军负责，直到徐林初中毕业，当上一名武警战士。

徐林入伍后，郎毅军调到福民社区派出所，一次偶然间，他知道了区内四十四中学一年级有个叫张壹的孩子。张壹家境贫寒，父母残疾，日常生活全靠微薄的低保维持。但张壹特别懂事，学习异常刻苦，在年级里成绩突出。郎毅军一见到张壹，就喜欢上他，和蔼地说：“孩子，你好好读书，其他的事情叔叔帮你。”

张壹知恩图报，把对郎毅军的感激化为学习的动力。2004 年，他顺利考入抚顺二中，2007 年，以 602 分的优异成绩考入国防科技大学。

十五年中，郎毅军省吃俭用，资助了 4 名贫困学生。但极少有人知道，他工作二十多年，还住着 20 世纪 80 年代的老房子，一年四季，警服不离身。不是他不舍得脱下那身象征庄严正义的衣服，实在是他根本就没有几件其他的便装。在郎毅军的办公室，收藏着两枚奖章。那是 2007 年、2009 年，由国家卫生部、红十字会和解放军总后勤部联合颁发的“全国无偿献血奉献奖”。郎毅军连续 11 年，每年献血两次，总计献血量超过一个人体内的血液总量。

郎毅军常说：“为人雪中送炭，不仅是送给他人一份爱，也是给自己增添一份精神享受。”这句话，其实从另一个角度说明，人的需要有两种，一种是物资，另一种是精神。价值追求的不同，心理感受便不同。追求物资享受的人，极力拼争舒适安闲的生活，他的奋斗、上进，乃至苦心建立的人脉圈，无一不是从切实需要出发。追求精神快慰的人，淡化了丰盈物资的诱惑，转而投向苦海中的贫弱，救人挣脱藩篱，胜造七级浮屠。这，便是人与人之间的差别吧。

第六章 大地的面孔

大地是车辙驶过的深深痕迹，是风吹一波一波的稻浪，是茅屋、溪水、丛林，可爱的动物，亮就亮得透明，黑就黑得厚重。

我们的双脚站立在大地，我们的生命种植在大地，从婴儿，到少年、青年、中年，直到终老。我们的爱，欢乐、沮丧、悲凉、哀伤，一切皆由大地所赐。所以，不管我们是谁，有一天终要回归大地。

“为什么我的眼里常含泪水，因为我对这土地爱得深沉。”

张金柱、袁存泉、李荣林、洪博和洪玉兄弟……他们的皮肤里浸透土地的颜色，他们熟悉乡村的野草，冰雪凝冻的日子，天幕下的白发，和一辆手推车。他们不会说爱，但所做的一切，都是因为心中有爱！

我用记忆抚摸你

瘦小的身躯，依恋着脚下的广袤沃土；多病的骨肉，承担起百姓的冷暖疾苦。担任村书记几十年，你像老黄牛一样不知疲倦，拉着脱贫致富的大车，一路把贫穷落后的乡村带进省文明村的行列。张金柱，你是党性民心的试金石，你是父老乡亲的顶梁柱。

——献给张金柱的颁奖词

一个人的生命质量，不是以长度计算，而在于他活着时都做过什么。也不见得是感天动地的壮举，把一些乡间琐事摆布妥帖，更像泉水般浸润人的心灵。一个人的成功，不在于攀附到多高的位置，也不在拥有多少财产，而在于有多少人深深地记住他。当他有一天告别这个世界，有多少人追忆和怀念。

作为一名村支书，他没有居庙堂之高的显赫，没有亿万的身价。他就是山里的那一眼泉，一棵树，解乡亲饥渴，给乡亲依靠。

每天早晨，他都要站在晨曦中，眺望村庄的事物。这是他多年的习惯，虽然现在看不见了，但他记得那些树，那些草，哪种庄稼长在哪块地里，他喜欢用记忆抚摸它们。

每隔 5 天，他就要去县城做血液透析。医生说，他的糖尿病已经到了晚期，必须住院治疗，延缓并发症状。可他坚持每次往返 100 多公里路程，因为，村庄在他心里，比病情更重。2006 年 5 月，他终于躺在病床上，这一次，他昏迷七天七夜。村里人担忧焦急，围着他，呼唤他。或许乡亲的情谊感动上苍，或许他的生命力足够强大，第八天，他苏醒过来。可睁开眼的第一件事，就是跟村干部合计村里的几项工作。那虚弱的语气，干黄的面颊，让周围人落泪。

一向刚强的他，终于承认自己是病人，悄悄给乡里领导打辞职报告。可村里人不答应，村党委换届时，又把他选为村支书。看着父老乡亲期盼的眼神，他忍不住泪眼朦胧。

20 世纪 70 年代，24 岁的张金柱接任清原大苏河乡平岭后村支书。从此一干近 30 年。张金柱的家乡平岭后，一如它的名字——遥遥山岭背后的村屯，其偏僻寥落可想而知，经济上的窘困也不难想象。说穿了，张金柱接的是个烂摊子，等于抓在手里一只刺猬。

上任第一天，张金柱翻看着村账本上的红色余额，拨算盘珠一算，统共 27 万元外债。这 27 万元的饥荒，就像一座大山压在张金柱的心头，逼迫他整理思路。

张金柱最先想到“节俭”两个字，这是中国几千年农耕文明培育的美德，贯穿一代代中国人的思想，张金柱也不例外，只不过，他将“节俭”的观念由个人升华为集体，使之更显大局意义。

当上村干部，到乡里、县里开会出差的时间多了，张金柱，每次都坐公共汽车去。他还规定，村干部不准大吃大喝，挥霍浪费。通过一段时间的扭转，村里的基本公务渐渐正规化。

接下来，张金柱的目光盯上了村集体收入。俗话说，大河有水小河满，村集体经济空壳，公共事业就无从谈起，村民们也享受不到村里为他们创造的各种福利。而平岭后这样的村庄，最大的财富就是山上郁郁葱葱的森林。事实上，20 世纪 70 年代至 20 世纪 90 年代，长达二三十年的时间里，辽东山区的许多村庄靠砍伐木材维持生计。至于平岭后村，有林地面积 1.5 万亩，每年设计采伐 300 立方米左右，按正常情况，虽剩不下大钱，但资金的基本运行还能保证。但由于管理粗放，每年砍下一批木材，村里不仅没有结余，反而出现“倒挂”现象。

问题出在哪里，张金柱心知肚明。为了给村里木材卖个好价钱，他改变策略——坚持集体采伐，加强群众监督，统一制定价格，公开透明出售。这样，平岭后村的木材价格卖到全乡最高。一些木材贩子和亲属为了利益，屡屡找到张金柱，递钱递物，请开方面之门。张金柱一一回绝，说：“木材是村里的，是大家的，我不能让群众戳我的脊梁骨。”

张金柱堵死了自己的“财路”，村集体的存款却一年年增长。

为了村集体的腰包鼓起来，张金柱付出的辛苦，平岭后的乡亲永远都不会忘记——木材下山后，张金柱为了节省看护费，亲自带领村班子成员到现场看管。怕有人偷盗木材，张金柱常年巡山，吃饭休息极不规律，1988 年，他就患上糖尿病。有一年的数九隆冬，他五天五夜奔走于山林草野间，因疲劳过度，竟一头栽倒路边，险些被过往车辆撞上。

张金柱经年累月的努力，仅三年时间还完外债。人说，无债一身轻，那一天，张金柱确有如卸重负之感。现在，他可以腾出精力，兴办村集体企业了。小酒厂、木器加工厂、油坊、商店等等，村字号的小企业像雨后的蘑菇，在平岭后这座深山里的村庄长起来。

村集体经济实力增强了，张金柱又操劳村民的生活，鼓励村民搞流域承包，发展种植业、养殖业。同时，村委成员携手贫困村民，村集体每年拿出2万元扶持村民发展产业。

村民段廷文懂得养蜂技术，却苦于没有本钱，有了村集体资金的扶助，他家的房前屋后终日蜂飞蝶舞，嗡嗡嘤嘤，那些酿造的甜蜜，很快让他成为村里的致富典型。村民郭凤春，身体有病，孩子又小，过得十分艰难。张金柱主动登门，与郭凤春商议，不妨尝试养猪。郭凤春面露难色，张金柱知他心思，拍拍他的肩膀说，钱，村里帮你解决，咱先把事儿干起来。郭凤春心怀感恩，果然靠养猪还清治病的欠款，家里还有了积蓄。

种药材，种蘑菇，养猪养羊，搞运输，寂静的平岭后逐渐喧闹起来，村子里处处生机，人均收入连年增加，男女老少的脸上整天挂着笑容。

平岭后村民在享受劳动成果的同时，还在享受着村集体经济不断发展壮大给他们带来的好处——1990年，村里开始林业分红；1997年，家家使用免费自来水、看上有限电视、孩子们坐进宽敞明亮的新教室、拓宽的街道铺上柏油，夜晚，街灯为行人照亮；1998年，村里完成有限电视加密联网，改造电话通讯……

可以说，平岭后村一点一滴的变化，都是张金柱损失自己的健康换来的结果。三十年中，他治理下的村庄，在全县第一个走进省级文明村行列，多年保持市综合治理先进村称号，连续7年保持省级文明村、省级安全文明村荣誉。他本人多次荣获县优秀村党支部书记、市劳动模范、省优秀共产党员称号，3届连任市人大代表。2006年，首届抚顺"百姓雷锋"的名单里，写上他的名字。

张金柱刚走下领奖台不久，病情再度加重，苦撑苦熬了几个月，再也没有起来。临终前，他多想再看一眼平岭后的山山水水，看一眼朝夕相处的乡亲，然而，失明已经不给他实现心愿的机会，张金柱用记忆抚摸着村庄，静静地走了。

意志比山坚硬

从不幸的谷底，到人生的高峰，你的人生注定是一场挑战。袁存泉，你在青春梦想化为泡影之后，选择用坚强在自己的天空架起最美的彩虹，几多迷失的心灵被你强者的意志唤醒，一度闭塞的山村被你提供的致富信息与外界连通。你，身体不能站起，精神却顽强耸立！

——献给袁存泉的颁奖词

若没有那一天，他会一辈子活在快乐幸福中。但是，那头突然发疯的牛，改变了他的人生轨迹。

1996 年 1 月 15 日，是袁存泉一生最黑暗的日子。那天，热心肠的他帮着亲属砍柴，下山时，驾车的牛不知为何受惊，疯了似地纵蹄狂奔。袁存泉怕翻车出事，紧紧拽住缰绳，试图阻止牛。一个跑，一个拽，白茫茫的山间小径上，上演了一幕真实的惊险动作片。这时候，袁存泉很想有人帮他一把。然而，厚厚的大雪铺盖着森林，寒冷的天气里，深山寂静，少有人行，连鸟儿都躲得无影无踪。袁存泉只好使出全身力气，向后拖疯牛，却终于摔倒，脖子被眼睛血红的犟牛一脚踏上……

袁存泉醒来的时候，山还是那座山，天空还是那片天空，树木、阳光、白雪，一如平常那样静默着。可他发觉了自己的异样——无论怎么用力挣扎，他都爬不起来，甚至挪动不了一寸。

躺在雪地的袁存泉，瘫软如泥。

后来，父亲背着他访遍国内各大医院，结果，医生们给出的答案惊人地一致：颈部脊椎受损，高位截瘫，生命体征最多维系两年。

袁存泉绝望了：为给自己治病，家中倾尽所有。女儿还小，妻子年轻，父母日渐衰老，自己不但挑不起大梁，反而成为最大的累赘，这个家以后可怎么过！就在袁存泉痛苦迷茫之际，命运的黑手再次伸向他——父亲积劳成疾，不幸病逝。袁存泉觉得掉进万丈深渊，身后也没有返回的路。每天，他躺在炕上，目光追逐着劳碌的母亲和妻子，心中的悲凉无以名状。他日夜辗转，再三思虑，终于还是狠起心肠，跟母亲吐露了心事：让妻子走吧，再找个好人家。母亲的眼泪一下子掉下来，内心里，她不想让儿媳走，一来孙女儿太小，离不开妈；二来，儿媳在，这个家还像个家，她若一走，这个家的天就塌了。可母亲明事理，抹了一阵眼泪，朝儿子点点头。

当袁存泉把离婚协议书递给妻子时，她呆愣了片刻，然后，泪水慢慢涌上来。袁存泉把头扭到一边。妻子泪眼模糊，什么也没说，将那张被泪水浸透的协议书撕成碎屑，替袁存泉擦干眼角的泪花。但她不知道，丈夫已铁定了心赶她走，自此后，袁存泉恶语相向，妻子被逼无奈，终于同意丈夫的决定。

离家前夕，妻子最后一次为丈夫擦洗身子，给丈夫做了一顿可口的饭菜。当她做好这一切，紧紧搂着心爱的女儿，泪如雨下……

妻子走了，一步一回头。袁存泉躺在炕上，听着妻子渐行渐远的脚步声，心一寸一寸地变凉。知子莫若母，当天晚上，母亲守在儿子身边，娘俩相顾无言，唯有泪水千行。

那些日子，袁存泉在痛苦焦虑中度过，最悲观的时候，甚至想到死。转念间，又恐自己解脱了，母亲和女儿孤苦无依。于是，袁存泉振作精神，开始思考，自己能做点什么，让僵硬的生活丰富起来。想来想去，他眼前一亮。

听儿子说要写作，母亲先是一愣，接着，喜上眉梢——母亲明白，儿子的思想情绪变了，他要活得像回事。母亲也没想着儿子能成什么大器，毕竟，他文化底子薄，又没什么专业训练，也没太多的积累，但只要儿子高兴，儿子愿意做，母亲在所不辞。从那天起，母亲就背着小孙女，到街坊邻居家给儿子借书。偏远乡村，自然没有可供借阅的文学类书籍，往往，祖孙俩转了一大圈，借回的是各种版本的中学教材和学习资料。

看书，于正常人来讲，是一种愉悦和享受，甚至是奢侈——泡一壶茶，坐在窗前的藤椅上，晒着暖暖的阳光，随手翻着书页，慵懒而惬意。可对于袁存泉，实在是件大难事——他的手拿不起书，既让母亲把书支在他的头边，或用铁架子夹起来，挂在炕边的柜子上，看一页，母亲给他翻一页。半年的时间里，就这样一页一页，袁存泉自学完中学和师范课本。

终于到了动笔的时候，袁存泉让母亲找块硬木板垫稿纸，放在枕头旁边，他用牙齿咬住笔杆，一笔一画地“写”。刚开始，字没写几个，唾液却顺着笔流下来，浸湿了稿纸。由于笔端长时间在嘴里摩擦，袁存泉的口腔也发生溃疡，即便如此，他仍然坚持着。写完一篇稿，母亲就步行5公里的山路，再乘坐客车，到15公里外的南山城镇邮局，将稿件寄出去。

2001年8月9日，袁存泉收到第一笔稿费。那是他写的一篇《断桥》，发表在家乡的《清原县报》上。这笔稿费少到只有3元钱，可对于袁存泉来说，这是一笔巨大的精神财富，给予他莫大的鼓舞，让他坚信，自己找到了适合自己做的事情。

这笔稿费，让袁存泉看到前面铺展的光明。从此，他更加勤奋，每日里不停地写，然后把样稿封好，由母亲到20公里外的镇邮局寄走。后来，他听说网络传递信件方便快捷，就决定买一台。母亲非常支持他，毅然卖掉家里的一头牛，又借了些钱，为儿子买来电脑和打印机。

袁存泉在一位老师的帮助下，学会用手指骨节使用电脑，几年中，他一共敲打出约100万字的小说、散文和报告文学。其中40多篇发表在《儿童文学》、《农村青年》等刊物，还出版了一部35万字的长篇小说《冰凌花开》。创作之余，他为村里的孩子辅导作文，作为众多乡亲平时帮助他的回报。熟练操作电脑的另一个好处，是开阔了袁存泉的视野，他躺在炕上，心却变大了，在网上注册了山泉参业公司，帮母亲卖人参，既增加了卖人参的收入，又提高了家乡人参的知名度，他自己也找到了更大的快乐。

随着袁存泉文章发表量的增多，给他写信、发邮件、打电话向他倾诉心事的人也逐渐增加。袁存泉以自己为例，鼓励那些遇到挫折和磨难的人坚定信心，好好活下去。同时，他也看到了文学对人产生的作用，从而更加喜爱文学，用心写作。他想到，经济贫困固然可怕，但更可怕的贫困是人心。我不能从经济上帮助自己的村庄，但我可以尽己所能，让文化的种子在村庄扎根。于是，袁存泉开始用稿费购置书籍，把自己的小屋建成免费的乡村图书馆，方便乡亲阅览。寂寞多年的村庄，自此增添了浓浓的文化气息。

现在，袁存泉生活得很好，他靠写作教育了一批青少年，建立起了爱心团队，热诚帮助那些需要帮助的人。2006 年，袁存泉的顽强精神感动了抚顺，被评为第一届抚顺“百姓雷锋”。2011 年，他被评为省道德模范和十大慈善模范，2012 年年初，他出现在央视 12 套的《道德与法制》栏目中，面向全国观众，讲述自己自强不息的奋斗过程。

古来成大事者，天必先苦其心志，劳其筋骨，饿其体肤，然后使他性格坚定，增加他的才能。司马迁因受阉割，所以写出《史记》；阿炳因为眼疾，才有《二泉映月》；史铁生腿不能行，而创作了《我与地坛》；唯愿袁存泉在文学路上越走越远，只要他在路上，我们前行的途程就多一棵树，一朵花，为我们搭一片绿荫，给我们芬芳。

英　雄

真正的勇士需要危难来考验，一如真金需要烈火来锻炼。身后是火海，眼前是平安，你们以勇敢的转身，完成了从少年到勇士的蜕变。一个胸有博爱，一个心纯如玉，经过火的洗礼，生命更加灿烂。

——献给洪博、洪玉的颁奖词

一些看似偶然的事情，实则必然。像有的人，平常默默于万千世界，却一夜之间，成为人人敬仰的大英雄。当人们传颂英雄的时候，英雄不觉得自己多伟大，他们只是出于一种本能，一种思想的认知和善良的天性，去拯救身陷厄难的人。善与恶，都是人的自然属性，两者对人心的左右，是评判一个人道德水准的直接证据。心念善，世界春风桃李；心念恶，遍地欺骗奸邪。

善，实在是形而上的东西，但我们的生活中，它无处不在。你随手扶起一棵歪倒的植物，放飞一只误闯堂屋的小鸟，给一株干枯的花浇一点水，你为一点小小的成就感而暗自兴奋之时，善已在心中驻守。点点滴滴的善累积，潜隐于人的思想行动中，有一天突然迸发，人们必将感受到它强大的力量。

或许可以说，英雄是日常中微不足道的善的培育。

若不这么解读，洪博、洪玉兄弟的淳朴又该怎样定位？

洪博和洪玉，一对孪生兄弟，即使受伤后两人站在一起，你也难从相貌上分清谁是谁。他们眉宇间流露着青春的气息，嘴角挂着自信的微笑，举手投足都给你大男孩的活泼、可爱印象。他们的神态也让你明白，英雄与草芥，其实并无分别。

1990年阴历三月十八，新宾满族自治县榆树乡都督村洪兆臣的家里，传出一阵新生儿的啼哭声。这声音招来乡亲的贺喜，外加羡慕的眼神。洪兆臣望着炕上的两个新生儿，又欢喜又发愁。喜的是，自己晚年得子，老有所依；愁的是，俩孩子一块儿投奔他而来，当父亲的却给不了这双胞胎兄弟幸福的生活。

喜也好，愁也罢，儿子毕竟给洪兆臣带来快乐和骄傲，几天后，他给哥俩儿起名，哥哥洪博，弟弟洪玉。

时光慢慢流过，洪博、洪玉渐渐长大，在学校帮助老师同学，回到家帮父母邻居，村里人都夸俩孩子乖，说洪家前辈子积德行善修来的福。

这期间，家里发生了一件事，动摇小哥俩继续读书的心。

1999年，洪兆臣因种蘑菇赔了钱，着急上火，加上早些年曾因车祸膝关节严重受伤，导致身体状况很差，不能干重活。穷人家的孩子懂事早，虽然父亲不愿在儿子面前提及家里的窘困，但洪博、洪玉眼看着村里的新房子越建越多，自家却多年住在破旧低矮的房子里，父亲本来已经够难，还要供他们上学，于是，2006 年，兄弟俩不顾父亲和姐姐的劝阻，坚持退学出门打工挣钱。当时，洪博、洪玉一门心思挣了钱，把家里的房子重新建起来，让父亲和母亲住进宽敞明亮的大瓦房。

2006 年春节过后，洪博、洪玉辞别爹娘，满心憧憬和希望，坐上开往大连的火车。谁知，这一走，竟然是一场惨剧的序幕。

洪博、洪玉在大连打工的姐姐引荐下，进入一家汽车美容店当学徒。乡村长大的孩子，骨子里生就的朴实、能干。洪博、洪玉又心有目标，在汽车美容店里，哥俩干活特别认真，生活上也很节俭，每月 700 元的工资，只留下 100 元零花，其余全部寄回家里，积攒着盖新房。就在兄弟俩努力实现心愿时，一场突如其来的大火，烧焦了所有的美好梦想。

2006 年 11 月 4 日凌晨，刚刚入睡不久的洪玉突然被一阵刺鼻的烟味惊醒。他一边咳嗽，一边叫醒哥哥洪博，尽管还没明白怎么回事，但兄弟俩凭着直觉，跳下床，摸索着出了房间。

兄弟俩走到楼梯口，再走几步即可脱险的时候，洪玉停下脚步，问哥哥："哥，屋里的那几个人还没出来吗?"洪博侧耳倾听："没声音，是不是被熏晕了?""哥，咱得去把他们拽起来!"

哥俩原路返回，此时，浓烟弥漫了整栋楼。兄弟俩睁不开眼睛，凭着记忆往前摸索，边走边喊："着火了！大家快跑!"住在二楼的工头和老板的两个女儿被惊醒，三人自行逃离火场。洪玉和洪博继续往宿舍方向摸，终于推开了门，洪博抓住靠门下铺的小张的胳膊，洪玉也抓住另一名工人的腿，分别往外拽。室内剩下的 4 个人也醒过来，晕头转向跟着洪玉、洪博往外跑。

他们还没跑下楼，由于大门被人打开，外面的冷空气和楼里高热空气剧烈碰撞，发生"轰燃"，通红的火球瞬间飞腾，笼罩住洪家兄弟和几位工人……凌晨 2 点左右，大火被扑灭，大火酿成的悲剧，也让人揪紧了心——3 人死于火中，洪博、洪玉兄弟和另一位工人烧成重伤。洪家兄弟全身 50% 左右的烧伤面积，而且大部分为二度、三度烧伤，并伴有不同程度的呼吸道灼伤，已经命悬一线……

姐姐姐夫闻讯赶到大连第四人民医院，一见重症监护室的两个兄弟，心如刀绞。当主治医告诉告知病情，和需要交 30 万元的治疗费，姐姐和姐夫顿觉头晕目眩：他们就是砸锅卖铁，也筹不出这笔巨款啊！

在大连打工的姐姐姐夫东挪西借，给医院交上一万元押金。出事的那家汽车美容店拿来 2 万元，算是暂时维持洪博、洪玉的入院治疗。可 3 万元无疑杯水车薪，没几天，洪博、洪玉的医疗费花完了。姐姐眼看着弟弟无钱救治，急得头发白了一绺，语无伦次。

这时，另一位洪博、洪玉相救的工人，住进大连大化医院，那位工人的母亲去看望儿子，说出洪博、洪玉受伤的缘由，被大连多家媒体报道出来，震动了大连各界。一笔笔爱心捐款，雪片似地汇集医院，大连第四医院有感于兄弟俩的义薄云天，也决定减免部分手术费。

有了社会捐助和大连第四医院的全力拯救，洪博、洪玉度过了十天危险期。第十一天，兄弟俩的父母听女儿告知惨祸，趺趺撞撞奔向大连，当老两口隔着重症监护室的玻璃，看着浑身缠满纱布的儿子，禁不住失声痛哭。

2006 年底，在重症监护室住了四十多天的洪博、洪玉出院了，在父母的陪伴下返回村庄。至今，一提起儿子的出院，洪母就泪水涟涟："哥俩还没好到出院的程度，胳膊上、脸上还在流脓，可是没钱了呀！家里把当年的粮食、骡子都卖了……"

洪家横遭惨祸，陷入孤苦的境地。好在，乡亲伸出援助之手，帮他们侍弄地，镇政府出面，和乡亲们一道张罗着把洪家盖了一半的新房建成。村委会也为洪博、洪玉申请了农村低保。

这些事情，大家都能帮，可唯有一件事，谁也帮不了，只能兄弟俩自己顶着——伤口的疼痛，日夜撕扯着洪博和洪玉。望着镜子里难看的自己，兄弟俩还想到了死。精神和肉体的双重折磨，让小哥俩变得消沉，但他们懂得父母的心，再怎么难，也不在爹娘眼前流一滴泪，抱一声怨。

天不绝善人之路，一家子愁眉不展的时候，机会降临了：2007 年 9

月21日，洪博、洪玉兄弟的事迹被搬上“2007中国骄傲走进大连”主题晚会，并作为该活动的候选人。在有关方面的协调帮助下，大连沙医生整形美容口腔专科医院负责人当场表示，愿意无偿为兄弟俩做整形手术，帮助他们恢复基本的劳动能力。

喜讯传遍小小的村庄，洪家父母喜极而泣。

2007年秋天，洪博、洪玉兄弟马上要到大连做整形手术了。洪家父母为了给儿子筹吃住费用，准备卖掉家里仅有的几亩地和房子。

不幸中，又一次好运降临到洪家——抚顺晚报连篇累牍报道了洪博、洪玉兄弟的事迹以后，引起抚顺各界的强烈反响，紧接着，贫穷的洪家被爱心包围了。

——2007年11月13日下午5时，市委副书记陈雍、市委常委、宣传部长刘国强专程赶到洪家，看望洪博、洪玉，并送上1万元慰问金。

——2007年11月13日，市财政局党组副书记、副局长谢红军带领部分干部职工将1万元爱心捐款送到洪家。

……

洪博和洪玉为拯救他人负伤，受了很多苦，也获得了社会的尊重和赞许，2007年，他们登上家乡新宾“感动新宾十大人物”的颁奖晚会舞台；不久，又被评为2007年抚顺“百姓雷锋”。

感动了城市和乡村，感动了无数人的洪博、洪玉兄弟，必将随着时间的推移，从鲜花和掌声，从文字和屏幕上退场，回归日常生活。当我们想起他们的故事，感念于他们给这个社会创下的奇迹，除了慨叹，是否更应深思、反思？比如，于情于理都应承担的人，为什么退缩，宁舍良心，不舍钱财？比如，我们给英雄的回报，是不是应该更多一些，给予他们精神、道义、物资等方面的补偿额度大幅增加？再比如，数年乃至十年之后，我们是不是应该回访英雄，了解他们的现实状况，看他们有哪些需要，哪些困难，尽我们所能帮助解决？

英雄，使人类社会有了高度，而我们这些平庸的人，在仰视英雄的同时，别让他们深感高处不胜寒。

播撒阳光的人

你用勤劳的双手，创造出幸福生活；你用无私的爱心，帮助大家共同富裕。扎根黑土地，药香满垄上。富饶的乡土，你拥有两座谷仓，一座装着物质财富，一座装着精神宝藏。

——献给曹玉香的颁奖词

她搞建筑，卖水果，种草药，开化妆品店，她把自己能尝试做的事情，都尽力去做了，且做得有声有色。身为女人，风里来，雨里去，她堪称自强自立者。挣到了钱，也帮助别人，这是她的德行。有人给她做过大致的统计，说，二十多年来，她资助的人数超过200人，资助财物高达47万元。这个数额，或许对身价亿万的资本家来说不算什么，但又并非所有拥有财富的人都肯扶助贫弱，乐于社会公益事业。而她拿出的47万元，每一分钱都是辛苦和汗水的结晶，这分文的累积与赠与，意义又大于那些靠非常手段暴富而一掷千金的慷慨。

因而，她多次受到省、市、县的表彰，2003年，光荣加入中国共产党。2005年10月，她的“千亩中草药基地”被全国妇联命名为“全国农村双学双比师范基地”，2006年5月，荣获辽宁省劳动模范称号。2007年，她又怀着兴奋的心情，登上抚顺“百姓雷锋”的颁奖台。

当年大学落榜，因家穷放弃复读，是曹玉香心里抹不掉的阴影，也是曹玉香日后发誓改变境况，成就事业的直接动力。

1985年，曹玉香擦干眼泪，开始了她人生的创业历程。

人说性格决定命运，这句话印证在曹玉香身上，似乎更有合理的阐释。她一脚踏上创业路，选定的行业就极具男性化——搞工程建筑，换句话说，就是当包工头，给农村百姓家建房子。在这个行当里赚钱，实在不容易，有人暗算她是女人，故意找茬刁难，想少付工钱。曹玉香心里清楚原因，但从不动怒，而是带着工人一次次整改，直到雇主满意为止。渐渐地，她的建筑队靠信誉赢得名气，当地找她盖房子的人越来越多，建筑队也扩充到四五十人。

1992年，曹玉香毅然解散建筑队，改行做水果批发生意。这一次，她又凭着吃苦耐劳，讲究信誉的坚韧性格，很快在新宾的水果市场站稳脚跟。曹玉香富了，可她没有忘记当年的自己——那个买不起书包，交不起学费的贫穷女孩，在她心里留下难以磨灭的影像。因为记忆，因为亲身经历，曹玉香总是热情帮助周围的弱势群体。农民、下岗职工想卖水果没本钱，曹玉香二话不说，先赊销给他们。有的小贩经验不足，销售情况不好，曹玉香只收回本钱，甚至替人赔钱。曹玉香卖水果期间，新宾县个体协会曾给她做过统计：帮助70多户下岗职工和贫困农民经营水果生意，赊销水果200多万斤，义务购进水果60多万斤。

骨子里不甘平庸的曹玉香，致富路越走越顺畅，视野也越来越宽，2002年6月，她再次将目光从做得红红火火的水果生意挪开，凝聚在中草药种植上。曹玉香发展中草药种植的地方，位于抚顺县救兵乡山龙村小桥子组，屯子里共40多户村民，日子窘困，且思想保守。起初，他们对曹玉香的到来，持一种观望、甚至等着看笑话的态度。然而，随着时间的推移，村民被曹玉香身上散发出的那股劲头征服了，与曹玉香相处得非常亲近。曹玉香也乐于带着村民，一起发展中草药，把自己掌握的相关知识传授给大家，手携手致富。

彼时，曹玉香在小桥子组开发的“千亩绿色中草药园”，实际上是一片荒草甸子。为了尽快开垦出来，她带领十几名工人，起早贪黑地奋战，一个多月下来，体重锐减20多斤。荒甸子开垦了，中草药也该种的种，该栽的栽，一大片平整的土地呈现在人们的眼里。可曹玉香的心还在嗓子眼提着——中草药种植方面的知识，于她来说几乎为零。为了干好这件事，她拿出当年搞建筑、卖水果的钻劲儿，白天和工人一起在地里劳动，晚上躺在简易工棚里熬夜看书、记笔记。用她爱人的话说，简直到了痴迷的程度，几年中光中药材养殖方面的笔记就记了17大本。后来，她还学会利用网络，查找资料，建立网络信息化营销模式，学习法律法规及国家的农业政策等等。

锲而不舍的坚持，总有丰厚回报。曹玉香很快在中草药种植业获得成功。但她赚钱并不为钱蒙了眼，依然故我地讲诚信、守承诺，毫无保留地将自己积累的实践经验传授给有意进入这一行的人。

2003 年，曹玉香与河北的一个客户签订了 5 吨龙胆草合同，两天后，另一个客户找上门来，以每公斤提价 6 元的价格，要包销曹玉香的龙胆草。曹玉香断然拒绝了，做生意多年，她最看重的就是信守承诺，这也是她一再改行，却能在每一个涉猎的行当里占有一席之地的根本。做生意，其实就是做人。这道理，曹玉香早已参悟透彻。

种植中草药辛苦，赚钱也快，几万元，十几万元，甚至几十万元的丰厚利润，动了许多乡亲的心，纷纷来找曹玉香，向她咨询、请教。曹玉香也把自己的药园当成课堂、免费培训基地，凡来取经的人，一律悉心传教。在药园干活的工人，也学到一身种植技术，离开后自己也干起中草药种植。关于这一点，也有人做过粗略统计，结果显示，100 多农民工直接受益曹玉香的药园，现今拥有近千亩中草药种植面积的李强、于波，便是其中较为突出的两位。

曹玉香的名声响在外，家乡父老也知悉她的事业兴旺，都想跟着她走上致富路。2004 年，新宾头道沟的村民怀着激动的心情，盼来了曹玉香。那天，曹玉香给他们讲了一堂如何种植细辛的课。从此，33 户村民都在曹玉香的指导下种起了细辛，数年过后，小小的头道沟村创造了惊人的财富——11 户村民家的存款过百万元，9 户村民的存款超过 50 万元，13 户村民存款过 10 万元！十里八村药农的中草药产品滞销，第一个想到曹玉香，谁家播种时缺少中草药种子，第一时间求助的，还是曹玉香……

花开一朵，预示着春消息，满园灿烂，才香飘千里。曹玉香就像开在河谷、沟渠边的一朵貌不惊人的花，但她却将一袭暗香传递释放，泽被周围的生命。在她心中，那些孤独流浪的孩子、孤寡老人、困难家庭，哪一个都是柔弱的生命，有她幼时的影子，当她有能力的时候，她要尽力让他们的脸上绽放笑容。那笑容是这世界上最美的花。

洪　荒

都已年过半百，犹有大爱情怀，危险来临敢舍命；洪水冲垮家园，你却格外挺拔，贫弱面前肯伸手。彼此并非同性，爱心连成一家。勇哉，普通的庄稼汉！美哉，平凡的退休工！

——献给李荣林的颁奖词

这个世界上，越寻常的事物，越蕴含深刻的哲理；越卑微的个体，在某一时刻越能爆发惊人的能量。满目沙砾，筑起大厦千顷。青草遍野，刀割火烧，蚁畜啃噬，却能织成无边绿原。茫茫天地，惟寻常而玄妙，惟卑微而奇崛。这宿命似的道理，隐藏在我们所认识，或尚未认识到的种种发生里头，等着我们清醒、参悟。

其实说到底，低贱才是丰富世界的组成。低贱对生存环境没有过多奢求，没有贪婪之心，能够在贫瘠中顽强地活下来，即使受到最严酷的摧残，也能尽快地复原如初。低贱，是高贵的另一种注解。

李荣林那天是坐在担架上，被十多个乡亲抬着，躲避着滚滚浊流，翻山越岭，徒步到几十里外的镇子里，再由救护车转运到市医院的——他躺不下，他的肋骨五根折断，腰椎横突骨折断，脾挫裂。

2010 年 7 月 31 日，李荣林在洪水中救下数十位村民，被洪水冲出八十多米远，随水翻滚的木材、电线杆子等重物，砸得他身受重伤。李荣林的事情，感动了乡村，感动了城市，因而，2010 年，抚顺将一座城市的最高奖赏——“百姓雷锋”殊荣授予他。

洪水来临之前，村干部已有相应准备，譬如挨家挨户通知，带上必要的东西撤退到安全地带。可惜乡亲们不大在意，多数人都以为雨季眼看过去，这场雨只是老天爷在发余威。的确，这个位于新宾满族自治县上夹河镇南部，名叫吕家的村庄，从未发生大的洪荒旱灾，即使年景不好，也不影响人们的正常生活。但这一次，灾难真的来了。

7 月 30 日夜里，新一轮强降雨笼罩着新宾满族自治县境内。雨越下越大，村支书吴景刚通过广播喇叭喊话，号召党员和村民到西坝去护堤。正在自家房后察看水情的李荣林，回家拎把铁锹和尼龙袋子，朝抢险地点走去。李荣林和大家顶风冒雨干了两个多小时，加固好大坝，已经是 31 日凌晨 5 点多。这时，东坝的一条小河漫堤，洪水流进街里。村支书又领着大家去堵水，考虑到李荣林身体不好，让他回家歇息一会。

清晨 6 点钟，雨仍在继续，且雨势渐大。李荣林披上塑料布，再次走出家门。刚走不远，他猛然发现，乌黑的洪水已经冲进村头，正向村子扑来。“不好!”李荣林大叫一声，扔掉塑料布，朝着在西坝上值班两位村民高喊：“快走，水头来了!”自己则转身通知蒙在鼓里的村民。李荣林边跑边喊，他经过的那一路上，一共十一家，三十多人听到他的通知，迅速撤离到安全地带。

与洪流争夺时间，想尽快多通知些乡亲的李荣林，跑到自家房后才猛然想起，老伴儿、孙女、儿媳还都在家里。他赶忙拽开家门，带着家人往外撤。等他跨出家门，洪水已经追着他的脚步到来，且围堵了邻居关家的媳妇和孙女。李荣林见状，把怀里的孙女塞给老伴儿，说了声：“我去把她俩拽出来。”

街对面开商店的赵久海也冲过去拉洪水中的关家媳妇娘俩，却被泥石流击倒在水里。李荣林目睹这电光火石间的事情，捡起一根木头，奋力拦住后面涌来的一大片树木，关家媳妇和女儿、赵久海趁机被随后赶来的乡亲救起。大家刚松一口气，却见李荣林被巨浪打倒，在水中浮沉，紧张的心又提到嗓子眼，一齐大声喊他。李荣林没有慌乱，他几经挣扎，终于爬到一堵墙边，站起身，往墙里跳去。然而，在他双脚落地的瞬间，院里的情景让他惊呆了：一对老两口哆哆嗦嗦地躲在屋子里，洪水却蜂拥到台阶上。

李荣林正琢磨着怎么救出老两口，只听西边轰隆隆巨响，一片房子倒塌在洪水之中。这时，他看见村支书带着两个村民跑过来，急忙喊：“别往前走！老吴，你找根绳子来!”村支书找来绳子，和李荣林一起，把老两口救出去。李荣林脱险的时候，已经浑身多处硬伤。因为来不及转移自家的东西，但凡值钱的财物全部被洪水一卷而空……

于灾难中挺身而出的人，大多不是偶然，若细细追究，平日里他们就做了许多他人没做的善事。譬如李荣林，他曾经担任吕家村主任。在任几年，他的古道热肠是村民公认的。谁家夫妻吵架，邻居之间产生矛盾，他去调解；谁家上致富项目缺资金，他到处给张罗钱，甚至替人支付贷款利息；国家开展“新农合”，村里人一时接受不了新事物，他走家串户宣传政策，保证了全村“参合率”达到94%；村里的一个自然屯安装自来水付不出工程款，他趁老伴儿不在家，把家里的十头猪卖掉垫付工程款…

洪水来临前夕，李荣林筹措8万元资金，买下自家附近的十间房子，谋划着发展养殖业和秸秆烧炭项目。没想到，洪水来时，悉数席卷，遗为一片废墟。而就在头一天，李荣林本打算去镇里给房子上保险，结果因在村里加固河堤给耽误了。

李荣林家有碾米房，当村主任以后，他疏于管理，硬逼着在沈阳打工的大儿子回家替他干。大儿子会做钢构彩板，又懂电工，在沈阳每月挣三四千块钱。可他的碾米房总是白给乡亲们碾米，根本赚不了什么钱。直到他卸任，才放大儿子出去。2010年“7·31”洪水后，碾米房只剩下一根电缆。住在医院的李荣林听说自家的碾米房毁了，乡亲们碾米得去三里地之外的村子，就对儿子说：“咱家的碾米房得赶快建起来。”

儿子说：“只剩一根电缆了，拿啥建啊？”

李荣林说：“借钱也得建，不然村里人没地方碾米。”

……

善，绝非一朝一夕的迸发，而是一点一滴的蓄积。善不势力，富贵的人拥有善，他就成了森林中的一棵大树；贫穷的人拥有善，他就是一粒土中的金子。李荣林是个卑微的人，像草，像沙砾，但他的善举善念，给他的生命镀上一层金色。

淑德人生十年路

她是最结实的拐杖，扶着她就不会摔倒；她是最可口的饭菜，闻着她就有家的味道。19 位养员的亲人，一个特殊家庭的家长。孝心无关血缘，亲情随爱滋长。她是挂在满乡的上弦月，牵挂着摇摇欲坠的夕阳。

——献给王淑环的颁奖词

年轻时，关峰因风湿病丧失劳动能力，被人送到乡敬老院。在乡村，住进敬老院的人，多个人遭际不幸，或残疾，或智障，或孑然一身，孤苦伶仃。关峰若不是无父无母，断不会走此一招。但命运对关峰的摧残尚未结束，在敬老院，他居然连续三年三场大病，每一次都与死神擦肩而过。把他从鬼门关拉回来的人，是被他称为姐姐的乡敬老院长王淑环。

关峰第一次发病，在 2009 年的一天，当时夜深人静，偏居一隅的敬老院笼罩在沉沉的黑暗中，养员和管理人员都深睡梦中。凌晨 2 点钟，关峰突然胃渗血，并很快呈昏迷状态。王淑环惊闻变故，慌忙招来小儿子，连夜开车送关峰去市中心医院……关峰苏醒过来时，已经躺在病床上。当他看着王淑环里里外外忙着和医生、护士沟通，顿时心头一热。那一次，关峰住了近半个月的医院，王淑环四处筹钱，乡里医院两头兼顾，终于让他康复。2010 年，关峰再次夜里胃穿孔，事发突然，王淑环不敢稍有耽搁，赶紧将他送到县医院手术。那一次，关峰住了 23 天医院。2011 年 4 月，关峰的风湿病加重，手脚关节变形，行动困难。王淑环见状，心中不忍，想他人到中年，今后还有很长的路要走，这么下去，活得太痛苦。于是，王淑环到处寻医问药，最终在山东某风湿病研究所邮购“祛痹通络汤”，让关峰服用。还买来一副不锈钢拐杖，给关峰行走提供依靠。在王淑环的关爱下，经过几个月的调养，关峰逐渐恢复健康。到 2011 年 10 月份，关峰已经能拄着单拐，坐在院子里晒太阳，喜滋滋地扒苞米。在他心里，这丰收的秋天，何尝不是他的一次重生。而给予他新生活的人，就是姐姐王淑环。

乡敬老院的养员中，还有一个来历不明的老人，也被王淑环收留了。当年，老人流浪到北四平乡杨树村时，穿着一身旧军装，说不清自己的姓名身世。村里见他可怜，将他送到敬老院。王淑环没嫌他是“编外人员”，增加额外的麻烦。对待他和敬老院的养员一样，碗前碗后地伺候。直到有一天，老人说话了——竟然说的是朝鲜语，但只说自己姓金，其他的一概模糊。老人在敬老院一住好几年，去世时，王淑环一手张罗，为他发丧。

新宾北四平乡敬老院院长王淑环，一个土生土长的中年妇女，她熟稔家乡的山山水水，男女老少。原本，她和丈夫一道持家劳作，种地、养猪、办小酒厂，过着平淡的日子。但 2001 年，因乡敬老院缺一位院长，乡领导选来选去，挑中了王淑环，从此，她的主要精力由家庭转向事业。

乡里那么多的人，为什么单单选中王淑环呢？皆因她赡养老人赢得乡里的尊敬。王淑环一直赡养着叔公和婆婆。多年中，王淑环尽心尽力地照顾两位老人，平时做好吃的，生病时，借钱也要看病。有一次，叔公病了，王淑环急忙带着老人去县医院就诊。医院怀疑老人患了肠梗堵，不敢收治。王淑环立即要打车去市里。医院好意劝告说，老人年岁大，去市里能不能下手术台都不好说，你可想明白啊。叔公也说，侄媳妇，你的情我领了，钱咱就别花了，回家吧。王淑环说：“爸，哪怕有一点希望我也给你治!”这一声发自肺腑的“爸”，让叔公泪花闪闪。

两位老人在王淑环的照料下，安享晚年，直到相继离世。而王淑环的善良也给乡亲们留下深刻的印象。正因此，乡领导决定请她担起乡敬老院的担子。

但是，乡敬老院的现状极其令人忧虑——坐落于距乡政府 3 公里远的山脚下，19 个养员羸弱不堪，衣食住行，吃喝拉撒，全靠三个工作人员拳打脚踢。而三个工作人员分别是卫生员、厨师和院长。最急缺的是经费。当时，每个养员的养老费都由所在村提供，可村子里经济不富裕，常常拖欠。当院长的就要挨个村子跑，磨嘴皮子，跟讨债一样难。说穿了，其实就是份苦差。在这种情况下，王淑环走马上任了。

到敬老院的第一天，王淑环就对眼巴巴看着她的养员说：“从今往后，咱就是一家人了，大家放心，我一定把你们照顾好。”

言出必行这句话，王淑环或许说不上来，但她的行动却是最有力的证明。自打当上院长以后，家里的事情基本指望不上她，不仅如此，她还拽上老伴、儿子，给敬老院当义工，重活累活，棘手难缠的事，全都得干。在县电站工作的小儿子为方便通勤，自己买台车，眨眼就成了敬老院的“公车”，养员生病，叫小儿子出车，采买东西，还吩咐小儿子出车。王淑环自己也清闲不了，村里付不起抚养费，她得设法借钱，自己的 240 块钱工资领到手，马上用到敬老院的柴米油盐上。10 年里，王淑环东挪西借，仅为养员治病就垫付了 16000 元。

“敬老院不能靠讨钱过日子，一定要自己创收!”王淑环不想再为钱犯难，下决定办好敬老院的产业，自己挣钱养活自己，提高生活水平。她带领有劳动能力的养员，开垦出 13 亩水田，4 亩多的菜地，近 4 亩旱田，种植水稻、玉米和蔬菜，实现自给自足。同时，还饲养鸡、猪，让养员们吃上自己养殖的鸡蛋、猪肉，提高养员的生活待遇。

2010 年夏末，连续暴雨袭击新宾，乡镇村屯陷入一片汪洋。王淑环不敢大意，发给每个养员必要的东西，准备撤离。7 月 30 日下午，又一场降雨铺天而来，发疯般冲进敬老院。情势危急，王淑环临危不乱，冷静有序地组织养员撤到指定的安全地点。在洪荒期间，王淑环累得瘦了一圈，养员们却得到很好的安置，没有一人生病。

2011 年初，县民政部门出于多种考虑，有意将北四平乡敬老院与附近一家条件更好的敬老院合并。听到这一消息，王淑环长舒一口气，觉得压在肩上十年的担子，终于可以放下，自己可以过几天安稳日子了。谁知，养员们心里搁不下了，天天愁眉苦脸，围在王淑环身边。王淑环心软了，她忽然明白，其实这些年里，自己和养员们朝夕相处，早已分不开。倘若自己回了家，真的能将十年相处的感情全部抛下吗？于是，王淑环安稳养员说：“放心，我不走，我一直陪着你们！”

后来的事情，可谓皆大欢喜——敬老院没有合并，王淑环仍旧和她的养员们在一起。这对于她和她的“亲人”都不啻为好事。而更好的事情，还在于她获得了2011年度的抚顺“百姓雷锋”。去市里领奖的那一天，养员们把王淑环送出大门口。王淑环上了车，回望着为之勤苦十年的敬老院，她知道，自己的头发已经白了。但只要这里需要她，她就会一直在。

春泉润开花万朵

他不是流淌而去的河流，他是留恋大山的清泉。以一溪之水，为两岸润泽，给贫弱者以关怀，为苦寒人送温暖。他的身影很小，只有庄稼人拇指那么大，说起他的名字，人们就会竖起它。

——献给刘春泉的颁奖词

福耀集团总裁曹德旺在他那幢豪宅的门口，放了一只奇特的貔貅。说奇特，盖因这只貔貅有屁股眼儿——在公众的认知经验中，貔貅主聚财，而且只吃不吐。曹德旺偏偏反其道而行，他说，吃而不吐，岂不胀死。细想，曹德旺的观点是正确的，人，或动物，甚或神物，都需要进食，每日数食却不排泄，违反生理系统规律，那不损害了器官，导致身体机能下降，最终闹出性命之忧来。所以，曹德旺富可敌城，却不吝啬，像葛朗台那样守着钱财，不辨晨昏地活。他也不像那些地产大佬们，今天婚变，明天造虚假信息忽悠全国百姓倾尽毕生心血买高价房。他对员工，对身边人，对社会，认认真真扮演着自己的角色，该怎样做，就怎样做，不虚伪，不漂浮，他给你的，是一种稳定踏实的信任感。

以泱泱中华之大，大小地产商群魔乱舞，倒也算时代一景。类似曹德旺的实业家也大有人在，譬如陈光标，再譬如刘春泉。虽然，把刘春泉划入著名实业家序列，难免高攀之嫌，但财富的拥有总量和输出的意义大致还是不差的。好比一个人有 100 块钱，分出 10 元给别人，和一个人有 10 块钱，分给别人 1 块钱的比率一样。

刘春泉是清原满族自治县敖家堡乡大东沟铁矿的副矿长，15 年来，他一面创业赚钱，一面忙着把赚来的钱再分配——给贫困学生、孤寡老人、回头浪子，给村庄架桥铺路，修堤治河。15 年来，刘春泉为家乡做的事情，一如他的名字，像春天的泉水般明澈，滋润了流经之处的每一个生命。

刘春泉两岁丧母，家境贫寒，被迫早早失学。这也成为他一辈子的憾事。然而，也正因此，刘春泉在具备了一定能力之后，对那些念不起书的穷孩子格外关照——每年“六一”儿童节，他再怎么忙也要放下俗事，到敖家堡小学看望 10 至 20 名贫困学生，每次送去的物品不低于 2000 元。家住敖家堡乡梳龙背村的王泽香和王泽宇姐弟，从小学一年级起，学习的费用和吃穿就由刘春泉全包。姐弟俩考入清原二高后，每年万余元的学杂费仍是刘春泉承担。敖家堡乡的孩子郭思宇，患再生障碍性贫血，刘春泉两次捐款 8000 元，同时主动用工资担保，给小郭思宇协调贷款 5 万元，用于手术治疗。县高中学生郑媛患红斑狼疮，刘春泉特请一位老中医为她诊治，并承担全部医疗费，还为她买了笔记本电脑，让她在家自学……据统计，刘春泉先后资助近 20 个孩子读完初中、高中和大学。

自幼家贫的刘春泉，忘不了村里人的恩情。当年，刘春泉没少吃村里大妈大婶的饭，尤其妹妹，靠吃村里几位大婶的奶水活下来。那时情景，刘春泉每次回想都历历在目，所以他要尽己之力报答乡亲。

2005 年，“8・13”洪灾，冲毁了村屯的 3 座桥涵和 5000 延长米路面，阻断了内外交通。刘春泉安排自家的挖掘机、铲车、翻斗车，一起上阵，直到村路恢复交通；大东沟村一户村民的房屋被洪水夷为平地，愁眉不展之际，刘春泉助他重建新房；敖家堡村修复水毁道路，也是他开着自家大型机械出义工；为了不耽误孩子们上学，刘春泉带着铁矿工人和自家机械在校园忙了好几天，清除淤泥杂物。那一年，刘春泉出动自己机械设备50多个台班，耗资6万多元。

2007年初春，辽东山区突降百年不遇的暴风雪，敖家堡乡所有公路和街巷全部被封堵。刘春泉带着铲车，连续作业144小时，打通了道路。春耕季节，大东沟村300多亩水田出现供水困难，又是刘春泉开动机械，修筑了1000多延长米的水渠和堤坝，让村民及时插上秧。

2010年7月13日，辽东山区再遭暴风雨袭击，刘春泉工作的东立矿业集团紧急下达人员撤离通知。矿里所有人员短时间内全部走光，唯有刘春泉开动挖掘机，冒死挖挡水围堰。其时，洪水夹带山石，野兽般从山上冲下来，灌进驾驶室，车门被砸变形，但刘春泉坚持不走，硬是在暴雨洪流中开拓出泄洪通道，筑起一条围堰。而刘春泉这样的不惜性命，就为了本不属于他私人财产的八千多吨铁精粉。

铁矿遭遇洪水的时候，敖家堡各村屯也损失惨重。面对水后的狼藉，刘春泉再一次发挥机械的作用，耗资3万多元，帮助村民修复河堤农田。转年春天，敖家堡乡开始大规模环境整治，村容村貌大变样。村民们高兴之余，闲聊时提议，如能把河水引进边沟，生活上方便多了。刘春泉闻讯，调动铲车、钩机，拓出一条引水渠，流经村民的家门口，为村民实现心愿，也为村庄增添了一道小桥流水的风景。

在刘春泉所有助人的事迹中，有一件很特别——2011年3月19日晚，敖家堡一家饭店的老板张延河，开着“四不像”去给妻弟送车。谁知，走到半路的一座桥上，左前轮突然被坑颠了一下，张延河来不及刹车，一头撞断桥栏杆，栽下桥去。几分钟后，刘春泉路过出事地点，隐隐约约听到有人喊救命。他立即停下车，拿着手电筒在桥下搜寻，结果发现侧翻的“四不像”，而张延河被压在车下，勉强将头露出水面。刘春泉急忙和闻讯赶来的村民一起，趟着早春冰凉的河水，救起张延河，自己开车把他送到县医院，并替他交了5000元住院押金。那一次车祸，张延河右臂、左腿和右胯大面积粉碎性骨折，紧急抢救后，张延河转院沈阳201，做了大手术。由于抢救及时，张延河没留下任何后遗症。张延河出院后，刘春泉前往他家探望。张延河夫妻感激万分，再三表示，等病好了，杀猪宰羊谢恩人。

15年中，刘春泉福泽乡里的事情不胜枚举，乡亲、政府和社会也为他所感动。2011年，刘春泉被评为“抚顺市和谐使者”。在和谐使者表彰大会上，他当场捐款5000元，买了上千元水果和“心中有爱”工作站的志愿者去看望养老院的老人。同一年度，刘春泉还被评选为抚顺“百姓雷锋”。这一至高荣誉的获得，极大地鼓励了刘春泉，表彰大会结束后，他返乡做的第一件事，就是成立了“清泉爱心团队”和“爱心团队网站”。现在，这个爱心团队已发展到30多人，刘春泉带领着这些队员，奔走乡间，泽被百姓。爱心团队每到一处，就撒下一片阳光，我们相信，这阳光一定会越来越灿烂，越来越明亮。

百花开放香满园

穷独善，达兼济，辛勤耕耘不为一己私利，心有春风吹开百花芬芳。朴实如村头树，厚道似山顶石，见有难必相助，爱及乡邻，情达庄户。最小的芝麻官，最好的驾辕马，领着百姓往前走，小康路连着山沟沟。

——献给刘启超的颁奖词

中国文化灌输人民最深刻、厚朴的一个道理，就是“感恩”。儿女思父母养育之恩，学生思老师教诲之恩，行伍士大夫常思报效国家之恩，游子腾达不忘乡里鱼水之恩，等等。由此造就的词语，或动人心扉，或慷慨激昂，被我们挂在嘴边的，则是“受人滴水之恩，当以涌泉相报”。这其实阐明了“恩”的三种境界——受恩，感恩，报恩。唯其如此，才符合中国人的道德伦理观念。反之，若受恩者剃头挑子一头热，人家帮你时坦然领受，你脱离苦海那天，却将从前忘得一干二净，则要遭人人唾弃了，会被戳着脊梁，骂上一句狼心狗肺的东西。

所以，上至富贾达官，下至市井百姓，都将这“恩情”两字看得极重。因为你做得好与不好，牵涉到品质问题。一个人一旦品质经不住推敲，只有挨孤立的份儿。一个人活到孤立的份儿上，那可是房巴开门，灶坑打井了。

刘启超24岁那一年，经历了生意上的惨败——因木材跌价，他一夜之间赔进去8万元！这8万块，是他买液化气罐、自制酱油、贩卖木材一点一点积累的，眨眼间化为乌有，他疼得吸气。危难时候，百花村的乡亲帮了他——20位村民每人给他担保贷款5000元，助他重返诡异的木材市场。一年后，刘启超东山再起。这时，他心中最感激的，是喝一条河水的父老乡亲。

2001年，刘启超揣着10万块回归家乡，办起木材加工厂。

这木材加工厂，是刘启超再次创业的起点，也是他回馈乡亲之恩的途径。期间，他送出去多少板材，少收多少加工费，他已然记不清。尤其对那些残疾、贫困的乡亲，他从来分文不取。70岁的村民高士学，领着弱智儿子靠低保生活。政府为弱势群体改造危房时，高士学到刘启超的加工厂加工板材，刘启超一分钱没收。占贝村的残疾人于长贵，建房加工板材时，刘启超一样无偿加工。刘启超说：“老人的钱，残疾人的钱，能忍心收吗？别说来加工，就是给他点都应该。”

刘启超就这样与乡亲相互依存着，晃眼度过九年时间。2010年3月28日，抚顺县第十届村委会换届选举，34岁的刘启超高票当选村主任。村民们相信，“小超”会带领他们致富，给他们办好事，办实事。

对于乡亲的信任和期待，刘启超唯有弯下腰，担起担子，再苦再累也要往前走。

刘启超上任的第一天，就向乡亲郑重承诺：三年之内，免收水费和有线电视费。这两项费用，减轻了乡亲不少负担，引来一片欢呼。但刘启超没乐起来。土生土长的他知道，村里人的主要收入，靠种地和打零工，多数人家过着“春贷秋还”的日子。因此，他想得更多的，是给乡亲找到一条致富的路子。经过多次外出考察，刘启超发现，黑木耳是市场的紧俏货。于是，他决定利用本地的气候和资源优势，发展单片黑木耳种植。之后，刘启超自掏腰包，拿出10万多元，10多次北上吉林、黑龙江进行调查。4个月的时间里，刘启超多方筹集资金，引进菌

代黑木耳生产项目，调整土地100亩，建立种植基地，成立菌包厂与合作社，发展社员43人。到2010年底，百花村共生产黑木耳150吨，合作社成员人均增收2万元。黑木耳种植的成功，高涨了村民发展项目走致富路的热情。刘启超趁热打铁，再次个人出资30000元，租用500亩土地，然后投资5万元购买了锅炉，免费为村民蒸菌种。如今，百花村发展陆地香菇60棚，每棚可为村民增收2万~3万元。

把村民领上致富路，且越走越远，越走越宽。这时候，刘启超又惦念着，怎样安置村里的残疾人，改善他们的生存条件，让他们有尊严的生活。刘启超经过反复思考，在菌包厂建立了残疾人就业基地，把30多名残疾人安排到那里参加劳动。李志、解围志、池德财，都有语言障碍，从小到大没出过村，也极少有与人接触的机会，自从到残疾人基地以后，他们头顶的天空大了，视线远了，呼吸顺畅了，个个心里高兴，尽心尽力地干活，每月领到3000多元的工资。

石棚子村的何玉斌，身患股骨头坏死。他自己哀叹说，是个连钱掉了都捡不起来的人。又因看病、娶儿媳等事情，家里债台高筑。偏偏儿子与媳妇又离了婚，把小孙子丢给何玉斌老两口抚养。成立残疾人就业基地之后，刘启超召来何玉斌，使他有了每月1000多元的工资，改善了家境。对那些不能到基地上班的残疾人，刘启超给每户赠送4000段木耳菌，让他们自行种植，村里包销。仅这一项的成本，就价值18万元。无法就业的弱者，刘启超也给予特殊照顾，保证他们维持正常生活。

就在百花村民忙于生产发展时，刘启超已经开始着手村里的公益事业。他带领村干部，把全村1000多延长米的大小道路全部铺设柏油，路灯、自来水都重新安装，供村民使用。刘启超也兑现了当初的承诺。

在乡亲眼里算是成功人士的刘启超，心中有一个深深的遗憾——自己年幼丧父，家贫如洗，没有条件多读书。因为这深藏的遗憾，刘启超对乡里的贫困家庭的孩子上学问题格外关心。自2010年起，他拿出4万多元救助全乡中小学的15名贫困孩子和残疾人子女，帮助他们继续学业，奔个好前程，有朝一日回报社会。

而今的百花村，可谓百花开放，香满田园。曾经的贫困落后景象，已经一去不返。刘启超的回报也有了回报——2011 年，他荣获抚顺“百姓雷锋”称号。

刘启超还在路上，领着乡亲往前走。在我们这个匆忙浮躁到忽略了原初的朴素情感的世界，刘启超的故事还在继续，也可以说，他领着的，不仅是乡亲，还有我们。

第七章

悬壶只为济世心

医生的神奇，在于防患于未然，身染沉疴时妙手回春，命悬一线时竭力挽回。还说，人这一辈子，有三不瞒背，一父母，二夫妻，三大夫。身体发肤，受之父母，自然不用遮遮掩掩的。夫妻间情深意重，行鱼水之欢，也不用互相隐瞒羞涩。至于大夫，这是助你解脱病痛折磨，救你性命的人，就算你赤裸无余，又有何妨？总归他从死神手里把你抢回来，让你看天看地看太阳，给你造了多大的福祉！

做医生的，手狠。刀子剪子钩子，大大小小，奇形怪状的金属器械，常人瞄一眼都发抖，医生却整日里操着这些东西，在人身体里修挖剪切不皱眉头。做医生的，心软。若不仁爱，不舞动这些东西，我们的病痛如何消除，我们的命从何处失而复得？

伊怀城、张旭红、张凤蔚……6 个人当中，有中医，有西医，有中西医结合，他们年复一年奔走于患者之间，治病救人，不辞劳苦。他们在为你，为我，为天下人祈祷健康。

大医精诚德为先

人如其名，你的怀抱中充满着赤诚。这赤诚是你精神的给养，是你人生的方向。风风雨雨十几年，你用这份赤诚，让白衣天使的名誉不沾染一丝污点。妙手仁心，医德高尚，你虽然不能创造春天，却能把真情化作一缕春风，为患者扫去阴霾。

——献给伊怀诚的颁奖词

中国的医学典籍，可谓浩繁。从《黄帝内经》、《金匮要略》，到《针灸甲乙经》、《温热论》，再到《本草纲目》、《五十二病》、《幼幼新书》，医经、医论、本草、医方、医案、医话等等无所不包。可以说，中医典籍是中国自然科学遗产中保存得最完整的一部分。而这些典籍得以传世，全赖那些心念苍生的医学家，像张仲景、李时珍，以及整理收集历朝历代医学之大成的无名作者们。

医者仁心，悬壶济世。

做医生的，必先怀仁爱之心，精诚大德，尔后施展技艺，妙手回春。

或许机缘巧合，或许冥冥中自有定数，伊怀诚当年告别村庄，走进抚顺市第三医院软伤科，就将一片赤诚奉给患者，从此一守二十多个春秋。

伊怀诚行医，有其独特的细处，譬如，冬天时候，他总是先把手、听诊器捂热，再接触病人；问询病情，从来和颜悦色，礼貌谦逊。当了科主任以后，伊怀诚常告诫同事，要放低姿态，充满尊重患者，建立和谐真诚的医患关系。伊怀诚是这样说的，也是这样做的，从医多年，他做过上千例手术，对每一个患者都一视同仁，以诚相待。至于丧失信心的患者，他更加关怀备至，细致解释，耐心回答，于沟通交流中舒缓患者紧张的情绪，恢复自信。他喜欢和患者像朋友那样相处，有的时候，患者不经意的一句哪里不舒服，伊怀诚马上细细盘问，免费给患者针灸、拔火罐，祛风散寒。这种不在治疗范围内的事情，伊怀诚不知做了多少，他的观念是，这些动动手就能帮人的事，对医院和个人没有损害，何乐而不为呢。

正是这些“小事”，做得多了，才使许多人记住了他。名声就是这样，不管好歹，一传十，十传百，不要多久，天下皆知。伊怀诚待患者和善，患者信任他，自己病好出院，亲戚朋友有恙，又推荐找伊怀诚看病。更有甚者，有的患者还请伊怀诚帮女儿找份工作。伊怀诚果真当回事儿，四处托人，结果那女孩子如愿以偿。

古道热肠，有求必应。在很多患者眼里，伊怀诚不只是救人苦厄的医生，更像心念凡世的菩萨。行医二十多年，伊怀诚始终谨守医德，不受红包，拒绝吃请。但只要是他的病人，一定尽自己最大努力，让患者早日脱离痛苦的折磨。

2001年初冬，伊怀诚收治了一个骑破拖车不慎摔倒的男性患者。当时，患者右股骨踝开放性粉碎性骨折，必须手术治疗。术前，患者家属按照"潜规则"，悄悄塞钱给伊怀诚，希望他格外关照。伊怀诚把钱挡了回去，说，救死扶伤是医生的职责，你给不给钱，我都一样地做手术。可患者家属心里不托底，趁伊怀诚进入手术室的时候，再一次迅速而坚决地把钱塞进他的衣兜。伊怀诚本欲二次退钱，但回头时，见家属一脸恳求、焦急，什么也没说，关上门，进入手术状态。

那一天的手术非常成功，伊怀诚步履轻松地回到办公室，喊来患者家属，掏出钱，如数交还。他说，其实不是所有的医生都要给红包。当医生的给患者治病，是职业分内的事，如果不好好给治病，那就丧失了医生的基本素养。患者家属听得动情，诚心诚意要请他吃顿饭，聊表谢意。伊怀诚仍然摇摇头，说，心意我领了，请吃饭就不必了，省下钱给患者买点补品吧。

一位年近七旬的老大爷，每月仅400元收入。那一年老伴生病住进第三医院软伤科，按病情需要做手术。大爷心怀忧虑，包了个红包，不由分说塞给伊怀诚。伊怀诚双手推回："大爷，您老放心，大娘的病，我一定尽力。您辛辛苦苦攒点钱不容易，我分文不能要！"

大爷望着伊怀诚，目光与目光相视，彼此流露着真诚。最后，伊怀诚把钱塞回大爷的兜里，叮嘱他说："这钱您揣好，给大娘买点补品。"

大爷泪花闪烁。

大娘在伊怀诚的精心治疗下，病愈出院。伊怀诚整天忙于工作，渐渐淡忘了这件事。但三年后的一天，大爷大娘双双出现在他家门口时，伊怀诚惊呆了。

那一天，两位老人挎着一篮子自家产的鸡蛋，几经辗转，徒步找到伊怀诚的家，非要他收下，以表当年的救治之情。人说，见惯了手术刀和伤痛的医生，最不容易动容，但伊怀诚收下二老送来的鸡蛋时，喉头几度哽咽。

第三医院的医生护士都知道，伊怀诚不但不收红包，还时常接济经济困难的患者。哪位患者交不上押金，哪位患者花光了所有钱回不了家，哪位患者倾其所有吃不上饭，这种时候，伊怀诚总会微笑着出现在他们身旁，掏出钱垫付、买车票，邀请患者去家里吃饭……

选择当医生，就等于担起拯救生命的重大责任。早在1993年，第三医院引进治疗腰间盘突出症的新技术。若用行业术语讲，这是一种微创介入手术，治疗效果非常好。但是，这种手术在X线透视下进行，直接损伤医生的身体。伊怀诚在做了多例手术之后，白细胞锐减到4000，并伴有疲乏无力、嗜睡等放射线中毒症状。此时的伊怀诚非常清楚，这对他意味着什么，但每一次看到患者渴望的眼神，他收起对自己的担忧，又一次微笑着走进手术室。

一个优秀的医生，不仅要有仁爱之心，还要有精湛的技术。多年以来，伊怀诚通过自学和进修等方式，医疗技术日臻成熟，具备了一个名医的各种要素——2002年，伊怀诚去北京学习了美国脊椎矫正技术，毕业后，所在学习医院高薪挽留他。但伊怀诚婉言谢绝，不是他不看重钱，也不是他不喜欢北京的工作环境，而是他知道，家乡的医院、病人更需要他。

回到抚顺后，伊怀诚充分用自己所学的先进技术，拯救了许多痛苦的患者，使抚顺三院软伤科成为抚顺的品牌科室。同时，各种荣誉也纷至沓来，而他最看重的，就是2006年获得了抚顺市首届“百姓雷锋”的称号，这称号让他坚定地认为，一个懂得放弃的人，一定会有更大的收获。

缝纫你的精神

女人做护士合乎常理，男人做护士谈何容易。耕耘荒芜的精神家园，你以爱为犁；坚守错乱的精神世界，你从不放弃。没有豪言壮语，20 年的踏实脚步，将责任二字写得充满传奇。

——献给杨轩的颁奖词

夜深了，荒草丛生的山坡上寂静无声，偶尔一声虫鸣，显得格外嘹亮，让人心里发虚。杨轩坐在石头上，守着眼前的人，觉得天地之间，只剩下孤独。杨轩守着的人，躺在担架上一动不动，面色灰白——他已经死去多时，身体僵硬，毫无知觉。就在刚才，杨轩和一位病人把他从医院抬到山上，准备送他去太平间，孰料，太平间的门锁生锈，钥匙拧不开。杨轩便打发病人回去找开锁工具，自己留下来陪伴死者最后一程……

死者既不是杨轩的亲人，也非他的朋友、同事，死者和杨轩，仅限于医生和患者的关系。可死者离开人世的这段时间，恰恰是非亲非故的杨轩给了他最后的尊严。

被评选为 2007 年度抚顺“百姓雷锋”的杨轩，从事的职业实在让人高兴不起来，甚至给人造成压抑感——杨轩的工作单位，抚顺市第五医院，职务：护士。这简历在不熟悉抚顺的外人看来，倒也不错，因为现代的医疗单位属于高收入人群，虽然担着一些责任和风险，但红包、回扣之类的灰色收入足以平衡忐忑心态。问题在于，抚顺第五医院并非综合性医院，它收治的都是特种病人。说白了，就是治疗精神分裂病人的医院。杨轩，就是这所医院的一名神经科护士，负责照顾精神病患者的男护士。

算起来，杨轩在抚顺市第五医院工作 20 多年，于漫长的历史，这 20 年渺小如一滴水，可用它 20 年丈量一个人的生命，就是相当的长度。它可以消耗掉大好青春、成熟的中年，或者让人衰微体弱，行将就木。更能慢慢瓦解一个人的斗志，使勇士变成懦夫，英雄成了废物。对于杨轩来说，这20年，他每天都在干一项性质相同的工作：照顾精神病人。这20年，他从小伙子而为人父，青年而中年，辛辛苦苦地忙碌着在他人看来无前途、无甚意义的事情。观他的事迹，也确实没有职位升迁、加薪晋职称之类的好事，没有这样那样的荣誉、奖章，也没成为什么什么专家、行业权威人士。20年中，他始终是一名护士。

不是杨轩没有进取心，他的工作兢兢业业。不是杨轩不钻研学习，他摸索总结出一套特殊护理和康复的经验。杨轩也不是没有转岗、调转的机会，但他一直坚持了下来，承受了低收入、低职务、社交圈子窄等压力。杨轩淡化了物质追求，强化了精神上的愉悦感觉。他每天穿着白大褂，治疗、看护那些病人，在他们癫狂时约束了他们，帮助他们恢复理智，缓解病情，杨轩内心深处有种成就感，并直接支持了杨轩当护士的决心。

当一个人擦亮另一个人迷茫的眼睛，当一个人唤醒另一个人迷途的灵魂，他就是拯救者。

1987年，青春勃发的杨轩拿着抚顺卫校的毕业证，进入抚顺第五医院从事精神科护理工作。高高兴兴走上工作岗位的杨轩，第一天遇到的事情，就给他兜头一盆冷水——那天，一个病人陷入癫狂状态，大喊大叫，噼里啪啦砸玻璃。杨轩和同事们见状，急忙去阻止。谁知，病人也欺生，笃定杨轩是"新来的"，朝他直冲过去，挥起拳头一顿打。片刻功夫，杨轩鼻青脸肿，头脑眩晕。

那天，杨轩揉着淤血的伤处，心里只有一个念头：赶紧调走！

院领导焉能不看出杨轩的思想波动，和颜悦色劝解："小杨啊，精神病患者发病时失去理智，对自己的行为浑然不觉。但他们也是有血有肉的人，也有人格，需要尊重、理解和爱心。"

院领导的苦口婆心，还有挽留的深意。第五医院病人特殊，工资、福利待遇低，留不住人，像杨轩这样专科毕业生，又是男孩子，一旦走了，院里很舍不得。杨轩望着院领导恳切的眼神，什么也没说。

自此，杨轩留在五院。后来，一起毕业分配到五院的 20 多名男同学，陆续离开了，杨轩却没走。

杨轩留下来，除了做本职工作，还当医院的勤杂工，给精神病人当裁缝，当搓澡工，当运尸工，给女同事当守护神。

病人不愿意服药，杨轩就把药放在病人嘴里，看着他吃下去。有的病人耍滑，假装喝水送药，趁杨轩不备，突然将水吐他一脸，然后哈哈大笑。杨轩不生气，也不吓唬病人，神态温和，设法让病人把药吃下去。院里的照明灯坏了，水管坏了，桌椅板凳坏了，杨轩默默地修理好。病人的衣服撕破了，袜子穿漏了洞，杨轩拿起针线，认认真真缝补好。医院规定病人每周洗一次澡，每逢这一天，杨轩都累得筋酥骨软。精神病人行为不羁，顽劣异常，有时让人哭笑不得。如不爱洗澡的耍小心眼，淋湿头发不洗身子，企图蒙混过关。杨轩发现了，就连哄带骗，盯着他们洗。有的智障严重，自己洗不了，杨轩也不嫌弃，亲自动手给搓澡。洗了澡，还要理发、剪指甲，忙完这一系列的事情，杨轩已经累得浑身虚脱。精神病人虽思维混乱，但也有正常人的情感需求，他们常常拦住女护士，强行求爱。每出现这样的“性侵”，杨轩第一时间冲上去，阻止病人的疯狂。病人恼羞成怒，回敬杨轩的，是拳打脚踢，下口咬。一次，杨轩被踢成轻微脑震荡，一次，杨轩被咬的手臂红肿。而 20 年中，为此事挨病人多少打，杨轩已然记不清。

杨轩无论受病人怎样的折磨，从不厌烦他们，他知道，这些神经脆弱、思想混乱的人，是这世界上最孤独寂寞的人，他们最需要理解和慰藉。他能给精神病人以人道主义的关怀，在他们清醒的时候，做他们的朋友，和他们聊天，同桌吃饭、游戏，就是生命给予生命最真实的爱。为此，他愿意付出所有。

白衣圣女

大爱为患者，真心待病人，用精湛医术抵抗死神，以春风化雨延续生命的白衣天使。

——献给张旭红的颁奖词

世间万物，相生相克，循环往复，阴阳逆转。我们常说，人生一世，草木一秋。其实细细追究，人尚不如草，草木枯了，来年再发，人不管好歹，只这一辈子。因为匆匆，我们总奢望活得长久些，多享几天这凡间的福。可五谷杂粮果腹，岂能岁岁平安康健，时不时的，便有了这样那样的症状。说白了，疾病与生命就是一对宿敌。疾病找上门来，任你官商富贾，市井贱民，男女老幼，一律撂倒在床，终日愁闷。

人缠绵病榻，深恐无望时，才显出医生的重要。

当医生的，必先树医德，然后医术精湛，再救世人于苦厄。

现代社会纷纷扰扰，人心蒙尘，近些年医患矛盾突出，纠纷迭出，每曝光一例，便是一片“可怕”的惊呼声。可这行业问题上升为社会问题，令人忧心的时候，也有一缕缕清风拂面，有神清气朗之感。

抚顺市肿瘤医院放疗二病房主任张旭红，就是当今之世一位难得的良医。她对医术的执着追求和对患者仁慈，已转换成诸多荣誉——省知识型职工、市优秀青年科技工作者、市“十佳”女职工、市五一劳动奖章获得者，市优秀人才，2008 年度抚顺市“百姓雷锋”等等。

1995 年，锦州医学院毕业的张旭红分配到抚顺市肿瘤医院化疗科。科里的老主任很欣赏这个刚出校门的专科毕业生，带她实习的时候，曾告诉她，干咱们这行的，想为患者负责，必须钻研医学知识，攻克肿瘤难题，才能做好我们的工作。有着强烈上进心的张旭红，牢记住老主任的话，将学到的知识与临床结合起来，同时，利用进修、学习、会诊等拓展自己的医学视野，虚心求教，刻苦钻研。后来，张旭红还通过努力，竞聘上二病房主任。

当上主任的张旭红，不仅掌握并熟练应用肿瘤医疗技术，而且为人谦逊温和，因此，慕名前来找她就诊的患者络绎不绝。每次她当班，诊室内外都挤满了人，排队等她诊断看病。张旭红想，只有科室的整体素质和水平全面提高，发挥团队作用，才能尽最大程度地满足患者需求。

于是，张旭红悉心培养，亲自传授，在她的带领下，科里的年轻医生逐渐成长，都能独挑大梁，担当重任。同时，她还牵头组织开展肿瘤科研项目，多年来累积下来，有多项科研成果填补了抚顺市的空白，达到省级领先水平。

心怀宽广博大者，必成大器。张旭红不仅医术高超，具有全局观念，对患者也视如亲人，不端架子，有问必答，只要患者需要，哪怕三更半夜，也要走出家门，赶到患者的病床前。张旭红有自己的主任办公室，但她极少在那里坐着，反而护士站、病房、医生办公室里每天都有她的身影。特别是科里收治的一些孤寡老人，张旭红更加体贴备至，为老人买饭菜，削水果，陪着聊天，甚至哪位老人病重，她就寸步不离地守护，即尽医生之责，又尽子女义务。天长日久的耳鬓厮磨，老人们与张旭红结下真挚的感情，出院以后还常跑去特意看望她。

对那些来自偏远乡村，经济拮据的肿瘤患者，张旭红表现出的，是人道主义的终极关怀——医生对生命的尊重，人与人之间的真情。

曾经，科里收治了一位恶性淋巴瘤患者，他住在农村，家里又穷，因为没钱医治，老婆决定放弃治疗。张旭红知道了情况，心中不忍，带着医护人员反复做家属工作，同时对患者采取针对性治疗，还减免了一部分费用。日日夜夜的努力，终于屈服了病魔，使那位淋巴瘤患者病情好转。办理出院那天，患者老婆眼含热泪，给张旭红深鞠一躬：“张主任，你救了我老伴的命，我谢谢你！”

从医十多年，张旭红凭借自身努力，渐渐在行业内声名鹊起，成为所在医院的主力。但她这些成绩的背后，也有着不为人知的辛酸。张旭红和爱人都是事业型的，两个人整天在外奔波，自然就苦了孩子。孩子上幼儿园，张旭红有时一忙起来，顾不上接，爱人也没空，只好求邻居。寒暑假时，孩子实在求不着人带，干脆一狠心锁在家里。时间久了，张旭红的爱人受不了，责问她，你们单位怎么那么忙，连孩子也不管了？可当爱人看见张旭红科里挂满墙壁的锦旗，听见患者夸奖妻子的话，终于理解和支持张旭红。

世间多痛苦，有一种苦，叫生死离别。这苦，我们每个人都逃不脱，张旭红也一样。2005 年，张旭红的母亲病重。老人只有一个女儿，弥留之际，渴望她守候最后一程。可张旭红却忙着工作，雇人伺候母亲。不久，母亲带着遗憾离世。张旭红跪倒在母亲灵前，流不尽愧疚和思念的泪水……

忘我地工作，忽略了亲情。这几个字浓缩了张旭红的工作历程，她常说，作为医生，工作只有起点，没有终点。用自己掌握的医学知识为更多的肿瘤患者解除病痛，是我一辈子的奋斗目标。为了这个目标，张旭红对科室进行了一系列的规范管理，制定了严格的规章制度。标准和制度的多年照行不误，直接效果是她负责的科室病床利用率平均在 90%，最高时达 110%，科里收到的锦旗和表扬信高居全院之首。

我们身边的每一个人，对我们都是反照，有德行的人，让我们常思效仿；有成就的人，会让我们找到差距；至于浑噩昏聩，自私狡诈者，则使我们明辨是非。像张旭红这样品德高尚的人，我们当尊为典范，照着学，照着做，总将受益。

哪怕希望渺茫

医德与医术同等出众，妙手与忍心一样超群。一身白衣裹着一颗好心，你不仅关心病人的“病”，你更心疼病人的“人”。在医生这个神圣岗位上，你升华了道德，更擦亮了良心。

——献给赵恒山的颁奖词

在赵恒山的行医生涯中，那个拾荒老太太的身影一直挥之不去，无声地拷问他做人、做医生的良知，叫他不敢稍有造次，努力地善待每一个陷于病痛中的人。

2000 年 12 月，那个拾荒的老太太裹挟着一身风寒，推开赵恒山办公室的门。她仿佛是投奔仁慈上帝的受难者，哀哀诉道：“大夫，我心疼得厉害呀！我只有这些钱，都给你，求你帮我看看吧！”

赵恒山站起身，愣愣地望着老太太，和她手心里紧攥的400元钱。

老太太穿着一件鼓鼓囊囊的破棉袄，棉裤腿扎着皮筋，一双旧棉鞋污渍斑斑，腰间还围着破包。她几乎要跪下去，嘴里说着："我有两个儿子，可他们都不管我，我是靠捡破烂活着的。小伙子，我不偷不抢……"

赵恒山已经听不下去，也看不下去，说："大姨，病我给你治。能省的钱都给你省，有些检查就不做了，你同意吗？"

老太太用力点点头。

赵恒山叫护士给老太太安排间病房，紧接着，为她做了一个治疗预算：400元如果治疗5天，每天的费用不能超过80元。32元的诊疗费不能省，氧气不能停，心电监护、心肌酶检查必须做，扩冠药物用硝酸甘油……算来算去，能免的全免了，一周左右下来，老太太的病情可以有效缓解。

老太太遇到赵恒山，的确形同遇见上帝。住院6天，她的病情控制得非常好，完全可以出院。临走那天，老太太依依不舍，拉着赵恒山的手，却不知从何说起——她该感谢的地方太多了，住院期间，她吃饭没花一分钱，都是循环内科的医生、护士给她代买的。她也不知道赵大夫是怎么计算的，400元竟让她住了6天医院。他们还收拾了好多旧衣物，送给老太太日后穿。

亲生儿子没有给予她的，她在素昧平生的医生那里，一一得到了。

而对于赵恒山，此事给他带来的反思，就是究竟怎么做，才叫治病救人。治病和救人，其实是两个范畴的综合。治病，治的是病体，救人，救的是灵魂。当医生的，不仅要治好别人的病体，也要救别人的灵魂，包括自己的灵魂。

救别人的灵魂，赵恒山心有余力不足，救自己的灵魂，他问心无愧——从医20多年，接诊患者几万人次，未收过一次红包。对此，他有自己的观点："对大夫而言，收红包最大的弊端，是影响临床思维。收了红包，治疗、护理的程序可能会混乱，造成不良的治疗结果。"其深意不言而喻。

赵恒山原本辽宁中医药大学中医系毕业，1988 年，他分配到抚顺二院工作。但他没有选择自己的专业，而是转向心血管内科。中医和西医大不同，为了尽快进入角色，赵恒山自学了全套的西医教程。白天，他仔细观察每一位医生的诊断过程，将患者病情变化记录在本子上。晚上回家查医书，分析病例，记笔记。这样三年下来，赵恒山的技术水平突飞猛进，病例会诊时，他总能提出独特的思路。

6 年后，赵恒山升为主治医师。鉴于他的出色表现，1995 年，院里派他到中国中医研究院广安门医院进修半年。回到医院后，他开始探索中西医结合的治疗方法。

1998 年，赵恒山转到市中医院循环内科，同年 10 月，任循环内科副主任。工作环境和性质的改变，也促使赵恒山更加坚定地走中西医结合之路。2003 年 10 月，在中医院院领导的推荐和支持下，赵恒山再度远赴北京，到阜外医院进修心血管疾病的介入治疗。通过这一段时间的学习，赵恒山的中西医知识结构更加均衡，并于回院后提升为循环内科主任。

这之后的几年，赵恒山在中西医结合治疗方面的研究如鱼得水。他带领全科人员刻苦攻关，开展急性心肌梗塞的早期再灌注治疗、尿毒症的中药灌肠治疗、冠心病的中药穴位治疗、中药针剂对感染性休克的影响等新技术，在临床实践中，收到明显的治疗效果。2008 年，赵恒山的论文《中医结合对冠心病心绞痛患者血管内皮功能的影响》，获抚顺市自然科学一等奖。他被评为抚顺第二届“十大杰出青年”，市、局级优秀共产党员，获辽宁省“雷锋奖章”和“辽宁省优质服务标兵”等荣誉称号。2009 年，赵恒山登上抚顺“百姓雷锋”的颁奖台，当他听着台下潮水般的掌声，心中蓦然升起作为医生的自豪感。

由于职业的关系，赵恒山不喜欢应酬，也没时间陪老婆儿子。即使是休息时，脑子里的弦也绷着，以备出现紧急情况，马上进入工作状态。他对自己的工作，还有较为贴切的比喻：“当外科医生要学好几何，当内科医生要学好代数。”换句话说，是内科医生最重要的是分析，在分析的基础上进行推理。

有一次，院里收治了一位来自农村的患者，症状是浑身没劲儿，心跳很快。赵恒山给他量血压，发现非常低。他马上想到，血压低的原因很多，遂解开患者上衣，只见他的腋下皮肤有条状出血，像鞭子抽的一样。赵恒山几乎断定，是流行性出血热的特定体征。便询问患者，得知他家房屋里有老鼠出没。然后通过化验确诊，及时将患者转送市传染病院。

二十多年行医，太多的真实故事已被时间淹没，并为赵恒山自己遗忘。他无需记得自己创造过的拯救生命的奇迹，那些事在他看来，就是一名医生所应承担的职责。既是职责，便是分内之事，既是分内之事，又有什么可四处招摇的？但他帮助过的人不忘记他，无论他走到哪里，都会有人朝他打招呼，尊他一声赵大夫。每逢这时，他就还以微笑，礼貌地回一句。叫不叫得上名字，彼此也无所谓。

人与人之间的关系，原本就这么透明。

白衣怀丹心　妙手医沉疴

用良心去漂洗，一身圣洁的白；用正义来涤静，一身庄严的蓝。灵魂没有底价，站在道德的台阶上，你不负患者重托；工作是最高使命，即使坐在轮椅上，你也是挺拔的山。心里装着患者，百姓喊他“白求恩”；活着就是奉献，群众称呼“活雷锋”。

——献给张凤蔚的颁奖词

张凤蔚打开患者沾满血污的绷带，一股强烈的腥臭气味扑鼻而来，熏得他险些呕吐。他定定神，仔细观察患者的伤口，只见浓血模糊，腐烂的软组织深处，蠕动着白色的蛆虫……护士实在不忍目睹，掩鼻而退，家属无声地躲到外面。病房里，就剩下张凤蔚和意识不清的患者。张凤蔚拿起器械，剪掉腐肉，挑出蛆虫，一点一点清理令人作呕的创口，敷上药物，亲手换上干净衣服。两小时后，患者躺在病床上，发出轻松的鼾声。张凤蔚抹了一把额头、鬓角的汗水，走出病房。

这是2008年7月，张凤蔚收治的一位重度烧伤患者的情形。当时，患者已经在外面的医院辗转二十多天，花费数十万元，抬到张凤蔚的面前，家属已经不抱多大希望。没有钱，全身50%面积2度、3度烧伤，严重感染，出现败血症状……张凤蔚思虑再三，收留了他。

后来，张凤蔚让患者痊愈出院，而全部的费用，不过数千元。

张凤蔚没有必要冒风险，完全可以拒收这样的疑难症患者。但作为医生，必须尊重每一条生命，这是职责，也是良心。

"每个生命都有尊严。"

行医二十多年，张凤蔚谨遵奉行这句话，不敢稍有懈怠。

2010年6月10日夜晚，张凤蔚登上第五届抚顺市"百姓雷锋"的颁奖晚会舞台，他的身后，是被亿万中国人传唱了几十年的道德楷模——战士雷锋的纪念馆。包裹在雷锋的气息里，张凤蔚觉得，自己没有愧对医生这个职业，他用自己的双手，创造了无数双手。他用自己的双手和救治过的双手，给家庭、社会，构建了安宁与和谐，为国家的至高利益做了一点微薄的贡献。

1991年，从锦州医学院毕业的张凤蔚，被分配到抚顺二院外科工作。不久，院领导考虑到他的优异成绩，着意安排到相对薄弱的手外伤科。张凤蔚深知院领导用心良苦，便爽快地答应——医疗界的人都明白，外科收入多，地位高，然而手外伤科却差强人意。作为一个独立专业，手外科对医生的技术要求极高，稍有不慎，就可能产生医患矛盾，进而影响医生的前途、医院的声誉。但张凤蔚没有退缩，只跟院领导简单一句："请领导放心，我一定好好干。"

这一干，就是二十多年，即使有转行的机遇，都毅然放弃。

张凤蔚负责的手外科，有许多人性化的行业风格，譬如，抢救患者的同时，要为患者清洁身体；"悄悄"通知患者续交费用；检查时注意帮患者遮挡敏感部位，询问病情避免涉及隐私等等。但若局限这些，也只是为医者的表象，真正体现医者仁心的，归根到底还需要高超的医术，能够化腐朽为神奇，具有回天之力。

关于手外科，它的医疗范围包括双上肢先、后天畸形及各类创伤的急诊急救和功能康复等。医生的责任，就好比让一截枯木逢着雨水春风，再吐新芽，抽枝长叶。要使这种尖端技术出神入化，办法只有一个：态度严谨，苦心钻研。

2008 年 3 月的一天傍晚，已下班回家的张凤蔚接到科里的紧急电话，说一名工人手被轧伤，需马上手术。张凤蔚撂下电话，以最快速度赶回医院，一见到伤者，饶是他积累了多年的临床经验，也不由得皱紧眉头：右手除拇指之外，四根手指完全辗挫、离断。张凤蔚心想，手指的血管、神经是身体最细的部分，一根手指再植成功都很难，四根手指同时再植势如登天。何况，伤者创面已被铁锈污物严重污染，再植希望渺茫。但若简单地截掉伤者手指，张凤蔚无论如何下不去狠心，要知道，伤者三十而立的年纪，正是做事情的好时候，今天截了他的手，毁的是他的大半生。

最终，张凤蔚经过十二小时的紧张手术，成功再植了伤者的断指。伤口愈合那天，小伙子举着自己的右手，告诉周围的人："我遇到神仙了！我一定得找地方烧烧香，让菩萨保佑张大夫长命百岁！"

张凤蔚当然不是神仙，他是付出了比别人更多的努力——为追求技术的精湛，他把理论与实践结合起来，一面长时间泡在手术室练功，一面阅读大量的专业书籍。随着时间的推移，他成为省、市闻名的手外科专家。他参与施行的"抚顺市首例拇指缺损，足拇指移植再造术"、"带蒂皮瓣游离移植术"等多项术式，填补了抚顺市手外科领域的空白，提升了抚顺手显外科技术的高度。

2007 年，张凤蔚出任手外科主任。其时，二院手外科由于多种复杂原因，陷入低迷状态。对科里情况了如指掌的张凤蔚，深知该如何动这个"手术"，才能让麻木的神经重新灵敏，充满生机与活力。首先，他从关心角度入手，照顾家在外地的年轻医生的生活，每逢周末，请年轻医生到家里做客，让他们感受到家的温暖。谁有什么困难，只要他知道，一定不遗余力地帮助解决。工作上，他经常领着科里的医护人员，就病例做问题分析论证，形成良好的交流沟通氛围，即给更好地救治患者拓展思路，又和睦了人际关系，使手外科在医疗水平、合作意识方面都有明显提高。特别是他们成功治疗了一个烧伤面积达100%的一位重患之后，二院手外科名声大震，一下扭转了过去给人留下的印象。

几年来，在张凤蔚的带领下，二院手外科已经形成了一支医术精湛，力量强悍的医疗团队，他们出于责任和良知，加上不断提升的医疗水平，给患者和家属以希望。先后荣获全国“巾帼文明示范岗”、市“雷锋号”等荣誉称号，张凤蔚本人也先后获市“优秀共产党员”、“卫生局勤兼兼优医务工作者”等多项殊荣。

二十年寒来暑往，二十载日升月落，张凤蔚把他一生最美好的时光都放置在手外科这项医疗工作中。他是一个不断对技术进行探索的人，他的智慧全部用于“被破坏的重生”上面，专业要求他冷静、理智、耐心，有一说一，没有丁点儿的言过其实，正确地审视自己和他人。有这样的医生，是天下病人的福分。

植一片生命的绿荫

救死扶伤，他以良心入药；望闻问切，真情乃为良方。低于一切，是对利益的索取；高于一切，是给人生的希望。在离伤痛最近的地方，医德与医术更能抚平创伤。心不被玷污，手不染铜臭，他以爱心雕刻灵魂，给雷锋精神披上圣洁的衣裳。

——献给薛连喜的颁奖词

医生这个职业，很容易让人联想到啄木鸟，那勤劳智慧的鸟儿，穿梭于丛林，一声声有秩序的敲击，让枯木残枝焕发生机。医生也是，救人于垂危之中，如同再造生命。因此，医生和啄木鸟都是令人敬仰的职业。

薛连喜从大连医科大学毕业分配到市中医院内科，是1993年。到如今，他工作近20年时间，医治的患者加起来有3万多人，等于挽救了 3 万人的健康和生命。假设每条生命是一棵树，那么，薛连喜已经植下 200 多亩地的绿荫，这是多大的成就感啊！

在市中医院，内科工作成效最高，循环内科又是内科里的第一。许多年来，循环内科始终保持全院零投诉和医疗纠纷零记录。这对于医患矛盾尖锐的现代社会来讲，几乎是不可想象的。循环内科之所以有这样的成绩，离不开薛连喜的贡献。在他看来，一个人到了医院，不管高低贵贱，身份只有一个，那就是患者。而医生对患者的责任，就是倾尽全力，恢复他们的健康。正因为薛连喜谨遵一视同仁的职业操守，拯救了患者的生命，他和患者之间才建立起和谐的医患关系。

2005 年，48 岁的曹广清突然犯心脏病，他立刻从家赶往市中医院，谁知，刚到住院部一楼，便一头栽倒在地。薛连喜闻讯，第一时间跑到楼下施救，此时，曹广清已经心跳为零。薛连喜没有时间多想，只有与死神争夺，进行胸外心脏按压。一下，两下，三下，一分钟，两分钟……按医学理论，倘若患者 4 至 8 分钟内没有心跳活动，即可宣布死亡。但薛连贵不想放弃，他跪在地上，连续按压患者心脏，一个多小时后，曹广清终于恢复心跳。薛连喜见状，顾不得抹一把鬓角的汗水，赶快组织医护人员将他抬进病房继续抢救。曹广清刚被抬上电梯，心脏再次停止跳动。薛连喜别无选择，只能在电梯里进行心脏按压，一直跟踪到病房，曹广清仍无生命迹象。曹广清的家属见此情形，悲伤哭泣，恳求薛连喜救救他。事实上，到了这种时候，医生竭尽全力，宣告抢救无效谁也无可厚非。然而，薛连喜仍未放弃，他继续进行抢救，四五个小时后，奇迹出现了——曹广清恢复自主心跳，且慢慢趋向正常。曹家人惊喜万状，围着薛连喜道谢。薛连喜看着喜悦的患者家属，忘了累到腿软，忘了酸痛的双肩和淤青的手掌。

经历那一场大劫，曹广清现在很健康，过着平静地生活。而薛连喜也靠着这种坚韧和高度责任感，赢得了良好口碑。好口碑反馈的直接效果，是市中医院循环内科 40 张病床的使用率，常年保持平均 130% 至 140% 的比率，高峰时甚至达到 190%。“不能拒绝患者”，这是薛连喜对本科医护人员的告诫，他说，患者来，是对咱的信任，咱不能因为床位紧张就拒之门外。因此，住院高峰期，医护人员的办公室、主任办公室，都成了收容患者的病房。

由于患者太多，薛连喜脱不开身，抽不出时间外出进修。他就向大内科主任请教，向身边的专家请教，上网了解学科最新成果，阅读各种医学书籍、杂志，增长自己的专业知识，拓展视野范围。同时，他非常注重临床实践，在循环内科建立了患者档案。他说，病人需转院治疗的，在其他医院得到明确的诊断和治疗，我必须知道结果。这样我们呢再遇到类似的病例，就能及时给出诊断，制定有效的治疗方案。

2011 年 4 月，循环内科来了一位满脸红肿的患者，之前，她在市内几家医院反复诊断，给出的结论都是过敏。但薛连喜通过询问病史和过敏史，马上断定她不是过敏症状。随后，他仔细观察患者胸前上腔，发现静脉曲张很严重，建议做进一步检查，结果出来，竟是肺癌转移，使患者得以及时到沈阳做专项治疗。

中医内科的精，在于经验的积累，知识的积淀，古来讲望闻听切，自有其玄妙之处。今天的中医，是在古代中医基础上发展而来，面对更加多变奇难的病症，对医生的医术要求也越高。工作负荷大，压力大，也就在所难免了。但循环内科的医生和护士们，情绪都很稳定，也没有人心思动的情况。其主要原因，是薛连喜这根轴心的作用。科里谁有什么事情，薛连喜始终给予人性化的关怀，科里有什么重活、杂活，女医生和护士第一个喊的也是他。一个人受精力能力所限，再怎么能干，终究会顾此失彼。因为太过执著于事业，薛连喜只给儿子开过一次家长会，还是在老师的逼迫下参加的。儿子很想跟爸爸多在一起，常说，别的同学全家出去旅游，爸爸，你什么时候带我和妈妈出去玩一次呀？说的时间长了，薛连喜过意不去，真陪着儿子妻子到北戴河玩了一次。只不过，他是第二天追去的，睡一宿觉，翌日一早就赶回抚顺。

亏欠了家人，但不愧对患者。薛连喜从医近二十年，始终坚持不受患者吃请，不收患者红包。在他的示范带动下，循环内科的医生护士也人人遵照执行，形成了透明、公正的医疗环境。作为一名工作在一线的医生，薛连喜没有重大的科研成果，也没有令人瞩目的开创性技术，但他凭着天长日久的积淀，正直的品性，为成千上万的患者开启生命的航程。2011 年，薛连喜多年辛勤有了最好回报——他荣获年度抚顺“百姓雷锋”的光荣称号。这个称号，是对过去成绩的肯定，也是薛连喜今后倍加努力的新起点。

第八章

像草一样坚硬

草何其羸弱，脚踏火烧，虫噬刀割，秋凉时分，几度寒霜冻雨，枯黄令见者心忧。忧草木一绿一黄，流年碎影，楼台水榭，终成一场旧梦。

草何其坚硬，沙岸，石缝，再怎么贫瘠的土，也能挤出几支叶片，托举出颤颤的一朵花。字典里解释，草木开的花叫“荣”，所以，对草的赞美有“欣欣向荣”。想一想，广袤无垠的大草原上，或封锁田埂的野草，绿意染向天边，花朵摇曳芬芳，这是多美的景色！梅兰竹菊固然高贵，但卑微的草也有顽强性格，他们以独立的方式存在，以自己的魅力绽放光彩。

顾启明、赵林源、孙本学、乔胜利、葛福杰……他们是清一色的工人阶级，继承发扬了老一辈艰苦奋斗、爱国爱家的光荣传统，为新时期的建设发展默默奉献。他们像草一样，根须深扎泥土，像草那样歌唱，像草舞蹈，像草那样活着。

新时代的“王崇伦”

你是最勤奋的春蚕，从初中文化的起点咀嚼到专业领域的顶尖；你是最能吸水的海绵，知识的海洋里你始终充实丰满。知识改变命运，你一路走来，赢得了土专家、密封大王的赞誉，塑造出新时代学习型工人的形象。你的科技攻关创造出巨大财富，而你依然淡泊名利，默默奉献。壮美人生，你为我们留下一个攀登书山的勤奋背影。

——献给赵林源的颁奖词

解放初期，新中国百废待兴，有着雄厚工业基础的东北，更是被战争摧残得一片狼藉。让工厂重新开工，机器隆隆作响，就成为那个时代的国家建设的首要目标。然而，口号变为现实又太艰难——不夸张地说，当时的中国，找根钉子都费劲。缺钱、缺人、缺技术，什么都缺，就是不缺冷嘲热讽——日本人曾幸灾乐祸地说，鞍钢只能种高粱了。然而，第一代的新中国工人自力更生，依靠智慧和汗水，逐渐恢复了一座座工厂、矿山的生产，用事实有力地回击了劫掠中国又蔑视中国的凶残的宿敌。王崇伦，就是激情燃烧的岁月里，一个英雄史诗般的人物。他痴情技术革新，将技术转化为生产力，为国家建设作出了贡献。

振兴东北老工业基地的今天，我们仍需要王崇伦似的革新人才，和他们忘我的奉献精神。中油抚顺石化工程建设三公司维修车间密封班班长赵林源，就是这样的一个人。赵林源没读过大学，没经过系统的专业培训，但他在最基层的岗位，做了许多令人钦佩的事情，并因此获得全国“五一劳动奖章”、2006年抚顺“百姓雷锋”等诸多荣誉。

20世纪70年代，初中毕业的赵林源走进抚顺石油三厂的大门，当了一名普通钳工。钳工属于技术工种，好学的赵林源每天跟着师傅学，一面又自己钻研。功夫不负有心人，没多久，赵林源就能独当一面，成了技术尖子。后来，他得到了一次展示才能的机会——厂里选派他去参加市里的技术比武大赛，赵林源一举夺得“钳工状元”。

但赵林源并未满足，反而刺激了他强烈的学习欲望。他开始由技术操作向深层的理论知识过渡，找来有关机械原理类的书籍研读，看不懂的就四处求教，一年后，作为学徒工的他，已经有能力单独维修机泵了。

在如饥似渴地学习和追求技术精湛的过程中，时间一晃流逝到20

世纪 80 年代。此时，世界工业水平进入新阶段，具体到抚顺石化，陈旧装置和设备陆续被淘汰，更新进口了特殊机泵。先进的西方工业装备让人眼前一亮，但其机械密封手段着实为难了抚顺石化。为尽快熟悉掌握密封技术，赵林源和一批技工被抽调到维修车间密封班。

赵林源深知重任在肩，义不容辞。但他更清楚，自己积累的理论实践经验，距世界水平的密封技术要求差很远，只有通过开阔视野，更深入地学习，才能上升到更高层次。后来，他去北京参加机械密封研讨班进修，广泛的交流、多种信息的汇集，如同在赵林源眼前打开了一扇窗，原来悟不透的东西，一下子豁然开朗，原来懂得的东西，也有了更多更好的思路。

1991 年，石油三厂新引进的两台热油泵机密封发生故障。密封件虽小，却事关重大，轻者导致油气泄漏，重则装置停产。由于我们的技术跟不上先进设备的节拍，只好请来生产商的工程师代表，人家干了 3 天，毫不客气地拿走 3 万美元。这一大笔钱，疼得石油三厂直吸气，对赵林源而言，则是羞辱和挑战——你落后，就受制于人；你不想被算计，只能自己强硬。

残酷的生存法则，促使赵林源一头扎进进口设备的密封技术中。他先找来《金属材料》、《工程力学》等专业书籍自学，然后看进口设备的资料图纸，与国内的密封参数比较，找出其中的优势和不足，逐步完善、充实自己。

同样是 1991 年，赵林源被派往抚顺乙烯厂支援装置开工工作。在那里，他意外得到小试牛刀的机会——一台进口冷冻机发生泄漏，急需密封。可随机的几套专用密封件已用完，若到国外购买，从经济到时间都是巨大的耗费，就在乙烯厂上下苦无良策时，赵林源轻声说："我试试吧。"

这似乎不经意的一句，其实是一种宣誓的决心，是一名普通的中国工人向西方垄断技术发起的挑战。尽管他这样说的时候，在场的领导和工人心中充满疑问，但没有人阻止他，因为大家都希望，自己人真的能突破这些难关，今后不再仰人鼻息。赵林源的一句话，同时刺伤了一个外国专家，很不屑，也很酸地说：“你们可以自己修，后果自负！”

最坏的后果，意味着难以估量的经济损失，以及中国工业技术水平被无情贬低。这些，赵林源想到了，但他必须迈出这一步。

赵林源憋着一口气，与有关人员一起研究解决方案，设计图纸，之后自己亲自动手，加工了一套密封件，安装到机泵上。当带病工作的冷冻机重新正常运转，车间里一片欢呼，大家把赵林源围在中间，齐声夸赞。要知道，这一套自制密封件的成功，象征着一项西方垄断技术的被打破，至今日始，我们也可以在这一领域里说“不”！

初战告捷，赵林源声名鹊起，一发不可收。后来，他大胆改造了石油三厂一台核心装置的密封参数，使名为“分子筛”装置的使用期达6年以上，创造了新的机械密封使用世界记录！此后，赵林源陆续改造全厂75套进口和国产设备的密封系统，为企业节约成本上千万元。

不服输，有拼劲，不畏惧，肯吃苦，心怀忠诚，这些新中国第一代产业工人的优秀品质，在赵林源身上得以传承。他没有接受过高等教育，但喜欢探究新鲜事物，转化知识的能量，反馈应用到工作实践中。

20世纪90年代，五十多岁的赵林源迷上了电脑，再三央求妻子掏钱，妻子架不住他的软磨硬泡，拿出4000元钱，赵林源终于抱回家一台。那一日起，赵林源一有空就坐在电脑前，一坐就坐到下半夜。妻子气得直唠叨，数落他一把年纪了，还不知天高地厚地瞎得瑟。当然，这话含着嗔怪，是老夫老妻之间的情感默契——妻子心疼他，担心他经常熬夜损伤身体。她更知道，任她说什么，赵林源也不会把注意力从电脑上移开，因为他在忙着数字化管理。

自弄明白数字化管理是怎么回事，赵林源就带领全班同志，建立了一个计算机《密封台账》，对全厂的装置进行技术参数测试，把数千个技术数据输入到计算机里存档，归纳出25种密封件泄漏的主要故障，提高了密封工作的效率，对每一个问题，每一个细节都做到了如指掌。计算机绘图也让赵林源入迷，他看了很多计算机制图软件，设计了1:1的三维立体图像，画出二维密封配件电脑图纸1500多幅，三维密封配件电脑图纸200多幅，精准程度不亚于一名专业技术人员的水平。此外，他还建立了《机泵技术数据库》和《密封配件收支明细台账》，方便密封配件管理，减少不必要的损耗。

赵林源的心里还有一个梦想：组建一支拥有高水准的密封技术人才队伍。于是，他多次举办机械密封实用技术、机械密封设计和维修培训班，采取灵活方式，为工人讲授机械密封专业知识，手把手地传授技能。在他的引导带领下，一大批青年技工迅速成长起来，和赵林源一道，挑起抚顺石化机械密封技术的大梁。

时光如河，慢慢流淌，许多年孜孜不倦的追求中，赵林源由青年而盛年，由一名普通工人到一名技术专家，完全是三十年苦累的换取。技术上的日臻成熟，也使他有很多赚钱的机遇，他可以辞职，可以利用声誉和技术向厂领导提各种涉及切身利益的条件。但赵林源没有一次这么做，因为，他心中有爱。这爱，是广义的、深邃的，是国家、企业、中国产业工人的形象。

“老司机”不变的行程

两道车辙，描摹着一个好人不变的行程；一方车厢，承载着一颗好心恒久的温暖。工作的责任是指路灯，做人的良心是方向盘。风雨人生路，你以车为家，用朴实情怀描绘城市的风景线。

——献给葛福杰的颁奖词

20 世纪 50 年代，有一首传唱全中国的歌《老司机》，歌曲以慷慨激昂的调子，抒发了一名老司机开上国产车的豪迈情怀，表达了那个时代的工人阶级强烈的主人翁精神。新中国成立初期的人们靠着这种精神，撑起一片晴朗的天空，在几近废墟的国土上奋发图强。若今天阐释《老司机》的内涵，则是叫人们以平常心对待一切事物，胸中有天地，方能有所作为。说白了只四个字：“爱岗敬业”。

这许多人听起来莞尔，暗忖更像口号的词语，要较真的做起来，其实是件大难事。首先，得沉得住气；再次，得钻得进去。这对于害了浮躁病的今人，不是大难事吗？可毕竟有人做到了，三年五载，十几个春秋，二十几岁流年，日复一日地坚守，不为所动，不为所惑，那不管他做的什么寻常事，都值得人敬佩。好比执着的工匠，成年累月地凿，最终凿成的作品，就是一尊万众膜拜的大佛。

2006 年，葛福杰被评选为抚顺“百姓雷锋”，恰好也是歌中的老司机的年龄，整整 50 岁。孔夫子说，五十知天命。葛福杰也到了达观、散淡的时候，充分确认了人生定位。所以，他捧着花朵和奖杯的时候，心里坦然得很。

葛福杰一技在手，有很多赚钱的机会，但他始终没离开车队，心甘情愿地修车、开车，每月拿着微薄的工资。以至于在儿子的婚礼上，昔日的老同事环视着他 50 多平方米的家，不无惋惜地说：“老葛呀，你说你赔不赔？自己好歹也罢了，你把儿子都耽误了。”老同事早已“跳槽”，在外面挣到房子、车子、存款。这么一数落，葛福杰也难免失落，自觉对不起儿子、老婆，没给他们营造舒适的生活。可负疚感也只是一闪念而已，片刻，葛福杰又恢复常态。

1979 年，下乡青年葛福杰终于回城，分配到抚顺市公汽公司当了一名汽车修理工。彼时的葛福杰，整天围着师傅转来转去，钻汽车、蹲地沟，什么活都干，为学技术，痴迷到了边吃饭边摆弄着汽车零件，追问师傅问题出在哪里。古语有言，梅花香自苦寒来。葛福杰下了一番苦功，也有所收获，他很快从一批新学徒中脱颖而出，能够精确地调试气刹车。由于技术过硬，人品又好，公司来修车的司机，都亲热地喊他“小葛师傅”。

光阴荏苒，小葛师傅的维修工一干 18 年。18 年，与人类一路走来的时间而言，犹如弹指之间，可对一个人的生命来说，又何其珍贵。18 年的社会发展变化，足以改变固有的思想观念，树立新的价值取向。现实也的确如此，当人们压抑已久的渴望一朝得到释放，衍变为对物资、对权利的过分追逐，就意味着既定的模式被打破，从而有了各种各样的分化。因此，20 世纪 80 年代，乃至 20 世纪 90 年代，我们看到和听到最多的，恐怕是停薪留职这个字眼。葛福杰多年刻苦，练就一身的精湛维修技术，慕名前来高薪招聘的企业不在少数。葛福杰也不是没动心，毕竟，生活要继续，过日子离不开柴米油盐。可他再三权衡，最终选择留在公司。

1994年，由于公司缺驾驶员，领导便找他商量，请他上车顶岗。一向宽厚的葛福杰没有任何反对意见，特意挑了当时车队最破的一台车驾驶。葛福杰的举动，既在众人意料之外，也在意料之中，又难免慨叹。葛福杰却心平气和，修理好那辆“老爷车”，每天行驶在9路车的线路上。

“我今天举起了右手，就应该义无反顾地擎起责任与重担。”

1995年，葛福杰以优秀的员工素质和思想道德品质，加入中国共产党。这句话，就是入党那天他写在日记中的，等于此后他给自己的肩头压上沉沉的担子。

2000年8月，车队更新了20台柴油大巴车。年轻司机不了解这种车型的性能，影响使用效率。葛福杰就主动承担担子，利用空闲给年轻司机剖析新型大巴的部件、构造及操作要领。进入冬季，20台新柴油车“水土不服”，常闹毛病。每一次出现故障，葛福杰都义务充当维修工，不顾隆冬季节的冰天雪地，长时间趴在车下检修，直到排除故障为止。

于公交车而言，每天早晨的第一班车能否准时出发十分重要，它直接影响后续车辆的上线运行。就为了这第一班车，葛福杰每天第一个出现在车库，协助轮班司机检查车辆，做到不带病上路，确保一天的正常运营。这一干，又是十多年。

我们常说，人生苦短，一万年太久，只争朝夕。葛福杰把一生最精彩的篇章抒写在路上，延伸成一道朴拙动人的风景。不可否认，他没挣到钱，但他赢得了很多人——唤醒病成植物人的司机兄弟，关爱乘车的老人，车上备雨伞、塑料袋，方便乘客，发动车队的女工给驻地战士包饺子过年……

这些事情，葛福杰做得平和率真，没有追求回报的矫情，也没觉得自己的行为多高尚，他只是出于一种心态。也正是这样的素朴，葛福杰才能十几二十年地持之以恒。这就使我们相信，一个人做什么事情，或有益于他人的事情，自然而然地去实行就好，倘若把调子吹得太高，反而容易走音。

萍水相逢情愈浓

做好人，何谓萍水相逢；做好事，不分故土他乡。平常时候心肠热，关键时刻能忘我。危难之际的挺身而出，比你任何一次赛场的起跑都令人瞩目；乔胜利，这一次胜利的含金量，超过所有冠军的总和。

——献给乔胜利的颁奖词

不管世界怎么改变，时空怎样转变，只要有人类生存的地方，就一定有真情。这真情就像不竭的河流，滋润着万千心灵，所过之处，草木森森，花吐清香。

2007 年 2 月 28 日下午，在抚顺剧院举行的“百姓雷锋”颁奖典礼上，近千名观众的注视下，一位中年女性走上舞台，将一条洁白的哈达献给年度“百姓雷锋”之一——抚顺市越野跑俱乐部经理乔胜利。

献哈达的女性，名叫张敏，来自遥远的内蒙古通辽市。张敏眼含泪水，用颤抖的声音说：“去年，一位自称是‘雷锋’的抚顺人救了我的命，如今，我知道了他的名字。今天我特意赶到这里，为他献上这条象征着崇高和圣洁的哈达。来了之后我才发现，原来，抚顺还有很多像乔胜利这样的‘活雷锋’，我一定要将他们的事迹带回我的家乡，让更多的人了解他们，让雷锋精神传播到更远的地方。”

张敏以外乡人的视角，解读了抚顺这座城市的精神核心。她的话，是对一座城市文化力量的最高褒扬，也反映出抚顺城市文化力量的无限放大的辐射力。抚顺与雷锋，就像抚顺与满族文化，抚顺与煤炭一样，融为不可分割的整体，互为表里。

乔胜利与张敏，原本萍水相逢，甚至于，若张敏不突然发病，他们最多是乘坐过同一趟列车，匆匆擦肩而过，消失人海之中。

6 月 27 日下午 3 点，广州至沈阳的 T14 次列车高速奔驰，车上的旅客也随着窗外一闪而过的风景归心似箭。坐在 9 号车厢的乔胜利，恐怕是全车所有乘客中最急于到家的一位——他答应女儿，陪她参加中考。

车至郴州站，广播里传出一个令人揪心的信息：9 号车厢一女乘客突然发病，望乘坐本次列车的医护人员前往帮助救治。

乔胜利下意识地抬眼环视车厢，发现离自己不远的地方，几位列车员和乘客围着一个正在呕吐的中年妇女，现出焦急无奈的神情。

“我是体育教练，明白一点医术，我想可以试试。”乔胜利走过去，对列车长说。

列车长喜出望外：“那快请吧！”

乔胜利简单了解一下病人的情况，然后实施点穴和按摩，不多时，病人的呕吐止住了。

车厢里恢复平静，火车继续向前驶去。然而，半小时后，病人再次发作，而且乔胜利的办法不灵了。列车长决定，病人就近在长沙站下车，同时，拨通了长沙的“120”急救电话。但一个问题让列车长棘手：病人已经出现脱水症状，必须有人陪伴前往。等他无奈地询问谁愿意陪病人下车，周围的几位乘客无声走开。列车长见状，试着问乔胜利。乔胜利反问道：“中途下车，我的车票怎么办？”列车长歉意地表示，只能按规定办中转签证或补交卧铺费。乔胜利颇为踌躇，他不是舍不得钱，是考虑到女儿的中考时间。

权衡再三，乔胜利回到座位，收拾了行囊，告诉列车长：“我陪她下去看病！”

6 月 27 日晚 10 时，T14 次列车驶入长沙站。乔胜利与长沙“120”的医护人员一起，护送女病人住进长沙市第七医院。没想到的是，女病人身上只带 500 元现金。此时的乔胜利，心里只想着救人，马上跑到附近的一家银行，从自己的信用卡上提出5000元，交上预付款，使女病人及时入院治疗。

女病人的病情有所缓解后，乔胜利才知道，她是内蒙古自治区通辽市的一名私营业者，名叫张敏。此次到广州进行市场调研，不料返回时意外患病。女病人对乔胜利的义举感激在心，一再地说，至死难忘他的恩情。女病人正与乔胜利聊天的工夫，突然又开始呕吐，出现腹胀症状。乔胜利见状，当机立断，连夜打车到长沙最著名的湘雅医院。

湘雅医院人满为患，等待看病的人排成一字长龙。乔胜利只能央求加塞。不了解情况的患者对他冷嘲热讽，张敏忍着疼痛解释，患者们闻听，动了恻隐之心，纷纷退让。经医生初步诊断，张敏患了胰腺炎、肠梗阻等多种急性病。医生告诉乔胜利，再晚来一会儿，病人就有生命危险了。接下来，乔胜利背着张敏，楼上楼下，楼前楼后地穿梭，一直忙到6月28日拂晓，总算把张敏安顿入院。

张敏的病情稳定了，松下一口气的乔胜利，忽然想起女儿的事情，急忙与女儿联系，向女儿解释不能陪她考试的原因。

6月28日当晚，张敏的爱人飞抵长沙，当他看见度过危险期的妻子，紧握着乔胜利的手，哽咽出声：“兄弟，谢谢你，太谢谢你了！”乔胜利憨憨一笑：“这不算啥，出门在外，遇到这种事，谁帮谁一把都正常。”

乔胜利在他人急难时伸手相帮，并非一时性起，而与其平日行为有着极深渊源。在乔胜利的俱乐部里，有许多他义务培养的农村贫困的孩子，对于天资聪颖的体育苗子，乔胜利不遗余力地推荐到高等院校及上级专业运动队，给他们出人头地的机会，将来凭自己的努力改变状况。

现就读沈阳体育学院的张娜，一提起乔教练，总是心怀崇敬与感激。

2000年春天，乔胜利在新宾满族自治县的运动会上，发现了极有潜力的张娜，便把她从家乡北四平乡火石村带回抚顺，接受正规的体育训练。前期训练的几年中，因张娜家里困难，乔胜利免去她所有费用，并精心调教这个孩子。2003年，张娜被“马家军”破格吸收，张娜和家人高兴之余，却为每月150元的相关费用发愁。乔胜利找到马俊仁，希望免去孩子的费用，实在不行，钱由他来掏。马俊仁知悉张娜的情况，对乔胜利说，就冲你，这钱由我马俊仁出了。两年后，张娜在训练中负伤，乔胜利带着她四处求医治疗。这时有人劝他，把张娜送回老家。乔胜利不听，执意带着张娜治腿伤，终于使这孩子重返训练场。2005年，张娜顺利考入沈阳体育学院。

在抚顺越野跑俱乐部里，每个学员都能讲出乔教练对他们的好。平时，乔教练对他们就像慈祥的父亲，训练时，乔教练对他们又狠又严肃。也正是乔胜利的这种爱加严格的训练方式，先后有30多名学员进入中国地质大学、中国石油大学、辽宁石油化工大学、深圳大学、沈阳体育学院等高校。在国家、省级比赛中，也不乏乔胜利的弟子为抚顺争光的身影。乔胜利的名字，也在全国越野跑俱乐部中为人熟悉。南方一发达城市的官员，就有感于他的成就，许以高薪、楼房、户口等优厚条件，诚心聘请他去执教，为其任职的城市培养体育人才。但乔胜利婉言谢绝，因为他知道，自己的体育根扎在哪里。

乔胜利对于自己获得“百姓雷锋”的称号看到很淡，显得很平静。他说：“尽管好人的评价不容易得到，但只要把一个又一个的好事攒起来，我想，离真正的好人就不远了吧。”好人之名，真的就如乔胜利所说，由一点一滴的积蓄而换来。

与煤炭一起燃烧

千尺井下，把最美的年华雕琢在黑色里，不计较得失，不在乎名利。十几年默默开拓，换来18项技术革新，千万元生产效益。身为煤矿工人，你有煤一样的品质：为了温暖世界，甘愿燃烧自己。

——献给李先志的颁奖词

1995年，李先志从抚顺煤炭工业学校一毕业，就来到著名的百年老矿——老虎台煤矿的综合采煤队，成为一名普通的学徒工人。井下工作艰苦又埋伏着危险，所以，与李先志一起分配下井的同学陆续设法转岗，或者干脆辞职到南方打工。但李先志没走，他从抬油工、螺丝工、修理工、操作工等工种开始，向有经验的师傅学习，经过长期实践，李先志渐渐由普通工人成长为一名采煤技术员，再到采煤技术队长。

身份的转变，意味着责任的强化。李先志深知，只有抓好员工技术培训，全面提高员工的综合技术素质，才能为矿里创造更大的效益。于是，他开始举办对内技术培训课，围绕井下生产作业实际，根据不同时期，不同作业地点，适时展开培训。培训课上，李先志因人因岗、因材施教，手把手教员工操作技术。同时以员工熟练掌握操作技能和防灾自救为目的，利用自制的教学模具，进行形象化教学。

在李先志的努力下，他所在的综合采煤队业务素质得到很大提高，本人多年被矿里评为“优秀兼职教师”、“优秀教育工作者”的荣誉称号。

常言道，人过三十不学艺。但年过而立的李先志却有着一股不服输的劲头，针对井下生产实际，带领工程技术人员进行科技攻关，提高了生产效率。特厚煤层综放工作面架后软帮悬顶，是采煤工作中的一大技术难题，它直接造成大量煤炭损失。李先志同工程技术人员和业务科室人员一起，深入研究、分析，根据采面的地质条件和老虎台矿的技术装备能力，制定出工作面架前顶板高雅注水预烈坚硬煤体、工作面架前架后顶板深孔爆破破碎煤体和加强后部放煤管理等一整套综合防治措施，有效地改善了架后软帮悬顶问题，为矿里创收716.8万元，使这项新技术在全矿的综放面进一步推广使用。

十几年来，始终坚持在采煤一线的李先志，依靠自己丰富的实践经验和刻苦钻研的理论知识，与工程技术人员一道，攻克许多长期困扰煤炭生产的问题，提出合理化建议30多项，18项被采纳推广，技术攻关10多项，其中4项获得成功，累计为老虎台矿创收1000多万元。李先志因成绩突出，诸多荣誉加身——老虎台矿“青年标兵”、“杰出青年岗位能手”、“模范共产党员”、抚顺市“优秀青年科技工作者”。他撰写的论文《控制原煤灰分，提高工作面回采率》、《83001#综放工作面软帮悬顶治理浅析》等论文被抚顺煤炭学会评为二等奖。

作为采煤队长，李先志不仅沉浸于采煤技术的改革创新，对待采煤队的兄弟，也是给予发自内心的深切关怀。太多的煤矿惨案告诉人们，井下作业最重要的事情就是安全，一个小小的过失，都可能带来巨大的灾难。李先志长期置身地下矿井，深知除了工作条件的隐患将导致悲剧发生，工人的精神状态更不可疏忽。因此，他对兄弟们的情绪变化非常注意，每当发现谁不开心，他总会走过去，悄悄询问，了解情况，解开思想疙瘩，让他安全上班，安全下班，保持良好的精神状态。

一次，一名工人因事烦闷，酒后上班。准备下井前，恰巧被李先志发现，便将他拉到一边，温和地说：“你这样子上班怎么行呢，你不为自己想，也得为父母、老婆孩子想啊。他们都希望你每天平平安安的，和他们在一起，你这样子，他们得多担心?”李先志入情入理的一番话，打动了喝酒的工人，垂下头说：“李队长，是我不对。我向你保证，今后入井，我一滴酒不沾!”

擅长搞技术的人，必有耐心细致的特点。李先志亦如此，他是综采队长，也分管调度工作。十几年来，他一直比别人提前到班上，每天到调度室检查一遍，及时掌握工人的临时情况，自己能做的，一定为工人行方便。有一年国庆长假，队里的技术员陈友亮回老家过节，假期后的7日晚上，他刚返回抚顺北站，李先志就打来电话说：“友亮，你长途疲惫，不宜上班。今天的晚班我顶替你。”

正是这一次次的些微小事，让李先志的身边聚拢着一群“铁哥们”、“铁杆兄弟”。而李先志和他的兄弟们在井下摸爬滚打时，却辜负、亏欠了家人。

李先志的老家在开原市的一个村庄，距抚顺只有3个多小时车程，但他忙于工作，一年到头极少有时间与父母团聚，以致母亲病危那天，念叨着他的名字离世。李先志虽付出很多，工资却不高，2006年，妻子为补贴家用，远赴广西打工。夫妻俩劳燕分飞，两地牵挂。更让李先志挂心的，是年幼的女儿。因为工作脱不开身，他只能把女儿长托在邻居家，抽空去看望女儿时，他怕女儿拖后腿，每次都躲在角落，不让女儿发现。但有一次，女儿到底还是看见了爸爸，马上跑过去，紧紧搂着他不松手，哭闹着要跟爸爸回家……

我们常说，煤的精神是燃烧自己，温暖别人。与煤炭最接近的人，就是采煤工。他们在深深的巷道中，在远离阳光的井下艰苦劳动，用双手捧出大地的精华，献给我们的生活。然而，我们心安理得地享受煤的融融暖意、煤为我们带来的光明，可曾想一想，那些整日把生命与危险捆绑在一起，拿着微薄工资的采煤工人？还有那些盘剥他们的劳动成果，把他们用命和汗水挖掘的财富累积成个人资本的大佬，陶醉于声色犬马、灯红酒绿时，迷蒙的双眼和混乱的头脑中，是否闪过一群群煤一样颜色的背影？

2007 年，采煤工李先志被他所在的城市评选为“百姓雷锋”，我们似乎更应该透视个人荣誉背后的深意——这是一座城市表达的敬意，一座城市所能给予采煤工的最高礼遇，也是一座曾被誉为“煤都”的城市对时代的追忆。

每一片树叶都是深情

用脚步丈量守望岁月，视山林为儿女，把护林当使命，满目青山皆有情，一心护林志不移的大山之子。

——献给顾启明的颁奖词

下山的时候，天已经黑了，路两旁的森林悄无声息地站着，显得夜更加宁静。顾启明坐在车里，心中忐忑不安——当护林员这么多年，场领导第一次派车接他回家，还让司机给他捎信，说女儿病了。顾启明有些狐疑，早晨上班走时，女儿还欢天喜地的，怎么突然就病了？什么病，病到什么程度，现在病情如何，顾启明心中划着一个又一个问号。

他几次想问问司机，只见司机紧闭着嘴巴，全神贯注地盯着前方，转动着方向盘。顾启明只好把疑惑放在心里。

医院里挤满了人，都是顾启明的亲戚朋友、同事领导，见顾启明进来，默默给他让开一条过道。顾启明心头乱跳，升起不祥的预感，他谁也不看，一句话不说，径直朝那间病房走去。可他的腿已经不听使唤，哥在一旁搀扶着他，替他推开那扇门。

女儿苍白着脸，小小的身子躺在病床上，四周雪白的颜色，衬得女儿更加弱小。顾启明呆愣片刻，猛地扑上去，抱住女儿嚎啕大哭……

他恨死了那个陷车的陡坡，怨检尺员早不有事，晚不有事，偏偏赶在这个下午请假。要不是装木材的车陷在陡坡，要不是检尺员不到现场，他就会兑现承诺，下午带她去买红羽绒服棉袄。女儿跟自己买棉袄，就不会和伙伴玩弹力球，弹力球不掉进冰面，女儿不去捡，又怎么会掉进冰层丧命！

顾启明哭得肝肠寸断，到商店买来女儿心仪已久的红色羽绒服，仔细地给她换上，抻平每一个褶皱。然后，他守在女儿身旁，抚摸着她那张冰凉的、失血的小脸，耳边仿佛响着女儿的声音："爸爸，你早点儿回来啊，我等着你！"早晨离家，顾启明不知道这是女儿和他说的最后的话，他快乐地应着，盘算着今天一定早回，实现女儿的心愿。却不料，苍天跟他开了一个恶毒之极的玩笑。

顾启明是清原满族自治县国营城郊林场的护林员，他工作的地方范围很广，——7000多亩的苍茫大山，绵延三个村五个自然屯。那里人迹罕至，路途遥远，顾启明巡山的时候，唯有风声鸟声、花木虫兽与他为伴。顾启明参加工作那年才22岁，是一名浑身劲头使不完的小青年。每天，他自备干粮，骑着自行车进山，把车子寄放在山下的百姓家里，然后去巡山。这一走，就是遥遥一天。很多时候，从早到晚不见一个人影，寂寞了，放开嗓子吼两声；饿了，掏出挎包里的干粮啃几口；渴了，掬一捧山泉水咕咚咕咚喝下去；累了，就势躺在铺满落叶的林地上，闭上眼睛迷一觉。

这写起来诗意，听起来神往的工作，实则令人烦躁无聊。春天里，附近的百姓惯于将饲养的牛羊赶到山上“啃青”。头年栽植的小树苗，吸饱一冬天的雪水，开春时争先冒出嫩芽，新鲜甜脆的松枝正是牛羊们喜爱的食物，但一撸断嫩梢，小树再也长不成大树。顾启明为了看管好新植林，每天凌晨三点多钟，就趟着露水跑到山上去，制止农户乱放牧。

每年的元宵佳节，山里人习惯砍下苍绿的松枝装饰门前高挂的红灯笼。不知从什么时候起，山里人改砍油松枝为砍落叶松幼树，一家砍一根，一年砍一根，家家户户，一年又一年，加起来就是惊人的数字，等于生长期的落叶松林被缓慢地砍伐。顾启明心疼那些树，走遍了分管地段的1000多户人家，讲政策，发宣传单，说服教育百姓。走访中，顾启明拉近了与山下百姓的距离，大家渐渐了解了他的为人，理解了他的工作，并给予积极的配合。

有人发财心切，贪婪的眼睛盯上山里的木材，想方设法进山偷盗。顾启明春夏秋冬的“蹲坑”，逮偷盗分子。夏天，挨蚊虫叮咬，冬天，雪地里一呆就是几小时。也有人动软招子，给顾启明塞钱，送烟，想买通他，睁只眼闭只眼放行，大家皆大欢喜。顾启明见了钱和物，不是不动心，须知，他家里条件并不好，老婆没工作，自己工资低，眼看着白来的一沓沓钱，谁视若无睹，谁不食人间烟火。可顾启明最终没要一分。他没有什么漂亮话，他只是想，那钱拿了烧手。

顾启明万万没想到，自己管好了山上的树木，却弄丢了女儿。但生活还在继续给顾启明施压——女儿去世不久，他被确诊肺癌。手术后，他只在医院住一个多月，就不听任何人劝阻，硬撑着去巡山。妻子哭着问他，你到底图个啥？他说，没想图啥，领导把那片林子交给我，我就要看管好。

2007年，顾启明的病还没康复，厄运再次降临这个不幸的家庭——妻子患了脑淤血，住进医院。顾启明紧紧抓住妻子的手，心中剧痛。他知道，妻子的病因想念女儿而得，他愧疚，他惭愧，叹息自己没有保护最亲的人。顾启明越想越伤心，趴在昏迷不醒的妻子耳边哭喊：“老婆，你醒醒，你不能抛下我呀！我对不起你们，我没给你们吃好的，穿好的……”

两天两夜后，妻子苏醒过来。顾启明悬起的心一下子放下来，露出笑容。这时候，他又开始惦记山上的那些树，把自己分成两份——白天去巡护，晚上回来守在妻子床前，小心翼翼地伺候她。顾启明全然忘记，自己也是病人，也需要关心。在顾启明的精心呵护下，妻子一天天好起来，他自己，也创造了奇迹——当年医生说他只能活四个月，但他活过了四年！

二十多年来，顾启明走过长达 14 万公里的护林路，管护的林区没发生一次火灾，没有一起重大的林业盗伐滥伐案件。2007 年 9 月，他被国家林业局、农林水利工会授予“全国优秀护林员”称号。2008 年，顾启明感动了他所在的城市抚顺，将本年度的“百姓雷锋”荣誉授予他。

记得刘欢有一首励志歌，歌中唱道：“昨天所有的荣誉，已变成遥远的回忆。辛辛苦苦，已度过半生，今夜重又走进风雨……再苦再难，也要坚强，只为那些期待眼神……”

顾启明和他的那些树，共同度过半生，不管他有怎样的苦和难，也忘不了那些树期待他的眼神。那些树，就是他的妻子女儿，那些山，就是他的家。他和那些山，那些树在一起，如同与妻子女儿在一起，快乐和疼痛都是真实的。用生命守着亲人，哪怕付出一切也在所不惜；用生命守着森林，每一片树叶都是深情。这深情没有高深的理论，被刻意升华的虚无缥缈的意义，它只是出于一种责任。

星光为谁点亮

工作像老黄牛，总是吃苦在前；助人像及时雨，荣誉遗忘身后。像电那样传递光和热，温暖快速抵达百姓心窝的光电使者。

——献给董志刚的颁奖词

2006年，董志刚突然接到上级通知：即刻到后安镇供电所担任所长。彼时，董志刚的心向下一沉，他知道，后安镇供电所无论工作环境和职工都差强人意。但领导派自己去，是出于信任，自己不能临阵脱逃。于是，董志刚收拾了行李，到后安镇供电所走马上任了。

之前，董志刚是章党供电所所长，在那里，他订立了一系列的规章制度，在全局率先实行以工作绩效高低作为奖金分配的依据，充分调动了全所职工的积极性。同时，他还在所里开展“岗位学雷锋，行业树新风”活动，号召职工从点滴做起，从小事做起，把雷锋精神与日常工作融合在一起。仅仅一年，章党供电所就被国家电力公司命名为“国家级示范窗口”，被市雷锋精神研究所命名为“学雷锋理论实践基地”。

鉴于此，领导委任他去后安，可谓再三斟酌的正确决定。

赴任后安镇供电所的董志刚，没有摆出居高临下、板脸训人的架势，而是放低姿态，内打扫办公室卫生，外查看线路，一天到晚眼里手里全是工作。等着看他表现的职工们，渐渐有些坐不住了，董志刚打扫卫生的时候，他们再也不好意思若无其事地打扑克，董志刚出去查线路，他们也无法视而不见。于是，一个人扫除，变成一帮人扫除；一个人查线，变成一帮人查线。

人都喜欢接受鼓励，都有上进心，董志刚虽没学过心理学，但懂得怎么拉近人与人之间的距离，他从情感入手，专夸职工的优点，有意避开缺点。日子一久，职工的精神面貌悄然改变，干实事的多了，散漫的少了，大家的工作热情空前高涨。

董志刚对待工作不使蛮力，而是讲究效率。通过一段时间的摸底，他掌握了后安镇的电路布局，重新架设部分线路，缩短线路2000多米，完善了四个台区的电网改造。随后，他开展电表计量普查，处理事故表380多块，淘汰废旧电能表150多块。成立查窃电行动小组，一举端掉几家窃电大户，追补电量150多万千瓦时，挽回经济损失70多万元，有效地遏制了辖区偷电现象。经过董志刚半年的理顺，综合台区低压线损率降低5个百分点。

初战告捷，董志刚一鼓作气，组织职工加强对辖区内供电线路的巡视，不管阴晴雨雪，只要发现问题，他亲自上阵维修整改，保证电力供应。发现居民家用电线路哪里不合适，主动帮助重新规划，减少电损。为居民节省了电费，为国家节省了电能。

董志刚喜欢开创性的工作，单位逐渐走向正规后，他又把每年的5、6、10、11四个月作为所里的便民服务月，满足用户的各种需求。董志刚做的便民服务好事，直到今天，村民还念念不忘。2005年，一场大水将马圈子乡金斗村5户村民的房屋冲垮，新房建成后，因拿不起架设线路的费用，只好点蜡烛过日子。董志刚听说了，心里怎么也搁不下，主动出面将情况向电业的领导反映，引起领导重视，决定为5户村民免费架线。董志刚领命后，带着全所职工大干3天，终于在第三天的晚上，5户村民的家里再次灯火通明。董志刚望着那一扇扇窗口映亮的灯，就像看遥远天空闪烁的星星，心情十分愉悦。

春季里，村屯闹干旱，董志刚带领职工起早贪黑，筑变电台，安装变压器，架设线路，共增加3个电井用电，可灌溉面积1000多亩。镇子里人口多，用电量大，董志刚就给镇中心的用电增容，方便了商户用电。偏远村屯的几户人家电压不稳，一刮风下雨就断电，董志刚知道后，进行技术整改，给深山中的百姓输送光明……

董志刚热爱工作，更有爱心。2005年，他在章党镇任供电所长期间，曾偶然遇见两个因家穷面临辍学的孩子。那天，他的心被孩子无助的眼神触疼了，抚摸着孩子的枯瘦的小脸，对她们的家长说："让孩子上学吧，学费由我出。"丈夫一言，掷地有声，从此，两个孩子的学费由董志刚包了。

2006年，董志刚调任后安镇，他记挂着两个孩子，工作再忙，也要抽出时间去看望，问问学习情况，买些生活用品，关心孩子的健康。孩子见了董志刚，也亲热得不得了，破旧的农家小屋里，不断传出孩子和所长爸爸开心的笑声。

2007年5月的一天上午，正在忙碌的董志刚突然接到一个陌生电话，说他资助的孩子之一——小鑫得了急性阑尾炎，请他去一趟。董志刚放下电话，匆匆赶到镇医院，掏钱为孩子办理了住院手续，并在手术单上签了字……

默默为精神病姐妹代缴3年电费，关照无儿无女的孤身大娘，给学校解决取暖燃料。十几年中，执着与真诚的董志钢帮助了别人，也感动了别人，他先后被评为抚顺供电公司优秀服务标兵、抚顺市农电局“先进生产者”，抚顺县“十佳班组长”、县“优秀共产党员”，抚顺团市委命名他为“十佳岗位能手”，被省文明委授予雷锋奖章；2008年，被抚顺市授予“百姓雷锋”光荣称号。

董志刚所做的事，都是我们的身边小事，但他从不因为这些事微小视若无睹。而是一年一年持续地做，做得久了，小事成了大事。董志刚的人格也在这些小事上高大起来。世上凡伟大之事，皆由平凡累积而成，中国有句话，叫做勿以善小而不为，勿以恶小而为之。愿董志刚这样的“百姓雷锋”能感染带动更多的人，关注身边小事，世界就会和谐美好。

清扫城市的心灵

把青春献给环卫事业，为工作不计个人得失；把爱心献给有困难的人，为他人忘却自己身处困境的环卫之花。

——献给朱红的颁奖词

当城市还在沉睡，有的人已经拿着大扫帚，沙沙地扫除街上的杂物垃圾。冬天，他们裹着一身雪，秋天，披两肩冰霜，初春、盛夏，寒来暑往，他们在别人香甜的梦中，沉默着劳动，等城市在晨光中开始新的一天，他们已经抹擦着额头的汗水，留下洁净和美丽，悄然将身影隐在喧闹的车流人流中。

城市清洁工，是一个卑微的工作，由一群卑微的人来承担。正因有了他们，我们的生活才更有质量。然而，我们很少尊重卑微人辛勤的劳动，习惯性的破坏，毫不客气的践踏，使他们的成果转眼间化为乌有——与其说我们的城市需要清扫，不若说我们的心灵更该清扫——学会发现卑微中的高尚，敬仰那些渺小的人。这世界的丰富炫丽，就是由微小的生命组成，像一片藻，铺展开来，就成了曼妙的风景。

城市清洁工的事情，真没什么动人之处，说不出，也写不出或让人挥泪，或让人振奋的东西。可他们的存在，确实深深地影响一座城市，城市里的每一个人都受益于他们。

朱红，抚顺顺城区环卫工人，至今已经有二十多年的工龄。这段时间，也是她人生最美的时光，虽然她受工作和经济所碍，几乎没穿过漂亮的衣服，擦过贵重的化妆品，但她获得了物资以外的奖赏：市十佳环卫工人、市十大杰出青年、省五一劳动奖章获得者，2008 年度的抚顺“百姓雷锋”。

1990 年，朱红负责顺城区环卫工作。这个区的北山附近棚户区密布，垃圾堆成山，清运工作十分繁重。朱红到岗后，忍着熏人的腐败气息，挥锹动镐，拖拽着手推车，把积攒多年的垃圾山一点点运到 2 公里以外的转运场。棚户区居民看到年轻的朱红每天往返 4 个来回移走垃圾山，不好意思再随便倾倒，周围环境得到改观。

1990 年，被单位破格录取为正式职工。1995 年，朱红光荣地加入中国共产党，1997 年，被任命为抚顺顺城环卫所清运班班长。

可以说，朱红的每一点滴进步，都是艰苦劳动和热心助人换来的。

升任班长后，朱红对工作投入更多的热情。每天早晨，她总是第一个出现在所里，安排、调度一天的工作。如果有谁请假，她就无声地顶替。北山社区的垃圾死角没人清理，也是她义务承担下来。有一段时期，北山社区道路改造，手推车进不去，朱红就用编织袋把垃圾从山上背下来，再装车推到转运站。对于朱红的举动，有人说她傻，又不是自己分担区内的活，管它干吗。朱红一笑，说，谁都愿意生活环境好一些，我傻一点，大家不就多享受一点吗。

在朱红的带领下，全班 40 多名工人把分管区的卫生干得非常好，社区环境大变样。同时，朱红也对全班工人的个人生活给予细致入微的关照，哪个工人有困难，情绪有变化，朱红都能及时地了解把握，送上她作为班长和姐妹的温暖。

2004 年 9 月，患抑郁症的临时工李显有，跳下永安桥轻生。朱红知道了，第一时间赶到现场，与同事把李显有送到医院抢救。李显有保住了生命，却落下脊椎粉碎性骨折的后遗症。李显有彻底丧失活下去的勇气，以绝食的方式，想尽快结束生命。朱红坐在李显有病床前，流着眼泪苦劝他：“显有兄弟，人不怕穷，怕的是没志气。我们大伙都等你回来上班啊！”朱红的话触动了李显有，他沉默不语。朱红见状，知道他心有所动，就和丈夫连续几天守着李显有，终于让他放弃了轻生的念头。

为了治好李显有的病，朱红带着他访遍省内的骨科名医。然而，李显有终因病情太重，两个月后离开人世。弥留之际，李显有拉着朱红的手说，姐，你是个好人，我永远也忘不了你。朱红哭了，真就像姐姐一样，和环卫工人为李显有料理了后事。

朱红是全班工人的主心骨，也是家里的顶梁柱。

朱红的爱人是下岗职工，同时身患重病。为了恢复丈夫的健康，朱红两年就花光了所有积蓄。而朱红每月 700 元的工资，难以维持丈夫的药费。丈夫治疗时，朱红就要 24 小时守在他身边，给他换药。为了不影响工作，有时候，她不得不硬着头皮求助邻居。

1990 年，70 岁的婆婆患直肠癌入院。当时，朱红的单位正在大干，她心疼婆婆，又放不下工作，只好将悲伤藏起来，白天参加工作，晚上到医院照顾老人，期间没请一天假。直到婆婆去世，大家才知道她家里发生那么大的事情。

2007 年 3 月 4 日，一场百年不遇的暴风雪突袭抚顺，大雪铺天盖地而来，整座城市陷入纷扰的白色之中，道路封堵，交通不畅。那天，朱红正在医院陪爱人扎点滴。开始，她尚能坐得住，后来，她不断起身眺望窗外的大雪。爱人明白她的心思，说，你去吧，这么大的雪，单位一定有活干。朱红看了看丈夫，迟疑半天，还是转身走了。

许多年来，朱红就是这样把家和环卫工作一起担在肩膀上，像一只

不知疲倦的蚂蚁，在城市的街巷中穿梭，用双手为人们营造美好生活。可她自己一直是那么微小，不被人注意。

脚手架上的舞蹈

你理解我们的苦，了解我们的愁，领着我们闯世界，让生活有了奔头。用质量打地基，你盖起座座高楼；靠诚信交朋友，你不惜掏出所有。跟你干活，我们一百个放心；你在前面走，我们跟在你身后。

——献给王振英的颁奖词

从农民工到全国“五一”劳动奖章获得者，两者之间的时间跨度为20多年。这是一个人从风华正茂到鬓染飞霜的生理渐变过程，是一个人从青涩到成熟再至耳顺之年的思想跋涉。农民工，是潜隐在繁华城市里的蚂蚁，吃着最简单的食物，住着最简陋的床铺，每天披星戴月，用自己的辛勤劳动，涂抹着城市的亮色。

2009年3月3日，王振英紧握着手中的“百姓雷锋”奖杯，心情兴奋而复杂。他觉得，他每一次面对荣誉的时候，都是代表身边的那些兄弟们领取。20多年来，他和兄弟们悲伤着彼此的悲伤，快乐着彼此的快乐，他们把自己的汗水、感情，都浇筑在这座叫做抚顺的城市。20多年的耳鬓厮磨，抚顺，在他和兄弟们的心里，不是家乡，却早已把他乡认故乡。

这座城市，给了他名分——抚顺市中通建设（集团）有限公司外分包项目经理；给了他栖身之所——劳模公寓。给他太多的荣誉——抚顺市劳动模范、全省优秀农民工、全国优秀农民工、2009年4月，又摘得全国“五一”劳动奖章。

王振英和这座城市血脉相连。

1986年，36岁的王振英在河北老家组织起一支施工队，追寻着父祖辈闯关东的足迹，一路颠簸来到抚顺。王振英敢于大着胆子拉起一支队伍出关淘金，皆因之前他在抚顺的建筑市场赚到了钱——干了一个月，收入200多元。这对于当时每月36元的民办教师工资，简直是天壤之别。所以，他无论如何再不能留在家乡，他要去远方，营造一个美丽的梦境。

人在异乡，想混碗饭吃不容易。王振英和他的农民兄弟在激烈的建筑市场竞争中，靠着诚实、守信，渐渐站住脚，竖起自己的品牌。1996年，王振英承担了市政府办公大楼部分建设工程。在王振英看来，这个工程的承揽，成，是叫响自己牌子的最佳机遇，不成，则自己砸了自己的饭碗。因此，面对工程体量大、工期紧、任务重、工艺复杂、技术要求高等一大堆困难，他绷住一股劲，坚持每天穿梭于工地，与农民工一起劳动，同时兼着指挥、协调、调度的角色。施工期间，王振英就这样领着他的兄弟，创造了抚顺高层建筑史上施工基础最深，工程体量最大，主体建设最快等多项记录，确保了市政府办公大楼的工程质量。

从此，王振英名声大震，陆续承建了一批具有抚顺地标性的工程。尤其抚顺的近年来最大的民生工程——棚户区改造过程中，王振英克服重重困难，担着风险，承建了近两万平方米的棚改安置房，为整个棚改工程的顺利实施、如期完成付出了大心血。当棚改居民搬家回迁时，王振英望着他们喜气洋洋的笑脸，就像为自家兄弟高兴过上好日子一样。

跟着王振英在抚顺打拼的河北籍农民工中，有的是他当年的学生，更多是他的乡亲。王振英将他们视为亲人，从不苛刻慢待，更不干什么克扣之类的事情，因为他忘不了自己穷困时受的那些苦。

王振英教过的学生，刘彦峰和田彦宏两个，跟着老师在抚顺十五六年光景。起初，王振英手把手教他俩拿抹板，从抹灰、砌砖等基础学习，逐渐从力工升级到技工，不仅挣到了钱，还得到老师怎样做人的真传。而二十多年中，王振英言传身教带出来的学生，又何止刘彦峰和田彦宏，现在，他们都过上了稳定、富足的生活。

将心比心，心中常存善念。王振英待身边的每一个农民工，都怀着土地般的深情。他知道，兄弟们人在外，心系家。因此，每逢风吹日暖，霜寒秋凉，他就惦念着冀中平原的那些田垄庄稼，只要工期允许，他都会放假，让兄弟们回去种地收割。谁家里有人病灾，抑或有人结婚生子，他一向掏钱慰问祝贺，让离家在外的兄弟感受到浓浓的人情味。王要增，跟王振英一起出来20多年，两人早已情同手足，他说，老王人实在，谁家有个大事小情的，都记在心上。我们跟着他，不愁挣不到钱，吃的住的也比别处的民工强，有个小病小灾的，他都管。

王振英是他身边的人的主心骨，但大家或许并不完全了解，他为着一帮兄弟，承受过多少压力。做建筑工程的，最怕活干完了，拿不到钱。特别到了岁尾年关，劳累一年的农民工期盼拿到钱，回家和亲人团聚。而王振英为了达成大家夙愿，每次都是东挪西凑，想尽办法。

1997年春节前夕，建设单位的工程款支付不到位，王振英求人担保，贷款28万元给工人开工资。

2000年，某花园商住楼完工，工程款迟迟不到，王振英舍下脸皮，跟同学借了10万元，兑现工资。

2002年，年关将至，王振英借亲属的存折抵押贷款25万元，给打好行李准备启程的农民工发了工资……

远在他乡的王振英，从未敢忘记生养自己的那片土地，和那片土地上的人。修桥铺路，建校兴教，扶老救孤，不管是谁，不管多少钱，他从不吝啬。人心也是一片土地，你播种什么，就收获什么。王振英在乡人的心中播下慈善的种子，必定回收加倍的慈善。

苦累但求千家暖

为他人的暖，瘦小身躯独挡风雪；为城市的美，耄耋之年甘为园丁。责任如山，使周遭无寒士；一锄在手，让家乡变花城。迎着风雪走来，他跟温暖同行，踏着夕阳归去，他比夕阳更红。只有平凡的灵魂，没有平凡的人生！

——献给高威的颁奖词

2011年6月6日的《抚顺新闻网》上，一位抚顺市民的帖子如是写道：“为了让咱们不受冻，大冷天的，你在臭水里、烂泥里忙乎，一身水一身泥的，一般人扛不住哇！俺们打心眼里感谢你！”

另一位匿名网友发帖说：“每年冬天供暖都是热议的话题，我相信因为有了更多像你这样的热力员工，我们的冬天会像春天一样。”

……

第五届抚顺“百姓雷锋”评选活动结束了，新产生的十位“百姓雷锋”再次引发社会的高度关注，他们的感人事迹，让观众哭过笑过，沉淀下的，是思索——在一叠声的抱怨、不满中，我们为这个社会做过什么？“百姓雷锋”与我们同在一片天空下，甚至他们本就贫弱，需要关照，却尽己所能，去帮助那些更需要帮助的人。就这一点来说，他们的光辉照亮了周围的世界，那是一种叫“精神”的无价财富。

上面提到的网友热捧的人，叫高威，市热力有限公司维修服务二班副班长，2010年度抚顺“百姓雷锋”获得者，时年三十八岁。

高威当过兵，历任五好班长、优秀教练员等，可以说荣誉多多。脱下军装后，高威分配到市热力公司维修班。一向要强的高威，深知自己从事的工作性质，若没有技术，又不肯钻研，那么，永远只能卖傻力气。高威就自学采暖专业技术，很快熟悉了管工技术和维修业务，换热站机泵的拆装和维护技术，并练就了一套独特的查漏方法——只要他将耳朵贴在管线上，用螺丝刀轻击桥基管道，凭声音就能断定，哪里有漏点。

高威对工作可谓精心、钻研，不肯丝毫懈怠。为方便工作，高威还自学了电工、钳工、火电焊技术，因为他懂得，采暖事关千家万户，一马虎可能就制造大麻烦。早点解决问题，居民就少受点罪。汽网电机改造以后，开始使用电脑控制的频蔽泵。在大众眼里，电脑计算数据精确，没什么可担心的。可高威无意中听说，他们使用的那种频蔽泵容易被烧坏。于是，巡检时就特意摸一摸，感觉温度高了，赶紧排气。日子久了，他又想，这样做自己当班可以，若自己不当班呢？遂请示总公司，给所有的泵套加一根排气管，彻底解除了隐患，延长了频蔽泵的使用寿命。

高威的另一项拿手绝活，是他心里装着责任区管网的线路图。高威负责抚顺最热闹繁华的商业区和人口密集的旧城区——站前至劳动公园一带的供暖维修服务。那里的管线严重老化，情况复杂，但他总能在接到报修信息的第一时间赶到现场，排除故障。有人做过统计，说高威入维修班之后，两千五百多次入户维修，没有一次出错。这个相当了不起的数字，是高威一次次脚步丈量，一遍遍巡检，一家一户用脑子记换来的。

供热维修工作，艰苦、肮脏，危险，但高威从不嫌弃自己的职业卑微，与每月1000多块钱的工资收入不成正比，在险情出现时，他总会第一个走上前去。

2002年11月的抚顺，天寒地冻，呵气成冰。站前26方块萃华金店暖气回水管线，突然崩裂了一道四十毫米长的口子。高威接到报修，马上带领工人进入现场察看情况。他发现，金店暖气进户井是一个两米见方的大池子，且深藏地下，若想管阀止水，必须钻进去才行。然而，金店探出的门脸，又占去井口的一大半，水管泡在臭水淤泥中，给抢修带来极大困难。高威没有犹豫，他脱掉棉衣，弓背弯腰，骑着管道一点点往里爬。在熏人的恶臭气味中奋战4个多小时，终于修好破裂的水管。

高威的吃苦耐劳精神，是中华民族的传统美德，也是富裕的今天所应遵行的。多年来，高威做到了每次接到报修电话，第一时间赶到现场，修好漏点，还要给造成不便的居民致歉，赢得理解和尊重。对困居陋室的孤寡老人，他一直都予以额外关照，老人亲切地喊高威“孙子”，生活和感情层面都已离不开他。

罕王商场东侧的一栋住宅楼里，有一位年近八十的独居老人高春。听人说高威性格好，活干得也好，想到家里的供热有毛病，就试探着求他给查看。高春老人的住宅区，不在高威的分管区内，但高威一口答应，帮老人调好管道。老人十分感激，声称他和自己的孙子一般大。高威也称老人为奶奶，从此结下十一年的祖孙缘分。十一年里，高威再忙也要抽出时间去探望老人，逢年过节，总要带上礼物去拜访。高威家一直和八十岁的赵淑梅老人为邻，老人儿女不在身边，房子老旧，管线严重老化，经常出现跑冒滴漏的事情。每到这时，只要老人一声喊，高威只要在家，转瞬即到，解除老人的烦恼。上下楼老人拿不动的东西，只要高威看见，都由高威管。老人哪里不舒服，高威和妻子就忙着端水递药，像照顾亲生奶奶一样。但是，除了高威，外人极少知道，他为独居老人尽人伦之孝，却顾不上回乡下看望自己的父母。他可以在炎热的夏天给同事买消暑饮料，工作太忙时赶不回单位吃饭，自己花钱给同事买午餐，却少有人知道，他每月仅千余元的工资，养活身患心脏病的妻子和年幼的女儿……

高威不善于表达，但他做的事情胜于千言万语，脉脉滋润他人的心田。在高威的感召下，维修二班成立了学雷锋小组，冬季供热期，小组主动加班。夏季维修期，上门为老人、残疾人清洗暖气片、维修管线。同时留下手机号，方便有事时联系。听到被服务对象由衷的赞美夸奖，学雷锋小组的年轻人再也不嫌沾满锈蚀污渍的工作服难看了，反而心里洋溢着自豪感。

高威十五年的工作历程，展现了当代工人的风采。他的故事，也让我们一再想起一首老歌：咱们工人有力量，每天每日工作忙，盖起了高楼大厦，修起了铁路煤矿，改造得世界变呀变了样……

在路上

他用责任发言：路，该怎样护。他用爱心表态：路，该怎样走。最寂寞的岗位，他不埋怨，像石子，铺好别人脚下的路；最曲折的人生，他不沉沦，像雄鹰，寻找自己头上的天。安贫，能乐其道；穷途，不改其志。一个是人生的方向标，一个是青春的教科书。

——献给孙本学的颁奖词

若说起来，我们每个人的每一天都在路上。区别在于，有人的路平坦通畅，有人的路坎坷不平，有人的路曲折无已，有人的路循环往复。在平坦的路上，走得春风得意；在坎坷路上，难免忧郁伤感；路再曲折，坚持走下去，总有奇异景色；路循环往复，劳苦又劳苦，谁还顾得上诗情画意？

孙本学的路，是一条线段。他经年累月用双脚丈量着这条线段，宽多少步，长多少步，哪里有弯，哪里坑洼，哪一段栽着什么花，他心里清清楚楚。他的人生苦乐也在这条路上，路多长，他的人生就有多长。

1986 年，孙本学成了一名养路工。上岗之前，同样是养路工的爹对他说，三百六十行，哪一行都有人干，哪一行想干好都不容易。养路工这活儿，看着是出力气，可实际上得动脑子。孙本学牢记着爹的叮嘱，开始了第一天的工作。

正如父亲所言，养护公路想干好绝非易事。但孙本学是个勤奋的人，道班集体作业，脏活累活他抢着干，清理边沟，总比别人耗费近一半的时间。后来分段包干，他负责的路是新交付使用的工程，施工方留下许多“尾巴”，譬如路基弃方、边沟不通、路肩不够宽等等。孙本学没有一句抱怨，而是自己花钱购买一辆手推车，带上锹、镐，开始默默地修整。那一年，他清除塌方 1200 立方米，开通 800 多延长米的标准边沟，垫平 2000 多平方米的路肩和边坡。

孙本学踏实、肯干，单位的历年等级考核中，他一一顺利通过。管理自己分包的路段，也像伺候自己的孩子一样，精心呵护，一丝不苟。孙本学视力不好，2002 年，不幸又患上角膜炎和结膜炎，受家庭经济所限，没有得到及时治疗，一直拖延着，勉强维持。2005 年 5 月 10 日，孙本学正在作业，那些花草、小石子，突然变得模模糊糊，他用双手试探着抚摸，却眼前一黑，栽倒在地。

孙本学从医院出来的时候，已被诊断右眼失明，左眼视力严重下降，且戴上 1600 度的深度近视镜。

按照孙本学的情况，他可以在家病休，或者找些清闲的工作干。单位领导根据他多年的表现，也有意特殊照顾他。但孙本学不同意，他还想回到分包的路上，那里有花有草有溪水，山上的树林里藏着鸟叫声，在路上，他固然很累，可也有许多别人体验不到的快乐。于是，孙本学再次推上他的手推车，车上装着铁锹、镐头、镰刀，出现在包管的路段上。

这一次与以往不同，高度近视的孙本学，要铲除杂草，几乎把脸贴在地面上，仔仔细细地分辨，那颗是草，那颗是花，那一棵是树。这样一干四五个小时，汗水滑进眼里，浸得眼睛疼痛。因为长时间保持一样的姿势，每拔完一次杂草，他累得腰背酸软，直不起身，只好顺势躺在地上，歇一歇。这时的孙本学，仰面望着天空，但他看不清白云和飞鸟，只能听见山风吹拂的声音。他唯一的感觉，就是累，太累。

孙本学养护的路段，有一处裸露的山体经常发生塌方，碎石泥土淤塞边沟，排水不畅，有的甚至滚落到路中间，给行人和车辆造成威胁。这问题让孙本学颇费心思。他决定捡石块砌筑挡土墙，从此每天起早贪黑，推着车四处捡石头，最远的来回六华里距离。再后来，他把妻子拉上，和他一起干。几经辛苦，终于砌成一道长二百多米的挡土墙，动用石方二百多立方米，维护了公路的畅通。

养护工一年四季往来于公路，或许，因为职业的关系，没有人注意他们的面孔，但没有不熟悉他们橘红色的工作服。尤其冬季里，白皑皑的大雪铺天盖地，山区格外寂静，这时，养护工那身火一样颜色的衣服，就像太阳般明艳照人。

除雪防滑是养护工的另一项艰苦工作。天一下雪，不管多冷，多大的风，养护工必须到岗到位，清除积雪，保证车辆的交通安全。

2006年12月24日，一夜大雪封堵了路面，翌日晨起，养护公司的除雪机械紧急集合，上路清雪。可到了孙本学分管的标段，除雪机司机愣住了——积雪早已清除完毕，防滑料均匀地撒在路面。原来，孙本学头天夜里十点顶着风雪就走出家门，上标段清雪。他视力不好，妻子用手电筒照明，借着微弱的一束光亮，夫妻俩硬是靠着人工，一点一点扫净积雪，一直干到凌晨四点。那天晚上，孙本学浑身汗水，妻子却冷得哆哆嗦嗦。回到家里，孙本学心疼地给妻子倒了满满两大碗开水，让她喝下去暖一暖。

人常说，贫贱夫妻百事哀。孙本学工资收入低，给不了妻子丰富的物资生活，但两人感情非常好。妻子疼他视力不好，每到天黑不回，就出去迎接他。孙本学的母亲和岳母常年住在他家里，孙本学十分孝敬二老，有什么好吃的，先让她们吃，和她们说话和风细雨。妻子对待两个老人一样亲，外人分不出哪个是婆婆，哪个是妈。2008 年，孙本学的岳母去世，妻子伤心生病，孙本学却只安顿她打点滴，自己照常上班去。2009 年春天，孙本学的母亲到山东看女儿，孙本学的女儿也将马上考大学，家里用度明显增多，光靠孙本学的工资实在紧张。妻子为了改善家境，就远赴沈阳打工。

一大家子人突然都走了，剩下孙本学和女儿守着，他心里难免空旷寂寥之感。妻子在家时，家务活都归妻子干，这一走，孙本学面临的最大问题是吃饭。但孙本学却没有因个人生活影响护路，不会做饭，他就拿黄豆换豆腐凑合。女儿参加高考，妈妈不在家，希望爸爸去陪陪她。孙本学却因公路养护大检查没时间，硬是让女儿自己完成了考试。

在路上，有花有草有山林，在路上，有苦有累有汗水。孙本学从 20 世纪 80 年代起，至今干了二十多年的公路养护工，这一万多天，几近人生的三分之一的时间，孙本学都是在一条路上不断地重复行走，走落了一片又一片的树叶，走熟了一茬又一茬的庄稼，走老了他自己，也走出了一串荣誉——凭着突出的工作成绩，孙本学多次被、市、单位评为优秀养路工。2008 年、2009 年，他先后荣获市劳动模范和省劳动模范光荣称号，成为全省养路工人中唯一的省劳模。2010 年 3 月，再次当选为全省交通系统优秀养路工，成为抚顺市唯一获此殊荣的养护工人。2010 年，家乡抚顺更是将“百姓雷锋”这一光闪闪的名誉颁给他。2012 年，孙本学再获全国公路优秀养护工称号。

尽管荣誉多多，孙本学却依然坚守本色。他只是个凡人，做着凡人乐意做的事情。现在，他还跟从前一样，每天推着手推车，装上简单的劳动工具，晒着暖暖的阳光，奔走在分管的公路标段。

第九章

巷间深深情更长

街巷是家长里短，七姑八婆，街巷是柴米油盐，烟熏火燎的日子。

街巷是社会的组成，是老百姓喜怒哀乐的风俗画。

街巷里多贫贱，贫贱比富贵更牵动人心，就得有人操劳耗神，为一餐饭，一间房，数载求学，披星戴月地奔走呼号。

王芳琪捡个娘回家赡养，刘淑坤认个妹子骨肉情长，武军、张玉华、亓桂香……读完他们的故事，你或许更加理解什么叫古道热肠，会明白逐渐被我们遗忘的东西，在今天，需要到哪里去寻找。

母亲和她的母亲

20年间，一个饱尝艰辛的柔弱女子，承受着儿子病故、丈夫去世的不幸，依然在困境中把人性的光华吐露，为毫无血缘关系的孤寡老人支撑起晚年的幸福。王芳琪，你身处物质生活的低谷，却让真爱飞扬在灵魂的高处。

——献给王芳琪的颁奖词

20年间，一个饱尝艰辛的柔弱女人，承受着儿子病故、丈夫去世的不幸，在困境中，用慈悲的胸怀、粗糙的双手，给年逾古稀的孤寡老人奉上幸福。

2006年，抚顺为感谢她的贡献，将首届“百姓雷锋”的光荣称号授予她——新抚区福民街道居民王芳琪。“百姓雷锋”，是一座城市的精神高度，一座城市的文明标识，也是一座城市屹立不倒的文化丰碑。它给那些潜隐在民间，以沉默的姿势为他人、为整个社会付出的楷模莫大的鼓励，给漠视弱小的人极大的鞭策。“百姓雷锋”，不止属于哪个个体，它更属于一座城市，一个民族，一个国家，乃至整个人类社会。它的终极意义，其实与儒家文化和宗教文化倡导的仁爱等同，仁爱，才能共生共存，万物平等，远离伤害和破坏。

从这个角度看“百姓雷锋”，怎么说都不为过。

在王芳琪的身上，我们很容易就能找到几千年中国文化的影子，她所做的事情，始终遵循着崇尚伦理道德的儒家思想。试问，若没有这些文化根基，王芳琪还能坚持20年义务赡养一位非亲非故的穷老人吗？王芳琪的行为令人肃然起敬，同时，我们更应该感谢祖先留下的精神财富，并且通过“百姓雷锋”等形式，好好地传承下去。

万千的人群当中，王芳琪实在平淡无奇，但就是这么个人，做到了许多人自愧不如的事情。

1986年，王芳琪原本是怀着安慰的心理走进郑梅清家的，之前，她完全没料到，郑梅清从此与她须臾不离。

那天傍晚，80岁的郑梅清裹着破被子，蜷在墙角，浑身瑟缩，爬满皱纹的脸上挂着煤灰和眼泪。她刚失去老伴，又无儿无女，不知道剩下的日子该怎么过。这时，王芳琪推开她的房门，轻轻走进来。见到郑梅清的凄凉，王芳琪的心像被锐器狠狠戳了一下，瞬间萌生把她接回家照顾的念头。

王芳琪不顾家人和众亲友的反对，毅然将郑梅清安顿在自家里。为了消除郑梅清的距离感，她定下一条家规：自己跟郑梅清叫娘，儿女们管郑梅清叫姥姥。从此，王芳琪和她的家人，自动挑起了义务赡养郑梅清的重担。

郑梅清住进王芳琪家不久，就生了一场大病。长达一年的时间，郑梅清离不开别人的照顾，病人一般都性格暴躁，爱发脾气，甚至不肯打针吃药。王芳琪不恼不急，哄孩子似地哄郑梅清，劝她配合治疗。后来，王芳琪发现，娘很害怕穿“白大褂”的医生，为了减少娘的恐惧感，她就自己下工夫学，然后亲自给娘扎针输液。

娘生病期间，王芳琪白天晚上看着她。尤其是晚上，王芳琪怕她有什么闪失，在她旁边搭个小床，和衣而卧。果然不出王芳琪所料，一天晚上，娘一阵剧烈的咳嗽之后，竟被一口痰憋背气。幸亏王芳琪早有防备，急忙给老人捶背，一边用手指抠痰，待娘喘过气来，王芳琪腿一软，坐在地上——她也怕老人万一有个三长两短，大家对自己产生误解。可是，王芳琪没有因这些担忧，而放弃照顾郑梅清。

其实，王芳琪的家庭条件并不好，平常日子里，她十分节俭，但对这个半道儿捡来的娘，她什么都舍得。一年四季，娘的衣裤有薄有厚，逢年过节，娘的衣裳里外三新。一日三餐，变着花样做，娘爱吃的冰糖、麻花等小食品，从来没缺着。尤其难得的，是王芳琪自己的年纪也逐渐增长，可 20 年间，她每天晚上坚持起来给娘做夜宵。

1993 年，王芳琪失去了丈夫，她陷入丧夫的情感创伤中，家庭的重担也一下子落在她柔弱的肩膀。表面上，王芳琪仍旧笑呵呵，可心里头却很苦。这时，好心人劝她再找一个，好歹分担担子，老来做个伴。也有不少男方相中了王芳琪的勤劳节俭，性格柔和，也接受她的三个儿女，可一听她要带着娘一起嫁，人家立即打了退堂鼓。王芳琪感情上失意，但苦水全都自己咽下去，一如既往地照顾着娘。

儿女们相继有了自己的一番天地，王芳琪深舒了一口气。然而，高兴轻松没几天，1997 年，儿女们的单位由于企业转制，先后全部下岗。儿子的性格像母亲，刚强、上进，在单位一向表现突出，突然失去工作，觉得天塌了一样，天天把自己关在家里发呆。起初，王芳琪以为儿子心情不好，未太放在心上。直到发生可怕的一幕，王芳琪才觉醒，儿子疯癫了。丧失理智的儿子追打着母亲，王芳琪的心都碎了，一边躲避，一边叮嘱儿子：“儿啊，别扎了脚，快把鞋穿上。”

此后，儿子时不时犯病，一犯病，王芳琪就只好领着郑梅清到女儿家避难，等儿子好了再回家。最艰难的时候，她曾想到死，可一想自己死了干净，剩下老娘交给谁？冷静下来，王芳琪自己打消了念头，继续带着郑梅清“打游击”。

王芳琪的执着感动了女儿女婿，虽然他们都下岗，经济拮据，但他们都能主动帮母亲照顾郑梅清，成了王芳琪的好帮手。王芳琪的大女儿身患糖尿病、心脏病，骨瘦如柴，却经常搀扶娘遛弯，陪老人聊天。大女婿负责背姥姥上下楼，赶上她大小便失禁，弄脏衣服是常事。

王芳琪和女儿们的艰难，郑梅清看在眼里，她不愿意再拖累这一家子，想搬出去自己过。王芳琪怎么也不同意，说到最后，娘俩儿抱头痛哭。后来，郑梅清是王芳琪捡来的娘这一事实公开化，按照居家养老政策，郑梅清可以送进养老院。王芳琪觉得，老人脾气古怪，生活习惯特殊，还是不送的好。这件事情也被郑梅清知道了，老人什么也不说，只不舍地看着王芳琪。王芳琪一下子心软了，想到这么多年来，娘俩儿相依为命，早已谁也离不开谁，遂将老人留在身边。

岁月悠悠，世间有情。王芳琪和郑梅清的故事，浓缩在时光深处，化成一颗恒星，照亮后来者的灵魂。

那些年我们一起走过

用善良之心，温暖陌生家庭，让愁苦的母亲露出笑脸，让瘦弱的树苗茁壮参天。朴素如草，却燃烧自己，释放出真爱的光焰。你以个人的美德，演绎出和谐社会的壮美大歌。

——献给刘淑坤的颁奖词

人是孤独的个体，人又是相互依存的群居动物。人怕孤独所以群居，群居的人又因着种种杂念，而设立无形的藩篱，阻隔开彼此。欲望越多，我们越倍觉孤单。这似乎解释不通的悖论，若稍加验看，它无处不在。亦因此，我们渴望关怀和被关怀。又或，在这重重的矛盾中，有一些温情宛如晨昏燃亮的灯盏，那浅淡的光芒，叫我们的心宗教般宁静，是为佛陀禅境了。

2007年1月7日傍晚，抚顺机械厂退休工人刘淑坤的家里，洋溢着节日般的热闹气氛——一家人围坐在一起，举杯庆贺一对新人，祝他们白头偕老，永结同心。席间，刘淑坤拿出一枚金戒指，戴在新娘子纤细的手指上，转身又给新郎兜里装了1000块钱，深情地说："你俩都在协和医院读博士，这是你们奋斗的结果，要好好珍惜。今天，你俩结百年之好，我和你妈祝福你们！"一番话说得新郎新娘泪花闪闪。一旁的杜桂琴悲喜交加，哽咽着说："儿呀，你以后无论怎么飞黄腾达，也不能辜负刘家。往后，管你干妈就叫妈吧，她比你亲妈还亲！"

杜桂琴的表白，感动了宴会上的所有人。刘淑坤也情不自禁地抹擦着眼角的泪花，脑海里翻腾着十几年前的情景。

1994年夏天，刘淑坤从抚顺机械厂办完退休手续，一身轻松地走在回家路上。快到家的时候，她猛然发现，前面有一个腿脚不便的女人在翻楼角的垃圾箱。见此情景，刘淑坤心中一动，紧走几步，凑上去问："妹子，你拣这东西干什么？"女人低头把手里的挂面掰掉发霉长斑的部分，剩下一截白净的，整理好，放进推车的小筐里，然后才说："人吃。"刘淑坤听吃惊地喊道："这东西咋能吃，会闹病的。"女人没再作声，继续拣她的变质挂面。

这一面之缘，刘淑坤却再放不下那女人，直觉告诉她，这是个可怜的人，一定身遭不幸，在苦海中挣扎。而邻居的介绍，恰好印证了她的猜测——女人叫杜桂琴，腿脚残疾，孀居，家中只有她和上学的儿子。她极少出门，即使多年邻居也很少见面。但她的儿子很有出息，考上省城的大学。听完邻居的讲述，刘淑坤的心悬了起来，当晚，她踏进杜桂琴的家门。

刘淑坤永远也忘不了杜家母子给她的第一印象：儿子因营养不良而面色苍白。母亲双腿僵直，脚蹭着地走路。屋中的陈设，可以用"家徒四壁"来形容。正要蘸盐水吃玉米饼子的杜桂琴，认出是白天的大姐，愣愣地望着她。刘淑坤的心里一阵酸楚，再问清缘由，更萌生悲悯怜惜——杜桂琴原本是一家火药厂的三八红旗手，1962年因公负伤，落下半瘫的后遗症。丈夫去世后，她几次想到死，可舍不下好学上进的儿子国生。这几年，她把每月 80 元的遗属费全搭在念医大的儿子身上，自己勒紧腰带，苦度人生。眼下，娘俩正为学费发愁。

刘淑坤再也听不下去，回家端来一碗饺子，看着可怜的母子吃下去。从那天晚上以后，刘淑坤暗中下定决心，要帮助杜家，并征得丈夫、儿子的积极支持。

几天后，刘淑坤给国生送去了学费。杜桂琴万万没想到，仿佛雨打浮萍似的母子俩，居然遇上了大好人，激动地想跪下去给刘淑坤磕头。刘淑坤伸手扶起她：“妹子，天大的难大姐帮你顶着，咱不低头。”

刘淑坤照顾杜家母子的事情，在邻居中传开，有人问她，杜家没钱没势，你这么干图什么呀。刘淑坤说，图个舒心。可是，1996 年夏天，刘淑坤自己也家遭变故——一向赞成她帮助杜家母子的老伴病逝。临终前，老伴嘱咐她，第一，继续帮助杜家母子；第二，帮杜家母子不是三朝两日的事，和儿子在一起，时间长了难免磕磕碰碰，还是自己独居便利些。刘淑坤哭着一一点头。

送别了老伴，刘淑坤干脆要来一把杜桂琴家的钥匙，省得她一去，杜桂琴蹭步给她开门。就在那一年，时任省委书记的闻世震到抚顺视察，听到杜桂琴母子和刘淑坤之间的事情，特意登门探望。在沈阳读书的国生得知这一消息，写信告诉妈妈和刘姨，一定以更好的成绩，回报施恩与他的人们，回报社会。这时，刘淑坤又想到，国生回趟抚顺不容易，在沈阳孤苦伶仃，生活没着没落。就给妹妹刘淑娟说，让她代为照顾国生。

刘淑娟任省妇联妇儿工委部长，姐姐一介绍国生的情况，当即表示，一定好好关照这个孩子。从此，国生成了省妇联的“儿子”，“妈妈”、“姐姐”们常给他买生活用品和书籍，国生在省妇联机关食堂吃饭，大家都挑好吃的给他。常言道，受人滴水之恩，当以涌泉相报。国生将众人的温暖化为学习的动力，1997 年，他顺利考上中国医大的硕士研究生。可是，国生望着母亲的苍然白发，心里产生了动摇——他想早点工作，挣钱养活母亲，别再给人增加负担。刘淑坤知道了国生的心思，语重心长地劝他："孩子，刘姨和大家帮你，就是盼你好好读书，日后成为栋梁，你可不能辜负我们的期望啊!"

2001年，硕士毕业的国生坚持不考博士，而选择到湖北同济医院附属协和医院工作，同时带走多病的母亲——国生知道，这些年连累刘姨太多，不能再继续这样下去了。临行前，刘淑坤不放心杜桂琴，买了三张车票，陪着他们娘俩，一起登上开往湖北的列车。到达武汉后，刘淑坤张罗着安顿好国生母子，才依依不舍回到抚顺。

然而，杜桂琴不习惯武汉的火炉气候，身体每况愈下。刘淑坤得知母子在他乡陷入窘境，连夜乘车再至武汉，接回杜桂琴。母亲随刘姨重返老家，国生轻松许多，再次拾起书本学习，2004年3月，考入北京协和医院的博士研究生。在攻读博士学位期间，国生与同窗相恋，3年后，出现了本文开头的那一幕。

人常说，苦尽甘来。这是一句励志的话，也是多少实例的验证。而这苦难终有尽头，幸福定有一天如花盛开，由希望变为现实的漫长过程，既要每个深陷其中的人不断努力，也离不开无私的帮助。国生可算苦命人，但他心大志大，终于脱离苦海，给自己和母亲创造了新的生活。他拥有今天和未来，同样是刘淑坤耗费心血的换取。亦因此，2007年的2月28日，刘淑坤站在了抚顺"百姓雷锋"的领奖台上。当她面对着台下数以千计的观众，脸上挂满春天般的笑容时，心里第一个想到的还是国生，祝愿他崭新的人生路阳光一样灿烂、辉煌。

巷子里的事情

为赵钱孙李的困难担忧，为家长里短的琐事操心，为困难群众的利益奔波。心里装着老百姓，唯独没有她自己的"小巷总理"。

——献给徐秀香的颁奖词

巷子里的事情，谁也说不清。巷子里的事情，少有人管得明白。

巷子里太吵，太杂，七姑八婆，三叔六舅，锅碗瓢盆，磕磕碰碰，家家有本难念的经。

一团乱线穿到一根针里，针更难。针只能用它的坚硬锐利趟出一条路。

社区书记，就是一根针，巷子里的事情，就像一团乱线，千条线，万条线，穿引这一根针，拉扯着，拖拽着，要你一一答对。

关于社区书记，曾有过一些接触，觉得她们的共同性格是风风火火，心直口快，马不停蹄，做事干脆利落。事实上，在社区工作，没有这种性格，做不到底。

社区书记实在算不得什么官，可是管得宽，动迁上楼、住房就业、家庭矛盾、邻里纠纷等等哪一样不操到心，哪一样不踏实。忙活这一地鸡毛，很难看到成绩，所以，干社区书记，首先需要勇气，然后考验耐力、公信力。说到底，得有“豁出去”的决绝之心。

徐秀香上任望花区创业园古城子社区书记、调解委员会主任，已经远在2000年8月。那年，40岁的她通过公开竞聘上岗，对于这个新社区书记，不少居民持怀疑态度，恐她年纪轻，三分钟热血，虎头蛇尾。徐秀香从居民的神态中看破他们的心思，暗想，我一定做出个样子来，用事实说话。

2005年，古城子棚改拆迁工作开始。徐秀香深知，这片区域的房屋产权、成员结构复杂，若前期工作做不好，将留下后患。古城子社区尤其如此。这个区的典型状况是，弱势群体集中，“两业”人员多，困难户多，残疾人多，越到关键时刻，越容易暴露问题。钉子户、问题户不在少数。于是，徐秀香带领社区干部披星戴月搞入户调查，宣传棚改政策，耐心细致地解释居民的问题，积极争取动迁居民的配合。随着棚改工作的深入开展，徐秀香也遇到了各种各样的困难——刑满释放人员因交不起动迁费，心情焦躁，竟备了一只液化气罐，两桶汽油，扬言困难不解决就与大家同归于尽。徐秀香得知，一面疏导他的心理，一面向上级领导反映情况，终于使他的事情得到妥善解决。30多个钉子户，最后也在徐秀香的说服教育下，全部签订协议。

社区的弱势群体，也都在徐秀香心里装着，窑地一委八组有一家金姓残疾哥俩，都是独身、刑满释放人员。2004 年 5 月 9 日，一场大火将兄弟俩的家化为灰烬。徐秀香积极发动捐款，一面向上级民政部门申请救济，同时联系企业，帮他们重建房子。金家兄长犯病自残，又是徐秀香把他送进医院。老二到医院看护哥哥的时候出车祸，又是徐秀香出面，讨回赔偿费。

徐秀香干工作，不光有股拼劲，还善于使巧劲，注重方式方法。古城子社区一万多人口，情况复杂，徐秀香想，光靠几名社区干部，再怎么拳打脚踢，也难免疏漏。于是，她想扩大调解委员会队伍。2008 年，深思熟虑后的徐秀香做了一次大胆的行动——以楼院为单位，在社区设立居民调解小组，让热心、有能力的居民加入调解委员会。这一来，调解委员由原来的 7 人一下增加到 196 人，且都在居住区内，极大地便于事发时调解，效率比事发后调解好很多。

此外，社区还建立了三级治安网络：调解委员会、居民调解小组、治安巡逻队。健全了基层组织队伍，居民们马上见到成效，即矛盾问题就地妥善解决，有效地遏制了上访告状等情况的发生。

徐秀香喜欢做事环环相扣，社区的矛盾问题少了，只是表象，要彻底改变人们的精神面貌，树立正确的道德风尚，还得从根本上抓起。徐秀香开始在社区活动上动了脑筋，2008 年初，她在社区先后开展了“家乡变化我变化，我为家乡做点啥”、“文明楼院评比”、“感恩教育座谈会”、“四德教育报告会” 等活动，全面提高居民素质，引导居民争创文明社区，争当文明居民。

徐秀香任社区书记以来，用真诚换真诚，用热情换热情，赢得居民的普遍尊重。2005 年，她被评选为望花区棚改拆迁突出贡献者；2006 年，被评为抚顺市“三八”红旗手；2007 年，获全国优秀人民调解员；2008 年，获得抚顺“百姓雷锋”殊荣。用她自己的话说，是这几年我的工作有了些成绩，但愧对了儿子。

一提起儿子，徐秀香便流露出母亲的慈爱天性，也满脸愧色。

徐秀香的儿子胃肠不好，常跟妈妈说肚子疼。徐秀香忙于工作，疏忽了对儿子的关心，有时候不耐烦，还呵斥儿子要熊。高考前三个月，儿子又喊肚子疼，结果有一天被徐秀香打了一巴掌，孩子委屈地哭了。又一天，孩子肚子疼得在床上打滚，徐秀香这才意识到不妙，赶紧送去医院。一检查，是腹膜炎。医生埋怨徐秀香说，你这个妈是怎么当的，孩子病成这样才送来！徐秀香听了，忍不住红了眼圈。

因徐秀香太为社区倾注太多精力，儿子总觉得孤独。高考结束后，儿子成绩不理想，很希望妈妈能在他脆弱的时候给予安慰，可徐秀香整天早出晚归，好像没那回事一样。抑郁的子给徐秀香留张纸条，离家出走。天底下哪有母亲不疼儿的，徐秀香下班回家，见儿子失踪，吓得到处找，一直到晚上 10 点多钟，才在抚顺至北京的车上发现儿子那张神情落寞的脸庞。徐秀香不忍心责备儿子，掏出几百块钱，递给儿子，嘱咐他到北京好好散心。

世间事，难两全。得到的背后，注定成倍的付出。这一组辩证关系，又值得细细玩味。得到的，要看得到什么；失去的，要看失去什么。有人因为失去，得到万众瞩目。有人挖空心思地得到，却失去了最宝贵的。这样的得到，连他自己都疑心，他人更做何看？若像徐秀香这样，抱愧的是母亲深情，得到的是人心，那么，得到和失去，哪一个更高尚？

得到和失去，玄妙着呢。

一寸丹心可照国

带着多病之躯，辗转几千公里，奋战 68 天，赢得铁杆志愿者美誉。“一寸丹心可照国”的真心英雄。

——献给孟照国的颁奖词

大难之下，照见人心。

玛雅预言成全了美国电影《2012》。末日来临，山崩地裂，可是诺亚方舟只能载走有数的人，于是，为了活下去的人们，在绝望中的表现就不尽相同。结果，绞尽脑汁求活路的人死了，舍弃自己的生命拯救别人的人也死了——导演通过一幕幕惨剧，一再告诉观众，善恶到头终有报的普遍真理。

2008 年 5 月 12 日，中国四川的汶川地区上演了一场真实的人间大劫难，震级高达 8.0 级的地震，顷刻间在美丽的汶川地区制造了庞大的坟场，其状之惨烈，其情之凄凉，令人心碎，不忍侧目。

中国人于大悲大恸之中，突然迸发出震撼整个世界的力量，这力量征服了世界，有敬慕，也有恐惧。是的，这样一个民族，这样一个民族建立的国家，舍我其谁?！无以计数的赈灾物资源源运往灾区，成千上万的救援队伍、志愿者奔走在灾区，中国虽悲，但表现得异常坚定、顽强。

在援川的志愿者中，闪着一个抚顺人的身影，他的名字，叫孟照国。家住新抚区站前街道富平社区。

孟照国要去援助汶川，遭到身边人的强烈反对。这与当时万众一心帮助灾区的情形截然相反。原因在于，孟照国去实在不合适——1997 年下岗，生活无着；孤身一人，身体有病，药费都是远在深圳的儿子每月寄来。这样的人，去了不是给灾区添麻烦吗。但孟照国义无反顾地踏上沈阳开往成都的火车，时间是 5 月 19 日。

坐了两天两夜的火车，孟照国在绵阳下车。一走出车站，他就被眼前的景象惊呆了——到处是帐篷和灾民，房屋横七竖八地裂着桃酥纹。孟照国初来乍到，绵阳城又乱又拥挤，一时不知道去哪里干活，干点什么好。他愣了一会儿，走到火车站旁边的一个帐篷外，打听里头的同志，如何参加灾区的志愿者服务工作。正巧，孟照国问的人是来自北京的志愿者，简短的问答后，指点孟照国去火炬广场，那里急需人帮忙。

孟照国到达火炬广场已是深夜，远道而来的他，既无帐篷，又无被褥，只铺着一张毯子，胡乱睡了一夜。22 日早晨 5 点，孟照国就报名参加了灾区志愿者队伍，领到志愿者标志。7 点钟，孟照国开始进入角色，这一干，就是两个多月。

按当时情况，个人在灾区当志愿者的，一般当地不提供住宿和吃饭等服务。这意味着，孟照国在5月21日至29日一周的时间里，自己自行解决食宿问题。但孟照国没有在意这些，他每天5点多钟起来，7点多钟开始参加志愿者小分队，前往不同的仓库劳动，一直干到深夜，再回到火炬广场在露天地里和衣而卧。后来，得一位志愿者指点，孟照国找到一个空楼房的大厅，几个人挤在一起休息。

也就是在那段时间里，他认识了辽宁老乡——鞍山的志愿者潘禹奇，两人很快成为朋友，从此结伴奋战在四川灾区。

不久，两人遇到了灾后的第一次强余震，在剧烈的摇晃中，绵阳城再次人心惶惶。当地指挥部也发出唐家山堰塞湖可能溃坝的警告，要求人员尽快撤离。消息传开，很多人撤出绵阳，孟照国和潘禹奇却没撤，一直坚持到最后。

后来，潘禹奇发现绵阳赈灾药械配送中心干活的人手奇缺，大量的消毒药品急需发往灾区。5月31日，潘禹奇与孟照国相约前去，做长期志愿者。

在绵阳赈灾药械配送中心干活，危险又十分辛苦。货场里堆积着消毒粉、消毒液，散发出刺鼻的气味。为减少对人体损伤，干活的人必须穿长袖衣服，戴手套眼罩才能作业。但绵阳的6月正值高温，太阳白花花的，别说全副武装地干活，就是站一会儿都受不了。潘禹奇与孟照国没有退缩，两人已经看得明白，这样恶劣的工作环境，少有人愿意来，既然他们来了，就应承担下来。

那是一段令人心提到嗓子眼的劳动时间，紧张、疲惫、心高高悬着——绵阳的气温越来越高，阳光晒软了装消毒液的塑料容器，装车的时候，不能抓把手，得把消毒桶抱上车。一桶消毒液轻则40斤，重则60斤。一辆车装三四百桶。按需要，货场的志愿者分为几组，人少的时候，每组只有三人，装一车消毒液，相当于孟照国和其他两人硬抱上车1万多斤的重物。而且，一装就是几车，干到最后，整个人都是瘫软的。

孟照国回忆时说：“每天都要装卸一两百吨的药品，多的时候三四百吨。那种累简直没法形容，我的腿全肿了，走路都不敢打弯。当时有人花钱雇我到他们那里帮助搬运货物，还包吃包住。我说，给钱，我就干不动了。”

孟照国感动绵阳的，不只这一点。6 月 7 日，配送中心仓库的消毒粉突然自燃，有毒气体四处飘散，若不及时扑灭，后果难以预料。危急时刻，孟照国不顾一切地扑向火点，与消防人员一起灭火。火最终熄灭，孟照国却被含毒素的烟雾熏倒。还有一次，孟照国正忙于装货，消毒药壶从高处滑落，恰好砸到他的脑袋上，孟照国躲避不及，额头砸出血，耳朵也受伤红肿。

到 6 月上旬，因为工作强度太大，环境恶劣，及唐家山堰塞湖不断有坏消息传来，配送中心的志愿者只剩下四个人，四兄弟全部来自辽宁——鞍山的潘禹奇、代晓龙，大连的姜锡华和抚顺的孟照国。四兄弟联手，坚守在配送中心，即使最艰难的日子，也没有一个人离开。孟照国身体不好，加上长时间的超强度工作，体重足足降了 15 斤。风湿病也因巴蜀的潮湿气候发作，日夜折磨着他。但孟照国一声不吭，一直坚持着。同时，他还深入到北川、安县等重灾区，帮助那里的灾民安装帐篷，搬运物品，但凡他能做到的，一定在所不惜。

辽宁四兄弟的行动感动了绵阳，6 月 12 日，绵阳市食品药品监督局给他们发来了感谢信。15 日，绵阳市食品药品监督局抗震救灾指挥中心命名四兄弟为“绵阳抗震救灾铁杆志愿者”，绵阳的多家媒体也相继报道了辽宁四兄弟的故事。孟照国的事情，感动了绵阳市民，乘公交车认出他，非要请他吃顿饭聊表谢意；孩子们把从废墟里捡回的红领巾、图画纸、奖状等，整理好，送给他做纪念；绵阳团市委的一位干部将志愿者服务队宣传抗震救灾的条幅、队旗等赠给他留念；在安州驾校，当地的一位领导送给孟照国一双凉鞋和一双拖鞋，因为他一直穿着雨靴干活，脚掌已经发生溃烂……

7 月 28 日，孟照国拖着疲惫的身体，带着四川人民的情意，悄然回到抚顺。没有人知道他两个多月的行踪，他也把这件事秘密封存在心底。若不是绵阳方面给抚顺市文明办发来感谢信，恐怕孟照国的这段传奇经历，就被他深深地埋在时光里。

位卑未敢忘忧国。孟照国本是一个卑微的人，甚至也是需要他人关怀的人，但在国家与民族受难的时候，他悄悄地、勇敢地站出来，以羸弱之身，奉上一烛微光，照亮了周围，再次显示出中国传统价值观对国人的深远影响。而我们要传承和弘扬的，正是这种家国情怀和责任意识，这是国家与民族能走多远的源动力。因此，2008 年，抚顺将“百姓雷锋”这个金闪闪的称号，授予孟照国。

自从生命中有了你

不是亲人胜似亲人，替天下儿女尽孝心，让夕阳变得更红，让黄昏多了温馨。最累的女儿，最美的女儿，最亲的女儿，你的孝心，温暖我们这些白发人。

——献给武军的颁奖词

古语有云，百善孝为先。可见“孝”在中国文化中的地位。“孝”，也是儒家伦理思想的核心，古代封建社会礼仪的重要组成。若再浅白一点说，最深入中国人心中的“孝”，恐怕莫过于二十四孝的故事了。关于二十四孝的故事，融神话、历史、现实于一体，涉及的人物有帝王、隐士、官员、平民、富农、知识分子、奴隶，几乎囊括了社会各阶层。譬如孝感动天的舜帝，亲尝汤药的汉文帝，卧冰求鲤的王小等等。其中，卖身葬父的董永最为著名——他的故事后来被改编为《天仙配》，成全了一段令人唏嘘不已的绝版爱情。

孝，从盘古开天地一直到今天，随着历史的长河在中国人的思想意识中绵延不断。我们常说，考察一个人的品质，只要看他孝顺不孝顺。一个连父母都不敬的人，还能敬什么呢。言外之意，不懂孝道的人，且不可深信，更不值得托付。

2009 年 3 月 3 日，武军沐浴着春天的暖阳，第一个走上抚顺“百姓雷锋”的颁奖舞台。她之所以能够站在万众瞩目的舞台上，皆因她为100多位老人尽孝8年。而为她颁奖的，正是她朝夕伺候的5位“妈妈”。

武军本来不用自找“麻烦”，继续开她的幼儿园，日子也能过得富足闲适。

事情始于2002年。一天，抚顺特钢多种经营公司的领导亲自登门，他们此次来找武军的目的，是想请她出面创办一家民营性质的养老院，以解决本地区养老问题。乍听之下，武军有些犹豫——她已经开了两年的幼儿园，收入也还不错。办养老院一来自己没经验，二来伺候老人和伺候孩子是天壤之别，责任大不说，那份脏累闭着眼睛都能想象出。可武军无法拒绝老领导的期盼眼神，虽说多种经营公司已经解散，自己也早就不是公司下属的幼儿园园长，但曾经的工作情愿还在。而且，原先在一起的姐妹听说这件事，纷纷表示要跟着她干。于是，武军点头应允。

当年春天里，武军和姐妹们重返阔别两年的幼儿园，重新挂出“夕阳红康复养老院”的牌子。

最初，她们只收了5位老人，这就形成了耐人寻味的局面——10位护理员为5位老人服务。但令武军尴尬的，还不是养员少的问题，而是如何过第一道心理关。刚开始的时候，武军确实不适应，白天累了一天，晚上回到家，筋疲力尽地躺在床上，想想养老院的事情，几近心理崩溃。

一次，一位瘫痪在床的男养员要小便。武军端着尿壶，心里忐忑……

一位小脑萎缩的老人大小便失禁，屎尿全部便在床上，弄得房间里臭气弥漫……

渐渐地，武军的内心转变了，她想到老人年轻时要么在解放战争、抗美援朝的战场上，要么是为新中国的建设付出一生精力的父辈，武军放下了性别差异的心理隔膜，再给男养员接尿，她做得自然而然。有老人再把屎尿拉在床上，年轻的护理员受不了呛人的异味，捂着鼻子清理。武军见状说：“你这么干不行。”说罢，动手把老人身上的屎尿擦干净，背着她去浴池洗澡，之后换身衣服，再背回房间。

上了年岁的人或多或少都有怪癖，再加上疾病缠身，不可理喻的时候就太多了——养员和养员之间为一点小事吵架，因为馒头沾上腐乳，举起粥碗倒扣在服务员头上……总而言之，什么令人哭笑不得的事都能发生。护理员经常被气得掉眼泪，甚至跟武军诉苦，不打算再干下去。每一次，武军都耐心地劝解，请护理员把老人当成孩子看。在武军的努力调和下，夕阳红养老院全体护理员的思想认识有了很大提高，和养员的关系不再是隔着一层山，而变得亲如父女、母女。夕阳红养老院的名声也越来越响，进入养老院的老人逐渐增多，直至170多位。

老人多了，难免催人泪下的病危离世情况。每当这时候，武军都让老人走得干干净净，穿寿衣，梳洗头发，擦洗身体，像女儿一样为老人送行。

在所有武军送走的老人中，汪奶奶给她留下的印象最深。

儿女们将汪奶奶送到夕阳红养老院，实在出于无奈。老太太性格执拗，身体不好，年岁偏大，一入养老院，儿女们就悄悄为她准备后事。刚入院时，武军亲自护理老太太，每天特意给她开小灶，陪她聊天，哄着她开心。经过一段时间的精心护理，百岁老人逐渐气色红晕，身体也比原来硬朗。儿女们再来看望老人，她竟说，我就住这儿，哪里也不去了。

汪奶奶104岁生日的时候，武军特地给她举行了隆重的庆典。那一天，老奶奶戴着寿星帽，坐在众人之间，兴奋之余，吐露了她的身世。原来，老奶奶的大儿子是共和国的将军，小儿子是国家派驻前苏联的外交官，女儿是国内知名的医学专家……从四面八方赶来给汪奶奶过生日的儿孙们，纷纷向武军敬酒，感谢她的大孝。

养老院里，有烦恼，有悲伤，也有快乐和幸福。

武军是个细心人，善良人，愿意为那些有情有义的老人牵线搭桥，给他们安享晚年幸福的机会。

70多岁的何阿姨和刘大爷，年轻时操劳辛苦，等各自的老伴走了，只好住进养老院。孤独的老人在一起总有话唠，相互间知冷知热。武军看在眼里，巧妙地为他们牵红线，并选择2009年“五一”劳动节那天，为两位老人举办了一场热热闹闹的婚礼。在婚礼上，武军动情地说，大爷、阿姨，以后，养老院就是你们的家！何阿姨和刘大爷感动得老泪纵横。

夕阳是晚开的花，夕阳是陈年的酒，夕阳是迟到的爱，夕阳是未了的情。这是《最美不过夕阳红》歌中所唱的。而武军的夕阳红养老院，也有一首自己的院歌：鲜花雀跃鸽子飞翔，亲情在心中传递，爱在血里流淌。这里是我安度晚年最好的地方……

武军上台领奖那天，她的五位“妈妈”就唱着这首歌，深情地把鲜花和奖杯送给女儿。

闾巷屐痕

你是孤寡老人的好闺女，忙前忙后心肠热；你是困难群众的好亲戚，忙里忙外不停歇。肩膀不宽，却担负起百姓的苦与乐；职位不高，咱们的难题都找你解决。你是一棵可以依靠的大树，树上挂满和谐的果。

——献给张玉华的颁奖词

度过2001年元旦，男孩李彬就12岁了。那一天，他像往常一样在社区广场玩轱辘圈，沉浸金属与地面摩擦发出的哗哗声。但男孩李彬不知道，这一次的游戏带有宿命性质，进而改变了他的一生。

2000年12月28日，张玉华应聘上任抚顺市东洲区老虎台街道虎北社区书记。数天过后，她深入社区走访，恰巧遇到李彬。张玉华见他衣衫褴褛，蓬头垢面，诧异地问道：“这是谁家的孩子?”同行的社区干部介绍了李彬的家庭状况——李彬是非婚生子，父亲正在服刑，母亲跑了，剩下他和患脑血栓的奶奶在一起生活。因为上述原因，李彬12

岁还没有上学……

张玉华听得心里揪紧，她知道，虎北社区居民多属低端人群，低保户、孤残人员、单亲家庭，构成复杂而贫困。所以碰上李彬这样的情况，在她意料之中，但感情上又一时难接受。于是，她当即决定去李彬家看看。

走进李彬家，张玉华不由一紧眉头，因为光线不清，她觉得眼前一黑，适应一会儿，才看见一个面色苍白的老人蜷缩在土炕上，呆滞地望着来人。张玉华心中一阵酸楚，走上前，欠身问候她。老人费力地撑起身子，与张玉华慢慢聊起家事……

张玉华听完细情，再也不能平静，心想，不管怎么样，老人和孩子不能受罪，我这个当社区书记的，有责任照看他们今后的生活。回到社区后，张玉华就开始张罗给李彬办低保，接着，找到区教委等部门，反复陈述缘由，恳请收下李彬上学。在张玉华的多方沟通下，李彬终于获得特批，可以入学了。得知这一消息，最高兴的莫过于李彬，他兴奋得脸儿通红，可一想到自己连书包、笔本都没有，小脸上顷刻间阴云密布。正当李彬和奶奶为难之际，张玉华带着李彬急需的东西来了，还笑容可掬地给李彬穿上一件皮夹克。之后，领着高高兴兴的李彬走进学堂。

从此，张玉华身兼李彬的“家长”、“妈妈”，对他的生活和学习格外关照。她担心李彬入学晚，平时又散漫，上学后课程跟不上，就专门找了一位退休老师给他补课。李彬没有户口，也一直是张玉华的心事。2005 年，经过张玉华 4 年奔走，李彬的名字终于出现在户口本上。李彬看着打印自己名字的那一页，说：“张姨，我再也不是黑孩子了，是吗？”一句话问得张玉华险些落泪。李彬的奶奶握着张玉华的手，摇晃着：“姑娘，你是大好人啊！孙子有了户口，我死也闭上眼睛了！”

2007 年大年初四，李彬的奶奶去世了。张玉华第一时间与社区干部赶到李彬家，安慰孤单无助的大男孩，帮着他发送了奶奶。因为操劳过度，张玉华不久生病住院。李彬听说此事，一路飞跑到医院，当他看到躺在病床上不能说话的张玉华，一下子扑上去，搂住张玉华呜咽：

“张姨，你都是为我累的呀！你咋病成这样，以后咋办呀？”张玉华无力地抚摸着李彬的头，目光中流露出母亲般的疼爱，她让人拿来纸和笔，写道：“李彬，你放心，张姨很快就出院。今后，有张姨就有你。”李彬陡然间感受到陌生而天然的母爱之情，紧贴在张玉华怀里：“张姨，以后我就是你的儿子……”

大规模的棚改开始了，按政策规定，李彬的旧房拆迁后可以分到一个单间。但李彬身无分文，即使1800元的房改款也交不上。班主任老师知道后，发动全班同学给李彬捐款200元，可余下的1600元仍无着落。李彬急得牙龈发炎，满嘴起泡，他想去找张姨帮忙，转念一想，自己连累张姨太多了，哪好再张嘴求她，给她添乱。张玉华也知道李彬正在为难，也和李彬一样，吃不下，喝不下。终于还是爱人理解她，拿出工资替李彬交上房改款。

李彬住进新房那天，当众抱住张玉华痛哭失声：“张姨，你就是我的亲妈，以后不管我在哪，都不会忘记你……”

张玉华给李彬擦干眼泪，说：“孩子，放心吧，到什么时候，我都是你的亲人。”

做社区书记10年间，无论是“8·13”抗洪，还是“非典”，或日常工作，张玉华都以女性的柔弱身躯，一一出色完成。对待社区里的那些孤寡老人，张玉华始终带着社区干部照顾。生病了探望，平日里帮着打扫卫生，料理家务，侍候得专心而诚心。10年之间，张玉华扶助过的困难居民超过百人，尤其那些家境贫寒，又有读书孩子的，张玉华更是给予特殊关爱——陈明家穷得交不起电费，张玉华不忍看着孩子在蜡烛光下苦读，又给付电费、拿毛毯，又联系企业结对子。14岁女孩张琳，因父母离异，与患病的妈妈一起生活，面临辍学。张玉华拿出爱人看病的钱，给她交了转学费，让她进入20中学读书。李贵富夫妻残疾，生活困难，孩子李浩却很争气，考上大连大学；张玉华知他全家为学费发愁，到处联系企业，终于让李浩顺利入学。李浩怀着感恩之心，在学校勤奋上进，拿到国家一级奖学金。

社区就是个小社会，现实要求社区书记，不仅要扶贫帮困，还要维护社会稳定。近些年，抚顺各煤矿由于企业转型或破产倒闭，产生大批下岗工人，导致一些不稳定因素，如上访告状等等。在这种大环境下，虎北社区共有 44 名重点上访人员，但每次国家、省、市有重大事情，没有一个人趁机上访搅闹。这源于张玉华平常重视他们的合理诉求，凡事替上访人员着想，晓之以情，动之以理，让他们正确认识，端正心态。她还成立了“知心大姐劝说队”、“党员互助基金会”，调和各种矛盾，救助困难家庭。

2007 年，张玉华由虎北社区调到惠民社区，这个社区办公条件好，配备各种娱乐设施，张玉华利用优势条件，组织起 70 多人的乐队，丰富、活跃居民的文化生活，在快乐中提高居民素质，创建和睦的大家庭氛围。

刚强、果断、善良，是张玉华的性格特点，她不仅在工作中赢得好人缘，在家中也一样，孝敬公婆，关心爱人，呵护孩子。她就像磁石一样，吸引着周围的人，让他们体验到一种温馨感、幸福感。而她也因此获得成串的荣誉——省、市优秀共产党员、省“三八”红旗手、市“十大女杰”等等。2007 年，张玉华入选抚顺“百姓雷锋”。颁奖典礼上，给她颁奖的不是别人，正是孤儿李彬。当情同母子的两人相视微笑时，谁能不想到，雷锋从来就不是“神”，而是草根人物。雷锋做的事情，从来都是接着地气，关联卑微的生命。一座拥有 300 万人口的城市，一座拥有 7000 年历史的城市，有了这些草根人物，就有她永远的朝气蓬勃。

像铁轨一样眺望

30 年的时间，足以丈量出一个人道德的长度。一诺千金，一生不渝，即使平凡如你，也能在坚持中创造奇迹。在伸向远方的铁轨上，你孤独的身影成为风景，这风景没有名字，却让人们记在心里。

——献给张玉兰的颁奖词

一列列火车呼啸来去，不变的铁轨伸向远方，铺展成坚硬的风景，和两边的植物，和池塘，民居，那些白昼黑夜。

火车轰隆在人们的日子里，留下匆匆的印迹，带走无尽的向往。它的快速飞驰，也像神秘的极光，瞬息间千变万化。火车替代了脚步，给人一日千里的迅捷，也制造了梦魇。所以，这世界的一切发生，都是对峙的立场，存在着辩证关系。

1984 年，孟夏的一天正午，沿铁路线巡视一圈的张玉兰浑身汗水，拖着酸软的双腿回到家，刚舀瓢凉水想喝上一口，驱驱暑热，就听一阵急促的火车汽笛响。张玉兰心里一动，扔下水瓢出门而去，径直奔向近在咫尺的铁路线。跑出不远，见一个八九岁大的孩子低头蹲在铁轨上，他的正前方，一列火车疾驰而来。

张玉兰大喊着，甩开步子冲过去，抱起孩子，闪身跳开。就在这一瞬间，火车发出巨大的声音，夹带着风声，擦着张玉兰驶过。张玉兰紧紧抱着孩子，一下瘫在铁路边。孩子也被这突如其来的事情吓呆了，瞪大眼睛，望着张玉兰。张玉兰觉得自己的心停止了跳动，说不出话来，只管用手抚摸着孩子的头，无语地安慰他。

等孩子缓过神来，张玉兰询问他家住哪里，孩子哭哭啼啼地说完，张玉兰把他送回家，亲手交给他的妈妈。张玉兰讲了一遍适才的危险，叮嘱孩子的妈妈千万不能大意，让孩子自己出去玩。晚上，孩子的父母带着礼物登门道谢，张玉兰坚决推迟，再次嘱咐孩子的父母，咱住铁道边，得时刻警惕，看好孩子，不然的话，一旦有什么闪失，后悔都来不及。孩子的父母点头称是。

张玉兰其实也在说自己的当年，那时候她还年轻，家住的小平房紧邻沈吉铁路线。一天，张玉兰出去干活，大儿子和聋哑的二儿子留下看家。妈妈走了，两个孩子无聊，就在后院踢毽子。结果二儿子用力过猛，将毽子踢飞，越过后墙落在铁道上。二儿子想捡回来，忘了妈妈临走时的叮咛，翻过院墙就去捡毽子。就在二儿子往铁轨上爬的时候，一列火车飞驰而来，等发现铁轨附近的孩子，急忙拉响汽笛。可二儿子耳聋，对逼近的危险毫不知情。大儿子见状，不顾一切地冲到铁道上，一把抱住弟弟滚下路基。

弟弟脱险了，哥哥却被石块击中额头，鲜血直流——火车的押车人生气孩子顽皮，故意投掷石块警告。等张玉兰回到家，看到大儿子的满脸血污，心疼地搂住俩孩子落泪。也就是从那天起，张玉兰暗下决心，一定要坚持巡视铁路线，避免惨祸发生。

这一走，就是二十多年。

张玉兰从儿子遇险的 20 世纪 60 年代，一直走到 20 世纪 70 年代。18 年里，只要有时间，就到铁道上巡视，告诫周边人家看管好孩子。平时在家里，一听到汽笛响，不管在做什么事情，立即停下来，起身朝铁轨上张望，发现路基边还有行人，马上挥手召唤，让他们赶紧离开。

1978 年的某一天，两个穿警服的年轻人走进张玉兰家。这两个年轻人，是抚顺城铁路派出所的警察，此行的主要目的，是久闻张玉兰的大名，想正式请她做铁路义务护路员，维护这段路线的安全。张玉兰没有丝毫推脱，慨然允诺。自那日起，张玉兰更加注重把巡视铁路当成一份工作来干，每天早中晚固定巡视一圈，寒来暑往，风雨不误。

就这样，张玉兰负责的一千多米的铁路线上，一年三百六十五天，每天三次，她都准时出现，用脚步丈量铁轨的长度，用眼睛和心维护附近行人和往来火车的安全。在她的严密巡查下，那段铁路线从未发生一起火车伤人事故，一次没出现铁路设施被破坏的现象。同时，也救下一位姑娘的命。

1986 年的腊月底，城里乡下，家家户户忙着筹备过年。猴儿急的孩子们，已经忍不住手痒，时不时燃放一支炮仗，传开一声嘭地清脆爆响。一天夜里，张玉兰忙完活计，刚要躺下休息，忽听得靠近铁路的后墙外有人嘤嘤哭泣。张玉兰心里一凛，急忙披衣起床，打着手电循声去看。走到院墙外的铁道旁，竟吓了她一跳：一个满脸血迹的女子，蹲在那里哭得十分伤心。张玉兰稳稳神，走到女子身边，问她家住哪里，为什么在这儿哭。女子断断续续，倾吐一腔苦水：原来，女子年刚 21 岁，家住清原县，此次来抚顺是逃婚，投奔姑姑。谁知姑姑没找到，钱也花光了，心慌意乱地摸黑走路，又跌了一跤，磕坏牙齿。姑娘越想越心窄，想卧轨自杀，一死了之。张玉兰见姑娘可怜，把她领回家，好一番劝慰开导，最终给姑娘买张车票，送她回家。

这个世界上的事情，常令人费解困惑，譬如有人官当得越大，书读得越多，心里就越盛不下别人，越自私。反而那些草根民众，没什么见识，没什么文化，心却像海洋一样深邃。张玉兰义务巡查铁路线三十多年，没人给过她分文工资，甚至连个“名分”也没有。她的家庭条件也不好，棚户区回迁，她分到了一楼，狭小而光线不足。她本人两次遭遇车祸，身患疾病，缺医少药。但她从未在酬劳上与铁路部门计较过。相反，却为个护路袖标惦记多年，直到 2007 年方才如愿以偿。她还在 55 岁那一年，在社区积极争取入了党。

现在，张玉兰年纪大了，铁路部门加强安全防护措施，她再也不用每天义务巡查。但她仍然尽自己能力，为社区做事情，化解矛盾，寻找时间差，配合铁路部门巡防。张玉兰的那种执着劲，她儿子用一句简朴得不能再简朴的话给总结说，我妈要是不能去护路巡防了，也就该去医院了。

一个人一辈子做一件好事，可能会慢慢被淡忘。一个人一辈子把一件好事做到底，就一定被公众牢记。张玉兰三十多年弱肩担道义，闻者即使铁石心肠也做绕指柔。何况谁人的心不是肉做的，谁人的心弦不被拨动过。更何况一座将奉献视为文化内涵的城市，更不会对张玉兰的事情等闲视之，故此，2009 年 3 月 3 日，年近 70 的张玉兰穿着稍显肥大的缎红棉袄，胸前佩戴着花环，用细瘦的手臂高举起抚顺“百姓雷锋”奖杯和鲜花的时候，她给予人们的，是一种叫做平凡的感动。

超越血缘的亲情

虽已年过半百，犹有大爱情怀；贫弱面前肯伸手，双肩擎起一片天。彼此并非同姓，爱心连成一家。

——献给亓桂香的颁奖词

世间事，不能不承认冥冥中的缘分。有人仅凭一次偶然相逢，感怀对方的悲苦，再不曾放下，至此后不管多少风风雨雨，执子之手，与子同行。

亓桂香年过半百时遇到徐秀梅，也是前生注定的姐妹情缘。这段情缘也使她由一个默默无闻的人，变成一个感动一座城市的人——2010年，抚顺将“百姓雷锋”的勋章颁给她。

2009年6月的一天傍晚，夏季的暑热笼罩着望花创业园区五老社区，居民们大多呆在家里，吹空调，扇扇子，躲避暑热余威。亓桂香吃罢晚饭，因为有事，不得不走出家门。刚走不远，猛听得附近楼里传出一个女人的叫喊声。亓桂香一愣，她刚来五老社区开干洗店几年，居民情况不太熟悉，但那一声痛苦的叫喊，让她心中一动：莫非这家有什么难处？心里想着，亓桂香循着声音来处，拔脚直奔115号楼的二楼。

敲开门的瞬间，亓桂香整个人呆在门口——一个男子打开门就瘫坐在地上，他的身后，沾满粪便的被褥、衣服凌乱地堆积在屋子里，散发着恶臭气味。一个老太太衣衫不整，蜷缩在被子里，身上长满褥疮……后来，亓桂香向邻居们询问得知，老太太叫徐秀梅，65岁，丧偶，语言功能先天丧失，近年患脑血栓，瘫痪在床，生活不能自理。她的儿子四十岁左右，患智障、肌无力。一个17岁的女儿在外打工，常年不回。徐秀梅唯一的生活来源，就是政府救济的低保。

亓桂香了解了徐秀梅家的状况，心里再也搁不下。有一天，她趁着爱人杨长胜情绪好，就说出自己的打算。亓桂香话音未落，爱人一口给呛回去：“我在矿里上班，你身体不好，又开着干洗店，家里家外地忙活还嫌不够，哪有功夫去管别人？”亓桂香却铁了心，爱人老杨知道她的脾气，说到半夜，只好由着她的性子。

翌日大清早，亓桂香收拾好自家，就来到徐秀梅家，帮她翻身、清理大小便、洗头洗脸。做完了这些，亓桂香戴着大口罩，把徐秀梅娘俩的被褥、脏衣服全部搓洗一遍，家具也抬到院子里晾晒消毒，地面、墙壁也从头至尾做了粉刷冲扫。不知细情的邻居见了，问亓桂香：“你俩家是亲戚呀？”亓桂香笑道：“是亲戚。”这样子忙了一个多月，徐秀梅家变得干净整洁，娘两个也清净干爽，有了精神头。

为了帮瘫痪的徐秀梅恢复知觉，亓桂香还每天定时给徐秀梅做保健按摩，徐秀梅渐渐地可以在床上做些简单动作。可是，因长期接触徐秀梅，亓桂香受到病菌感染，双手起水泡，奇痒难忍。爱人老杨不高兴，劝她别再去了，再去非搭上命不可。亓桂香假装糊涂，仍然每天去照顾徐秀梅娘俩。有一次，徐秀梅病情加重，急需入院。亓桂香片刻没耽误，打车把她送到医院，背着她楼上楼下地挂号、就诊，累得气喘吁吁，大汗淋漓——她忘了自己也是五十多岁的人，有心脏病、高血压病。住院期间，亓桂香每天去护理徐秀梅，给她端屎端尿，洗漱喂饭。那份周到细致，感动了医生和护士，都说，你妈有你这个女儿，真是福气。亓桂香听了，只笑不回答。在亓桂香的精心照料下，徐秀梅出院了。考虑到病人长晒阳光好处多，亓桂香常背着徐秀梅下楼，用轮椅推着她在小区花园里散步，哄她开心。遇到新鲜的小食品，亓桂香还花钱买来。徐秀梅牙齿不好，亓桂香就像喂婴儿一样，咀嚼后一口一口喂她。

若只这些事情，大家也能理解。问题在于，徐秀梅的儿子四十多岁，亓桂香却要经常给他洗澡。邻居们难以接受，问她："你五十一岁，他四十岁，你怎么给他一个大男人洗澡啊?"亓桂香却正色道："他是病人，咱不能想太多。再说，洗澡的时候我让他穿着裤头，洗完澡我背对着他，他自己换好，这有什么呀!"

因为照顾徐秀梅娘俩，占去亓桂香很多时间，原本红火的干洗店生意淡了，对爱人和儿子的关心少了，爱人老杨老大意见。亓桂香也不生气，拽着爱人去徐秀梅家，让他了解她家的难。善良淳朴的老杨亲眼目睹徐秀梅母子的家境，深感自己误解了妻子，之后，他也和亓桂香一起，关照起徐家的生活——拉门坏了，他买来小轱辘重新安上。窗户坏了，他买来折页钉好。再后来，亓桂香的姐姐、儿子、社区服务队都自动加入到照顾徐秀梅母子的队伍中。

2010 年 10 月，徐秀梅因病离世。亓桂香亲自为她料理了后事，在丧礼上，亓桂香哭着说："你放心，只要我活一天，王斌（徐秀梅的儿子）就由我照顾一天……”在场人听了，无不红了眼圈。

事实上，在五老社区，受亓桂香照顾的不仅徐秀梅娘俩。年近六十的智障人韩淑兰、孤寡老人刘英秀等等，都常年在亓桂香的呵护下生活。韩淑兰不爱洗澡，亓桂香就用好吃的东西哄她去。韩淑兰会编织，亓桂香就让她织袜套，亓桂香帮着卖。刘英秀嫌二百八十元抚恤金少，几次找亓桂香，让她跟单位说说，给涨到三百元。亓桂香为了让老人高兴，每月自己掏二十元，凑够老人想要的数额。

2011 年春节，看上去风风火火，实际上心思细腻的亓桂香，觉得王斌、韩淑兰和刘英秀太孤单，索性把他们都接到家里一起过年。正月十五，又将他们领回家，热热闹闹过元宵节。这一次，社区书记等人也闻讯前来参加，一个不同姓氏、不同经历、不同年龄的人组成的大家庭，守着圆圆的月亮，吃着甜甜的元宵，度过了一个其乐融融的团圆节日。

平常人，平常心，做的却是不平常的事。我们生存的这个大社会里，一切的事情都是相对的，有快乐，就有痛苦；有富裕，就有贫穷；有强悍，就有弱小；有宽宏，就有自私；有真诚，就有欺诈。我们活在这拥挤的世界，活在千千万万人当中，为什么总感觉刻骨的孤单，为什么总缺乏安全感？因为我们缺乏建立人与人之间的互信关系，我们不愿意向别人伸出手，而太在乎握紧拳头。为什么我们接受的现代信息越多，所受的现代教育越多，心头的无所适从感反而越强，价值取向越来越混乱？因为我们正在远离一种叫做美德的传统文化。亓桂香所做的，都不是什么震撼人心的事情，可她却感动了很多人。抚顺对于她的奖赏，与其说是对个人贡献的鼓励，莫如说在呼唤一种精神的回归。

鲜花覆盖着土地

为他人的暖，瘦小身躯独挡风雪；为城市的美，耄耋之年甘为园丁。责任如山，使周遭无寒士；一锄在手，让家乡变花城。迎着风雪走来，他跟温暖同行，踏着夕阳归去，他比夕阳更红。只有平凡的灵魂，没有平凡的人生！

——献给徐福林的颁奖词

十二年前，徐福林在给时任国务院副总理的温家宝的信中说道，“两会”结束后，您让人大代表、政协委员们在回去的飞机上、列车上看看窗外的土地，有多少粪堆在地里？再到农村抓把土看看，还有多少有机土？

……

写完这封信，他照常去浑河边，开辟隙地，收拾了乱草杂物，种上各种各样的花。春风一天比一天高，花苗慢慢长大，他寄出去的那封信也有了回音：国家、省级领导人对他的建议予以肯定，正逐步落实。

那天，他一字一句读完回函，蹲下身去，抓起一把泥土，紧紧攥着，揉搓着。他没有文学潜质，说不出“为什么我眼里常含泪水，因为我对这土地爱得深沉”这样动人心弦的话。但他对土地的景仰，不比文学家、政治家差，他对土地的爱，是一种朴素的情感——没有地，就没有粮食，没有粮食，就得挨饿。

只有刻骨铭心的经历，才有刻骨铭心的记忆。那些被人们忽视的寻常事物，在经历特殊的人看来，也变得极有分量。

徐福林一生两次大劫难，都与土地有关。一次，是为了粮食当国民党兵；第二次，遭遇三年自然灾害，他吃草根树皮中毒，险些丧命。因此，他眼中的土地，没有一点多余的，每一寸都是一条命，若干条命。

城市的隙地不能种庄稼，但可以用来种花。徐福林想到了这件事，从此一忙乎就是十几年。

1998 年，春风日高，春草渐长，浑河两岸一派春光。而这一年春天，徐福林也像乡下的农人一样，趁着春光好播种。每天一大早，他扛着镢头出现在铁路桥至新华桥一段的河堤坝上，搂走碎石杂草，翻松泥土，刨出笔直的垄沟，然后撒下花种。等待花苗出土的日子显得漫长，却让人充满期待。徐福林沿着堤坝来回溜达，拿眼睛盯着那片地，终于，在某一天的早晨，他欣喜地发现一颗怯生生的小苗。之后，一颗，两颗……昔日荒草丛生、垃圾碎石裸露的地方，长出成行成片的嫩苗，装扮着暖洋洋的春天。徐福林对亲手播下的花苗爱如心肝，旱了，浇水；荒了，拔草，每天里泥一把，水一把，脏了衣服鞋子全不在乎。

徐福林整天沉浸在种花的快乐中，老伴儿怕他累着，劝他抻着干。徐福林开心一笑，说，哪能累着，这是最好的锻炼身体的办法。儿女们深知孝道之道，见老爸老有所乐，索性一有空就陪着他去侍弄花草，帮他干点活，哄着他开心。花儿无语，却有情意。在徐福林的精心照料下，那些花儿一一开放了。夏季里，姹紫嫣红的花朵摇曳在浑河北岸，衬着蓝色的河水，还有一座座大桥，带状公园，把城市装点得妩媚动人。

开花的日子，也有风雨。六月天，孩子脸，说变就变。有时忽然一阵风雨，摧残了美丽的花，徐福林心疼得什么似的，风雨一停，他就蹲在地里，扶起歪倒的花枝，用小棍和绳子加固，弄得一身水，两手泥。熟人见了，劝他说：“你都这么大岁数了，图个什么呀?”徐福林头也不抬，只管干自己的，嘴里说：“都这么想，这嘎达还得长满荒草。”

徐福林其实心里有梦，那就是要把抚顺变成“花城”。怀揣着这样的梦想，他打算一段一段拓展河堤的荒地，全都种上花。可 1999 年，老伴儿突发脑溢血，迫使徐福林搁置了自己的梦想。他一边照顾老伴儿，一边照顾河堤旁的花草，人累得瘦了一圈。

2003 年，老伴儿带着对徐福林的不舍离世了。徐福林一下子沉默许多，苍老了许多。幸好，他还有那些花，每天每天，他不知疲倦地徜徉在花丛中，嗅着阵阵花香，看着满眼锦绣，徐福林伤感的心有了些许安慰。而他的花海也名声渐响，年轻人结婚拍婚纱照，不约而同都选择那里，人们散步闲逛，也喜欢去那里转转。省报、市报的报纸上也先后登载了他的事迹。这些，都给徐福林感情上的慰藉，知道还有很多人需要他，他还能为大家做些事情，逐渐从老伴儿离去的阴影中解脱出来，愈发执着地种花，侍弄花。

其实，徐福林春夏秋冬都不着闲。春夏两季，他衷情缤纷的花朵，秋冬时节，他关注庭院楼道。大雪飞扬的数九寒冬，他准是全楼起床最早的，戴上帽子围巾，拿着扫帚木锨，把楼梯、平台、院子扫得干干净净。等他回到家里，隔着窗户，望着邻居们安安全全去上班上学，心里格外地舒坦。

徐福林的家位于永安桥和铁路桥中间，这两座桥的引桥台阶，归除雪规划区单位打扫，但徐福林常常让分管单位的人省了麻烦——他总是在下雪天气里，悄悄地把引桥台阶扫干净，方便往来行人。抚西河下道坝的步道砖丢失，永安桥北坝的路面砖破损，铁路桥的人行道裂开一条大缝，都是徐福林无声无息地重新铺垫好，让人们的脚下平坦畅通……

一个上了年岁的老人，十几年做着一件事情。

待到小树长成林

> 一个人，把路修到城市“最高的峰顶”；一双手，把树绿到城市“最远的天边”。古塔无言，惯看夕阳正红；山林有声，赞叹苍老园丁。雷锋城中，他绽放一张朴素笑脸；雷锋林里，他站成一株绿色身影。古稀之年黄昏颂，满目青山夕照明。
>
> ——献给李成让的颁奖词

春天里，溪水流淌，青草萌芽。适逢播种新植的大好季节，李成让酝酿很久的计划也趁着融融日光开始实施了——他要在一片荒坡上造块林子。头年秋天，李成让注意到那片荒坡，琢磨着利用起来植树造林。但他吃不准荒坡可否有主人，或者管辖单位。于是，四处打电话询问，结果发现，荒坡几乎是个“三不管”的地方。这样，李成让征得区园林部门的同意后，在荒坡上计算好株行距，刨坑定点，等待来年春天。

一晃到了冰消雪化时，四月中旬，李成让提前在吉林柳河订购的树苗到货。第二天，他就迫不及待地上山，挖个大坑将树苗假植在里面。然后在树林边贴告示：“4 月 15 日、16 日，荒山义务植树造林，自愿参加者请带锹镐。”

15日那天，果然来了50多位自愿者，在李成让的指导下，把荒坡植上树。树栽完了，李成让没着闲。他怕春旱，荒坡土质不好，影响树苗成活率，每天背着装满清水的大油桶上山，给新植苗浇水。而且，他还在小树林边贴了另一张告示：“来这儿锻炼的市民，如果您方便，请带一瓶水，帮着浇浇树苗。”这张有趣的小贴士，真的起到大作用，很多健身市民读罢，再上山都带着水，浇灌小树苗。在众人的爱护下，树苗慢慢舒展开嫩叶。

这是李成让在高尔山所做的事情中的一个片段。高尔山，作为抚顺著名的风景区，承载着千百年的地方历史文化和宗教文化，也是普通百姓登高望远，强健体魄的首选。而李成让出于方便大家登山的想法，年过70还扛着锹镐镰刀锯子，穿梭高尔山上下，脚步每到一处，留下一个故事。这些故事叠加，使李成让由顺城区抚顺城街道高山社区的居民，成为家喻户晓的2011年抚顺“百姓雷锋”。

2006年，退休后赋闲在家的李成让接受一桩大事情——高尔山下的高山社区棚改，社区书记念及平日里这老人家爱管“闲事”，特聘他为动迁质量义务监督员。就是这头衔儿，让李成让较上真，天天去施工现场，拿眼睛盯着施工方。

居民回迁后，生活条件好了，心情舒畅了，到高尔山健身的人越来越多。李成让也喜欢高尔山清幽的环境，每天早晨去遛弯。一天，他遇见一对老两口从山上下来，行走间，老太太脚下一滑，一屁股坐在地上。这一幕情景，让李成让动了心思。他想，何不给土道修台阶呢。第二天，李成让着手动工——沿着陡坡山路，自上而下用铁钎子撬石头，再用铁锹铲平、修整，随着他逐渐往山下移动，石阶便在他身后蜿蜒成一道风景。

2007年春天，李成让发现，许多人喜欢从西南坡上高尔山，于是，他又想着在西南坡修一条林间台阶。经过几天的紧张忙碌，一条204级的台阶出现在树林中，极大地方便了往来行人。不久，李成让又在两侧各修一条台阶，分散人流，也增添了登山者的乐趣。这些台阶统共500

多级，每一级，都是70老人凭功夫凿出来的。

时间悄然走过四年，李成让始终如一地维护着高尔山的台阶，狭窄的拓宽，坍塌的铺垫，雨水冲毁的，重新凿筑，下雪覆盖的，及时清扫。每一年中，他都要大修两次，小修不计其数。有些行人问他：“你这么干图啥？”他笑道：“你们走我修的路，我看着高兴啊。”

这期间，李成让发现活动场附近的小树林没有健身设施，有些人就势搭着树杈压腿。“这样子不损坏树木吗。”李成让心疼那些小树，找来些枯木枝，在小树林的空地上搭成简易坐椅，粗一点的做成单杠。还采纳大家建议，用自行车外带挂在单杠上，做成“吊环”，供那些患肩周炎的人锻炼。如此日积月累，小树林里共有20多组自制健身器材，表面看起来虽然简陋，但非常实用，受到大家的欢迎。

人愈聚集的地方，垃圾也越多。李成让改造好小树林后，前往聚会野餐的人也多了起来。但每次喧闹散尽，留下的是满地狼藉。李成让默默守到最后，一一捡拾起来，堆放到垃圾箱里。后来，他干脆挖了三个坑，把垃圾统一放进去，等环卫部门定期运走。

平整空墓穴，充当义务放火监督员，清理倒伏的树木……李成让以嶙峋之躯，在一个特定的环境中，做着许多人能做却没有做的事情。对于那些不珍惜他劳动成果的人，不抱怨，不气恼，只一遍一遍执着地重复。譬如他栽下的小树，总是莫名其妙地丢失，这时，他大方地笑着说：“今年丢了明年补，一年补，十年补，等我八十岁的时候，看能感动拿树苗的人不！早晚有一天，这片荒坡会绿荫披拂！”

厚朴的李成让，执拗的李成让，他的心思简单而纯净，那是经岁月洗涤后的净化，是人生历练后的宁静淡泊，他不是富人，所以没有富人的矫情；他不是官员，所以没有官员的城府；他做的一切都那么自然而然，却深入人心。魏征说，以人为镜，可以正衣冠。其实，以人为镜，更可以正德行操守。一座城市树立模范，并非想高悬起他们于道德殿堂，供万千人膜拜。而是召唤我们，以这些人为镜，勤加拂拭，照见自己。让我们心怀羞愧，甚至无地自容时，拿起自己的凿子，凿筑自己的心。

铃声摇醒春天的风

给予，不是富有者的专利；奉献，植根于每个人的心灵。穷其身而不可夺其志，当年下岗女工，今日爱心大使。一缕春风虽轻，但能吹开一篱春花；600人的团队证明，只要心中有爱，一己之力虽小，爱的回声会很大很大。

——献给佟春玲的颁奖词

回想起2003年的艰难抉择，骆志杰最感激的人是佟姨。当时骆志杰迫于家境清贫，想放弃高考。可内心里，他又不甘多年寒窗的苦读。踯躅间，佟姨看破骆志杰的心思，每天去开导、劝慰他，终于让骆志杰放下思想包袱，愉快地参加了高考，且考上沈阳理工大学。如今，已经参加工作的骆志杰，回忆那时郁闷，说：“当时我想得可多了，是佟姨天天找我谈心，我的心情才平静下来。”

骆志杰是佟春玲的邻居，两家住一个楼。10年前，骆志杰的母亲身患心脏病，终日卧床不起。父亲右手残疾，股骨头坏死，也是做不了什么工作。这般夫妻组成的家庭，经济条件可以想见。而8岁的骆志杰，就面临着失学危险。当父母的，宁可自己受多少罪，也不愿耽误了孩子。无奈家中困窘，实在别无他路，夫妻俩望着小骆志杰，面含悲苦。

这时候，平时常帮助骆家买菜做饭、洗衣服打扫卫生的佟春玲出现在骆家：“我看这孩子有出息，让他念书吧。别的孩子有的，也不能让志杰少了，我就当生了两个儿子。”骆家夫妻一听这话，恨不得跪下去给佟春玲磕头。小骆志杰跳起来抱住佟春玲的腿，嘴里不停地喊着，佟姨好，佟姨真好。自那日起，佟春玲身边就多了个男孩子，逛公园，买食品和学习用品，都是佟春玲掏钱，男孩骆志杰跟她的亲近，就如同母子一样。

骆志杰考上大学后，在学校表现出色，多次获得奖学金。工作和生活稳定后，他常说，佟姨对我的恩情，我永远也不能忘记。我一直都当佟姨是我亲妈，以后我一定努力让她过得比现在好！

骆志杰感念在心的佟姨佟春玲，是抚顺市志愿者协会“心中有爱”工作站站长。现年58岁的她，也是一路坎坷地走过来，因为自己的不容易，才特别关照那些底层人群。十多年来，她的行动犹如摇醒春天的风铃，让阳光暖和地照着卑微的生命，让细雨微风滋润着干渴的种子。因而，她获得了“抚顺市学雷锋先进个人”、“学雷锋优秀志愿者”、“十大杰出学雷锋志愿者”、“学雷锋优秀组织者”、“抗洪救灾荣誉一等功”、“十佳义务监督员”、“望花好人”等荣誉称号。2011年，她获得了一枚城市勋章——抚顺“百姓雷锋”。

佟春玲退休前，曾有个温暖的家。1998年，佟春玲从抚矿一公司下岗，紧接着，丈夫突然身染沉疴，一周时间撒手离去。佟春玲一下子精神崩溃：“工作没了，爱人没了，剩下自己和孩子，可怎么活！”就在佟春玲不知所措时，社区干部来到她家里，百般抚慰劝解，同时为她办理了低保。并建议她参加技能培训班，一技在手，不愁没饭吃。于是，佟春玲报了中医培训班，结业后，又去沈阳辽宁中医学院实习一个月。回到抚顺，佟春玲的思想和精神状态已经有很大变化，她非常清楚，新的自己是从哪里来的，她也要尽己所能，帮帮那些和自己一样在苦痛中挣扎的人。

佟春玲最先用自己学到的知识开始帮助周围的人。社区居民黄树杰患疱疹，四处求医问药，钱花不少，效果却不理想。佟春玲知道后，主动登门，给他针灸、拔罐，尝试用中医方法治疗。一个月后，黄树杰的疱疹居然全部消失，他非常高兴，让家人给佟春玲送去2000元，以示谢意。佟春玲则断然拒绝。

佟春玲就是这样怀着真挚的心理，多年来为社区居民义务巡诊达一千多次，社区内的“五老”人员，数十名困难居民，都不止一次接受过她的义诊。与此同时，佟春玲还肩负着义务照顾孤寡老人的责任。社区有个七十多岁的孤寡老人李学珍，老人是60年代的市级劳模，佟春玲敬佩老人曾经的辉煌经历，经常去护理她。老人感激不尽，要在身后将房子和财产都赠给佟春玲。但佟春玲明确地告诉老人，我照顾你，因为你年岁大了，并不是贪图你的财物。老人去世后，佟春玲一手操持，料理了老人后事。而老人的财产，佟春玲一分不少地交给老人的干女儿。

佟春玲“管的宽”，自然事情就多，社会身份也多。她是锁阳社区的关工委常务主任，还是抚顺城一校、将军二校、四十中学、葛布一校的校外辅导员，每到寒暑假，她都会组织学生参加社会活动，展开安全知识讲座，消防知识讲座、心理辅导法律知识进校园等丰富多彩的活动，为社区孩子的健康成长夯实基础，为孩子的美好明天预先投资。

从 1998 年至今，佟春玲一人照顾孤寡老人和孩子十几个人，7 位老人死后，是佟春玲以子女的身份为其送终。而实际上，佟春玲的主要经济来源，不外乎 1000 多元的退休金。为了多挤出钱来关照需要照顾的人，她省吃俭用，甚至为了筹钱资助，她举办“扶贫济困义卖会”，将多年积攒的奖品变现，善款全部捐助给贫困学生。这些年中，佟春玲通过各种方式，向社会捐款 4.9 万元。这些钱，都是她从嘴里、从身上省出来的，因此，这钱虽比不得动辄十万几十万上千万的捐助惊人，却有其特殊的贡献。

佟春玲知道，她一个人的力量太微薄，便成立了“佟春玲爱心志愿者小分队”，活跃在社区、部队、农村、养老院等地方。2005 年，在这支小分队的基础上，佟春玲成立了“心中有爱”工作站，并在团市委、市志愿者协会正式注册。经过数年的磨炼，如今，“心中有爱”工作站已发展壮大，共有志愿者 600 多名。

铃声响过，春光无限。愿佟春玲的工作站越做越好，志愿者年年增加，如此循环往复下去，我们就会真正地拥有一个美丽中国。

带着“雷锋”走四方

他曾离雷锋那么近，聆听真善美的呼吸。他一生在重复一个动作：向雷锋看齐。以半百之躯奔忙，身影似音符，领衔500多个声音，共唱一部和谐旋律。看霜重色愈浓，听老鹤鸣新曲。在雷锋长眠的土地，爱的歌声嘹亮而起。

——献给罗纯仁的颁奖词

2008年5月，已近天命的罗纯仁被望花区文体部门聘为雷锋艺术团团长。这职务实际上是虚的，说白了，既无工资，又无待遇，反而肩负很多义务和责任。但罗纯仁喜欢这个空衔，在他看来，今后自己可以名正言顺地带着冠以“雷锋”名字的群众艺术团参加演出，为“雷锋”两字增光添彩了。

罗纯仁上过山，下过乡，当过地质工人。20世纪70年代，调入抚顺特钢下属的耐火材料厂。在那个注重文化宣传的年代，罗纯仁与生俱来的文艺表演天赋受到厂领导的垂青，很快向下属单位要人。耐火材料厂当然不放，为了留人，火速提拔罗纯仁为段长。但仅隔三天，特钢厂工会领导亲自出面，将罗存仁调到厂工人俱乐部。

罗纯仁之所以受到多方重视，皆因此前他创作并演唱的京东大鼓《歌唱刘景连》，获得当年全省职工文艺汇演一等奖。

此后，罗纯仁一直在特钢专职从事文艺工作，尤其担任钢厂文化馆长的那段时间，将企业文化搞得丰富多彩，多次在全国、省市同行业汇演中获奖。这种红红火火的文化气氛，到20世纪90年代末期，随着企业职工的下岗分流而逐渐暗淡下来。罗纯仁经过一番思索，也办理了提前退养手续，开始自谋职业。

下海后的罗纯仁开了一家饺子馆，在他的苦心经营下，生意还不错。却因妻子患癌，被迫放弃餐馆。为哄妻子开心，罗纯仁每天使出全身解数，给她讲故事，说段子，唱上几嗓。罗纯仁的乐天派，也吸引了许多老工友、同事，渐渐地，大家聚拢到一起，唱歌、跳舞，用文化娱乐活动慰藉离退休、下岗失业后的怅惘。

再后来，担任钢厂退休管理处长的陈凤霞出于多种考虑，决意成立抚特钢金星艺术团。便找到罗纯仁，请他再度出山，担任这个团的团长。

事实上，望花区还有另一支群众性文艺团体，名叫群星艺术团。金星艺术团成立后，两队偶有交流。但真正促使他们合流的，是 2007 年。当时，两家艺术团各自组成一支满族秧歌队，联袂在省内外巡演 42 场。同时在市里举办的民间文艺队伍擂台赛上，获得金奖和银奖。这样，在望花区文体部门的撮合下，金星与群星合二为一，更名为雷锋艺术团。

雷锋艺术团其实非常特殊——平均年龄 50 岁，团员中有雷锋生前亲自辅导过的学生，有癌症患者，自然条件与专业团体没有可比性。但罗纯仁并未因不利因素放松对团员的要求，在基本功训练、形体训练上的强度，一点不比专业演员低。练到后来，老胳膊老腿的演员们，连“倒踢紫金冠”的高难动作都做得行云流水。

2008 年 6 月 24 日，是检验雷锋艺术团水准的时间——第 29 届哈尔滨之夏音乐会开幕。罗纯仁也带人来到哈尔滨，参加本次活动。因为年龄和团体性质的关系，罗纯仁和他的团员一开始就遭到冷遇，但当他们在舞台上一亮相，立刻博得观众热烈的掌声。接下来的几天里，他们的舞蹈《乐淘淘》、《女警风采》、《孤独的牧羊人》技压群芳，一举夺得第 29 届中国 · 哈尔滨之夏音乐会三项金奖，受到大赛组委会的一致好评。同年 9 月 14 日，罗纯仁带领他的抚顺雷锋艺术团，参加在内蒙古举行的第十届老年合唱节，再次一鸣惊人，摘得本届大赛的最高奖——骏马奖。

数年艰辛，罗纯仁和他雷锋艺术团游走四方，凭借艺术水准赢得殊荣，这个什么都靠自费的民间艺术团体，渐为人所接受。声名鹊起的雷锋艺术团，也影响带动了整个望花区。现在，望花区常年参与文体活动的居民有数万人，群众文化队伍160多支，文艺骨干3000多人。在这些数量庞大的文艺群体中，雷锋艺术团成员既是组织者，又是教练员，发挥着重要作用。望花区群众文化的整体水平，也在雷锋艺术团的带动下，有了显著提高。

望花区群众文体活动开展得如火如荼，罗纯仁也有了更新的想法——他率领全团队员，自创节目，自编自演，深入到企业、社区、乡村、敬老院，参加各种社会公益活动。数年中，罗纯仁和他的雷锋艺术团共排练节目5000多个，演出400多场，近百万观众现场观看他们的演出。

有耕耘，就有收获。2009年，雷锋艺术团在“辽宁省首届农民艺术节”、省老龄委举办的“见证复兴与祖国同行”再获双金奖。当年国庆节，在参加中国合唱协会和嘉兴市南湖区委、区政府主办的中国城市合唱周比赛活动中荣获铜奖。2011年5月，雷锋艺术团舞蹈队代表辽宁参加在山东滕州举办的全国老年人健身活动大会，获创编动作一等奖和体育道德风尚奖。9月，辽宁第八届艺术节上，雷锋艺术团的节目再夺金奖。

2011年，罗纯仁获得了抚顺“百姓雷锋”称号。这个称号，是他多年梦寐以求的希望，是他和雷锋艺术团名至实归的奖赏，几十年孜孜不倦，执着追求的心血和汗水的结晶。

颁奖那天，罗纯仁手握奖杯的时刻，脑海里蓦然浮现几十年前的情景——身为望花区丹东路小学生的他，与同学们端端正正坐在教室里，聆听雷锋操着湖南口音的普通话讲辅导课。那天，雷锋做了一节忆苦思甜报告。从此，那个名字就在他心里扎了根，与他结下一辈子的缘。活到五十多岁时候，罗纯仁终于可以那个名字重合，从精神到精神，实现了高度契合。他也愿意耗尽余生，用歌唱和舞蹈的形式，让雷锋的名字一次次点燃中国大地。

第十章 公仆的本色

公仆其意，为公众的仆人之义，比喻为公众服务的人。

公仆这个词源于普鲁士国王腓特烈二世，史称，腓特烈二世说，我是这个国家的第一公仆。腓特烈二世在位期间，一直以这句话为座右铭，对普鲁士进行一系列的改革，使普鲁士发展成欧洲的强国，为德国统一奠定了基础。

功高不改忠贞志，位尊难移公仆心。这是《天安门诗八首》中的一句，原为悼念周恩来总理所作，现泛指焦裕禄、孔繁森之类的优秀干部。在新三字经里，还有“焦裕禄，好公仆。一身死，万民哭”。可见，公仆为人民尽到责任和义务，历史是不会忘记他的，人民更不会忘记。

肖斌坐在轮椅上工作，戚永安在捍卫劳动的尊严，朱华勤勤恳恳为同事做着芜杂事，王鸿麟捧给群众一腔热情，陈立贵奔波乡村为国征税，于建革和他的乡亲一起描绘锦绣田园。这几个人，可以说是公仆的形象代表，也为众多的公仆树立了一杆标尺。

为了劳动的尊严

你是打工者的“兄弟”，你用正义和良知跟他们结下朴素的友谊；你是打工者的“靠山”，你以法律的名义维护他们劳动的尊严。戚永安，无需惊天动地的承诺，没有豪情激荡的誓言，默默燃烧着真情，为普通劳动者释放出春天般的温暖。

——献给戚永安的颁奖词

世界上所有的文化与文明，都是人类智慧和劳动的结晶。劳动创造了财富，美化了生活，让人类不断进步。为了体现对劳动的尊重，1889年7月，恩格斯在组织召开的第二国际成立大会上宣布，将每年的五月一日定为国际劳动节。当然，这个节日的制定前奏，是发生了流血事件——1866年5月1日，美国工人举行大罢工，要求改善工作条件，实行八小时工作制。芝加哥政府派出警察镇压，酿成“干草市场屠杀”的惨剧。

中国的劳动节则起源于1918年，当时，一些思想先进的知识分子，在上海、苏州、杭州、上海等地散发“五一”传单，之后，经过声势浩大的运动，为工人争取自身权利。

尊重劳动，保护工人的合法权益，早已是国际遵循的法则。但并不是所有的法则都能一成不变地照行不误，比如我们身边，太多令人愤慨、揪心的实例：

2003年，盛夏流火的七月，抚顺市劳动和社会保障监察支队队长戚永安接待完一批上访的农民工，刚想坐下喝口水，办公室的门再次敲响。随着戚永安一声请进，一群蓬头垢面的孩子怯怯地出现在屋内，用惊恐不安的眼神望着他，迟疑着说出一桩为难事：

这几个从外地来抚顺打工的孩子，在某酒店辛辛苦苦干了几个月，不但没拿到分文工资，黑心的老板还把抵押金给吞了。孩子们身无分文，只好流落网吧，合伙买下一个座位，6个人靠在一起过夜，渴了捡人家剩下的水喝，饿了分着啃硬馒头。实在没办法，只好来找劳动监察部门，希望讨回工资和押金。

戚永安听完孩子的讲述，同情、怜悯、气愤等复杂的感情油然而生——6个孩子中，3个是童工，正是受父母疼爱的年岁，却被迫出来赚钱养活自己。孩子本来已经够可怜，贪财人见利忘义，竟压榨小小身

躯里的血汗，若不替他们讨回公道，于心何忍！戚永安决定马上立案，由自己亲自抓。同时，让单位同志给孩子安排午饭，担心女孩子住网吧不安全，他又联系一位熟悉的老板，容孩子们暂时到朋友那里栖身。

第二天，戚永安带领支队同志到涉案酒店取证。通过调查，事实基本与孩子的陈述吻合。接下来的几天，不断有求情电话打进来，戚永安一律断然拒绝——他忘不了孩子们无助的眼神，甚至谁一跟他为涉案方讲情，他就情绪激动，忍不住动怒。为了尽快给孩子们一个交代，也为了避开一窝蜂似的人情关，一周后，戚永安做出处理结果：该酒店非法使用童工，不与员工签订劳务合同；非法收取抵押金；无故拖欠工资。数罪并罚，根据国家有关法律法规，责令酒店与员工补签劳动合同，退还抵押金，返还拖欠工资。此外，酒店应付罚金 1 万元。

当戚永安将 7336 元钱如数交给 6 个孩子，他们的眼泪像断线的珠子，噼里啪啦落下来。戚永安温和地说，离家几个月了，爸妈惦念你们，快回家吧。然后，叮嘱单位同志帮孩子们买车票，送上车。孩子们临走时，拉着戚永安的手不放，满脸依依惜别的神情。戚永安心里也不好受，硬起心肠，将他们送到大门口。望着孩子们离去的背影，他的心，又觉得一种豪气。

戚永安心中的豪气，是为弱小伸张的一种心理满足，也是履行责任后的一种快慰。近些年，大批农民脱离土地，纷纷涌向市场，参与到城市建设队伍行列。随之而来的，也造成各种各样的矛盾纠纷，其中，拖欠农民工工资的事例不胜枚举，劳动保障检查就显得日趋重要。

2004 年，隆冬季节，新年的脚步一天天临近。这本该是在外忙碌一年的农民工怀揣工资，喜气洋洋回家过年的时候，可一批农民工却愁眉苦脸走近戚永安的办公室，投诉沈阳顺天建筑公司拖欠工资。原来，这 47 名农民工曾在抚顺某建筑企业打工，后因工程发包方哈尔滨华春公司与该建筑企业因工程质量问题产生纠纷，工程款一直未结算，导致农民工活干完了，钱没人给。眼看就要到年关，农民工走投无路，只好来找劳动保障监察部门。

戚永安立即与建筑企业和华春公司取得联系，讲法理，讲人情，希望双方替弱势的农民工考虑。最终，戚永安说服华春公司，同意暂时搁置纠纷，先垫付农民工 8 万元工资。腊月二十八那一天，渴盼已久的农民工终于拿上血汗钱，踏上漫漫回乡路。

多年来，戚永安带领他的支队，共为解决农民工工资问题立案 100 多起，涉案金额 500 多万元，维护了 4000 多农民工合法权益。

戚永安深知，一个人的能力终究有限，团队的力量才无穷大。自他任市劳动和社会保障监察支队队长以来，亲手将 11 名同志培养入党，使全队 15 名同志全部成为共产党员。尤为难得的，是两名临时工也受到这个队伍的影响，先后在支队入党。是党员，就要恪守党员的品格。作为劳动监察部门，一年到头穿梭、处罚用人单位，说情的，送礼的，自然不会少，但戚永安一概拒绝。在他的带领下，全支队形成良好的风气，先后被评为省厅三优文明窗口，专项执法监察先进单位，抚顺市先进党支部。2006 年，他本人被评为抚顺市“百姓雷锋”。

一个心中有爱的人，目光总是柔软的，胸襟博大如海。戚永安认真对待农民兄弟，体谅他们的苦和难，在他们需要的时候，坚定地和他们站在一起。在生活中，他也是上善若水，给弱小以融融暖意。曾经，他资助失去父亲的贫困孩子陈启龙长达数年，直到他 2000 年考上大学。可很少有人知道，一个手中握有实权，又是县处级的干部，居然一家三口蜗居在 60 多平方米的老房子里。这与当今的很多干部绞尽脑汁为家人营造安逸生活，形成鲜明对比。

当官不为民做主，不如回家卖红薯。这是中国古典戏剧《七品芝麻官》中的一句经典台词，说的是七品县令唐成与权倾朝野的严嵩斗智斗勇，不畏权势的故事。这句看似幽默的话，其实是严肃的责任担当。责任，是道德的承载，信仰的力量，忠诚的一种境界。古人有言，人无忠信，不可立于世。又说，不信不立，不诚不行。忠诚、责任，自古被视为美德，而今，纷扰的世相，浮躁的人心，凸显美德的稀缺，所以，我们呼唤更多的戚永安，为我们自己承担。因为，社会这两个字，说到底，是我们自己的。我们所做的一切事情，都是为了“我们”。

拆掉旧居建新家

困难是试金石，最能检验一个人的本色。面对天下第一难的动迁工作，王双庆，你迎着困难走，顶着压力上，让敬业的公仆之情逆风飞扬。一百多个日夜奋战，八千多户顺利搬迁，矛盾的漩涡里你挺直了共产党员的腰杆。你，用行动诠释出“棚改精神”的内涵。

——献给王双庆的颁奖词

拆迁，是近些年来异常火爆的词，因拆迁引发的各种矛盾问题，也不可避免地暴露出来。要挟者有之，得陇望蜀者有之，甚至闹出人命的事情也不鲜见。拆掉旧居建新家，动机都是好的，为什么过程搞得不亦乐乎？其实很多事情，增进了解，相互沟通，抱着端正包容的态度，最后总能皆大欢喜。

2005 年起，王双庆干的就是拆迁工作，当时，他被委任为望花区棚户区改造指挥部拆迁部部长，主要负责北厚棚户区、古城子棚户区的拆迁工作。那一片区域的居民，大多为社会弱势群体，整天与这些人群打交道，工作难度闭着眼睛都可以想象。然而，没有任何拆迁工作经验，又刚过而立之年的王双庆，却把这项艰巨的工作干得领导满意，百姓感激，并因表现出色获得 2006 年抚顺市“百姓雷锋”。

若说这成绩的得来，王双庆没有三头六臂，上天入海的神功，他就是怀着真诚、公正的心，认真对待棚改涉及的每一个人、每一件事。最终，保证八千多户居民顺利搬迁，永远告别了破旧的油毡房、偏厦子，住进洒满阳光的新楼房。

王双庆任望花区棚改拆迁部部长之前的一天，还只是一名抚顺市望花区创业园区党工委组织、纪检委员。突然之间，领导交给自己这么重的任务，王双庆兴奋，也有忧虑，他怕干不好，上对不起领导，下对不起百姓。但王双庆是个要强的人，为了不发生这“两怕”，他暗下决心，豁出去流汗流血，也要把棚改工作干明白。

2005 年那一年，王双庆的绝大部分精力都用在北厚棚户区改造上。好不容易稍稍稳定，2006 年 3 月，辽宁省最大棚户区改造工程——古城子棚户区一期工程进入开工建设阶段。113 栋、43 万平方米新居，棚户区拆除 26.5 万平方米，涉及居民 8600 多户。如此庞大的数字，背后隐着的，是地形、地貌、居民状况、房屋产权等要多复杂有多复杂的千头万绪。河西地区尤其混乱，1026 户居民，低保户高达 357 户，多由低保户、单身、失业、智障残疾、违法乱纪人员等构成，难度之大，超乎想象。

另一个难度在于，光解决住房，等于授人以鱼。若想授人以渔，就得找到切实的长远办法——让棚改居民有合适的职业，每月拿到稳定的工资，才能保证生活需求。于是，望花创业园区决定，在河西地区建立工业园，进行招商引资。这样，棚改居民由一次搬迁变为二次搬迁，临时租房的费用，政府采取临时补贴。给家庭困难的居民找周转房，也成了王双庆的另一份重担。

王长友高位截瘫，妻子智障，听说搬迁，又高兴又发愁。正这时机，王双庆推门而入，告诉王长友，他已经联系到一间周转房，床和搬家的车辆也安排好。王长友感激的热泪盈眶……整个河西地区，王双庆和负责拆迁的工作人员为棚改居民寻找 100 多处周转房。100 多处房子，大约人们听起来不觉得怎样，但这意味着跑多少次腿，说多少次话，为了降低租金陪多少笑脸，受了多少委屈。而这些，都是棚改的分外工作。

河西有一个女精神病人，拆迁的时候，王双庆帮她找了几处周转房，她都不同意去，最后一处才勉强同意。可她心里仍想不通，一天中午，王双庆正和同事吃盒饭，她突然闯进去，伸手掀翻桌子，接着砸碎拆迁部的玻璃。王双庆一点不计较，到了回迁的日子，照样把她家的手续给办理齐整，保证她及时住进新房。

2006 年 9 月 26 日，是古城子棚户区回迁户选房的日子。当成百上千户居民喜气洋洋地做好准备时，王双庆私下里却生了许多烦恼。

王双庆自小在紧邻古城子的南沟长大，他的父母、弟弟、同学，一起长大的伙伴，妻子的娘家人，也大多住在南沟。而这一次，南沟的棚户区百姓，集中迁往古城子。

王双庆的父母和弟弟一起住，按政策规定，只能给45平方米的小套或单间，这么大的面积住一家老少三代，确实有些拥挤。母亲就和王双庆商量："能不能想法给咱家分大点的面积，我和你爸好有地方住啊！"王双庆望着母亲，心里很疼，从感情上，他希望操劳一辈子的父母住得好一点，可另一个他不断提醒："你不能干违背原则和良心的事情！"

母亲失望地走了，王双庆站在她的身后，想到失明的父亲，裹着旧棉袄缩在火炕上的情景，说不出心里是什么滋味。

王双庆自己也是无房户，婚后，他一家三口一直挤在岳父家的36平方米的单间。分房的时候，有人劝王双庆，动动心眼，给自己弄一间房。也有人劝他，跟领导讲讲困难，请领导帮着解决实际困难。

王双庆一笑了之——他何尝不想有一个属于自己的房子，给妻子孩子一个稳定的家。自己为拆迁工作没吃过一顿准时饭，没睡过一个囫囵觉，雨天一身泥，晴天一身汗，家人孩子顾不上管，从未叫一声苦累，此时跟领导提要求，领导一定会尽量满足。可他不能太自私，他不想过占了便宜、心难安宁的日子。

回迁仪式结束，居民排起长长的队伍准备选房，王双庆的母亲和妻子也站在人群中。王双庆假装没看见她们，躲到一边忙别的事情。母亲想找儿子拿个主意，却连人影也看不见。那天，王双庆的母亲选了间把山的房子，老人当场就哭了。

想求得心安的王双庆，放弃了自己的既得利益，却将棚户区居民的住房安排得极其人性化——一位残疾棚改户找到王双庆，说出想要一楼的心愿。王双庆觉得，按规定应该给他，便给调了一楼。残疾棚改户又说，自己行动不便，想要靠近广场一些的一楼，方便出去晒晒太阳，聊聊天。王双庆再次照顾他，让他高兴而归。

五老棚户区张景玉老人，和儿子住一起。动迁时，老人考虑到儿子快结婚了，为了给儿子攒点钱，少掏点扩大面积的房款，只要了35平方米的单间。分房后，老人发现狭小的客厅放不下一张床，自己原来打算儿子住里间，自己睡客厅的想法根本行不通。无奈，老人找到王双庆，求他帮帮忙。王双庆理解老人的焦急，给她调整到政策范围内的45平方米的房子，随了老人心愿。

棚改，是德政工程、民心工程，让德政工程、民心工程深入人心，就应该选有德行、心怀大爱的人担当重任，把党和政府的亲民政策，化为向民众传播的福音。

温情总在沉默间

把责任扛在肩上，换岗位不换思想；把爱揣在心里，走到哪都发热发光的公仆楷模。

——献给王鸿麟的颁奖词

有的人做事情，是为堆砌声望；有的人做事情，为了换取自己的需要；有的人做事情，想当做炫耀的资本；有的人做事情，只是他想做。为声望帮人的人，常常适得其反；为换取自己需要帮人的人，日子越久，你越看不到他的心；为炫耀帮人的人，因为只限于毛皮，难免轻浮之感；有些事情，他只是出于本能去做，做得越多，越像一座山。

雷电想要撼人魂魄，才急火火一声霹雳；风想要张扬的快感，所以四处穿梭。急火火的，转眼间就被忘掉，想传诵八方的，往往无踪无迹。山在那里，不挪不移，你看得见，摸得着，它以沉默的姿势，牢牢占据你的记忆。

若说这话有点儿玄，倒不如说近乎尖刻。不信，对照下周围就好了。我们每个人，都活在形形色色里，任何一个人都是参照，有的人让你拉开距离，有的令人无语，也有的人，像沉默的山，他做的事，让你念声好，若能跟着效仿，更好。

王鸿麟就是个善于沉默的人，譬如他做了许多事，却不愿意说，你问，他多半三缄其口，惜字如金。想了解他，得问常和他打交道的人，下属、百姓、朋友、同事、老婆，把这些人眼里的王鸿麟糅合在一起，才是一个真实的王鸿麟。

2008 年，王鸿麟站在抚顺“百姓雷锋”的颁奖台上。为他颁奖的，是他资助的一对母女：魏艳红和她的女儿张雨晴。当王鸿麟从女孩张雨晴的手中接过鲜花和奖杯的刹那，眼窝蓦然发热——这奖赏，是一个人一辈子的精神盛宴。

2004 年，王鸿麟被新抚区委选派到南阳街道任工委书记。而在此之前，他的职务一再变动：区老干部局副局长、站前街道工委副书记、区纪委副书记……算起来，平均每两年变动一次。但就职南阳街道，踢开头一脚算最难的，完全可以说，王鸿麟实打实的一个“光杆司令”——没有办事人员，没有办公用房，没有办公车辆。如此这般的难，换作别人，或许会产生消极心理，王鸿麟却不是这样，他对大家关心的疑问一笑了之，回头忙活自己的。不久，南阳街道办事处就有了近 400 平方米的办公室，6 个社区 100 平方米以上的办公室也圆满解决。

“窝”有了，意味着根扎下了，下一步，就是走访调查，深入到最底层。当时，南阳分布着许多棚户区，住在那里的居民受经济、家庭、身体等诸多不利条件制约，生活都很困难。这部分群体，就成了王鸿麟高度关注的对象。走访中，他见到了一生难忘的一幕：

那一天北风啸叫，大雪漫天，人们都缩在温暖的屋子里躲避寒冷。东岗社区居民刘利平家四壁结霜，凉意逼人。刘利平正用捡来的纸壳和劈材当燃料取暖，那点微小的热量，不足以驱散刺骨的风寒，冻得上大学的女儿蜷缩在屋角，戴着手套学习。王鸿麟见此情景，心陡然一酸，暗想，这是怎样一个家呀，父女两个活受罪。于是，王鸿麟坐下来，和刘利平唠家常，一问才知道，刘利平是下岗工人，曾因车祸撞断 6 根肋骨留下后遗症，父女俩相依为命，日子清苦。女儿考上大学以后，刘利平又喜又瞅，喜的是刘家几辈子才出一个读书人，愁的是，他没钱给女儿交学费。刘利平万般无奈，卸下家里仅有的几片暖气片卖掉，给女儿凑钱上学……

听完刘利平的讲述，王鸿麟心如刀绞：“这样的人家，该资助啊！”临走，王鸿麟掏出300元钱给刘利平撂下。刘利平说什么也不收，当他听王鸿麟扭头对随行的社区书记说“尽快给他家办低保”这句话，再也抑制不住，抱着王鸿麟发出男人的呜咽。

刘利平父女的状况，同时也给王鸿麟提了醒，他想，南阳街道位于矿区附近，下岗职工多，困难家庭多，不少孩子因为经济原因缺钱读书，为何不设法给这样的孩子一条出路呢。2005年6月，王鸿麟倡导发起了第一个由街道组建的“帮助特困学生基金”，如今，这笔基金已经让很多面临辍学的孩子重返课堂。

王鸿麟前后在南阳街道工作两年，两年中，他为南阳的弱势群体办了许多实实在在的好事。等他要调走时，南阳居民依依不舍，拉着他的手，泪眼汪汪。

2008年5月，身为新抚区教育局党委书记的王鸿麟，被任命为拆迁改造指挥部验收安置组组长，分管验收、腾空及安置工作。这三项工作，早已被公认为拆迁改造工程中最挠头的工作。区领导之所以将最重的担子压在王鸿麟肩上，也是经过慎重考虑的——王鸿麟曾任新抚区纪委副书记、监察局长，看似敦厚的他，做起纪检工作来出乎所有人意料，任职两年多的时间里，王鸿麟接待来访200多人次，立案60多件，其中大要案20多件，处理处分43人，挽回经济损失110多万元。成绩的背后，则是太多的难言之隐：纪检工作得罪人，常遭威胁报复。王鸿麟不为所动，横下一条心，黑下一张脸，不管涉及谁，一查到底。而区领导看中的，正是王鸿麟这种倔强、讲原则的性格，才把拆迁工程最难的工作交给他。

在武功街的拆迁过程中，王鸿麟顶住压力，带领小组成员不辞劳苦，日夜奔波，经过一个多月的努力，终于使武功街的拆迁工作顺利告捷。

王鸿麟工作出色，属于放在哪里都放心的干部。同样是2008年，王鸿麟再次被委以重任，调任新抚区民政局局长。民政局长，手中握着相当的权利，即便不用刻意经营，也多的是发财的机会。王鸿麟的家里，也确实不宽裕——妻子多年下岗，一直在一家区级医院当护上长，每月的工资屈指可数。女儿在上大学，正是用钱的时候。按理，这时王鸿麟跟哪个单位说句话，给妻子运作个好单位，都不是难事。然而，妻子刚说出自己的想法，王鸿麟就给顶了回去。他的老母亲年事已高，按政策规定，可以享受公益性岗位招收的服务员上门服务，王鸿麟却怎么也没同意。不是他不疼白发的娘，他也想让娘享几天福，老了不留遗憾地走。可他不能这么做，否则，心不安宁。婚后多年，女儿都长大成人，王鸿麟还住在昏暗狭窄的一间50平方米的老楼房里，作为区民政局长，想换套住房也是轻而易举，王鸿麟同样没那样做。

滚滚红尘中有你有我，名利场中，我们不由自主地浮沉，得之欣喜，失之落寞。像王鸿麟这样的领导干部，吃得了苦，耐得住贫，抵得住诱惑，实在难能可贵。王鸿麟的意志力、控制力，对正确价值观的把握力，也是我们当今一些干部所缺乏的，若我们多一些、再多一些这样的领导干部，相信栽倒在房子、车子、票子、裙子下的干部，会越来越少。我们的廉政反腐，也就像一阵阵清风，吹拂中国大地。

点滴之蓄，汇成泱泱

国家的好税官，手指缝漏不掉一分钱；咱们的贴心人，心窝里装着大家伙的难。你伸出的手，不是索取，而是奉献。把失学的孩子送到学校，给孤独的老人带来温暖。你的心肠比火还热，时时刻刻捧出春天。

——献给陈立贵的颁奖词

从头至尾，陈立贵的事硬是找不出一件抢人眼球的，他做的事情零零碎碎，没有厚度，也没有深度。他下去查税，中午必定赶回分局食堂或家里就餐，实在回不去，就到乡镇政府食堂。比如，下乡到小卖店收税，听说开小卖店的老太遭遇不幸，孙女念不起书，当场掏出200元钱捐助，再比如，常年帮着本村五保户割柴火、收拾房子、买药做饭；“5·12”大地震他捐了2000元特殊党费；护送因缴税赶上大雨的老人回家；自己掏钱买水泥，给村里铺文化广场……诸如此类。坦率地说，这些事对于很多人都是举手之劳，确实有很多人也这么做过。

陈立贵的可贵之处，在于他二十多年认认真真地做这些事，不虚张声势，不敲锣打鼓，他做这些事的时候，也没怎么想，只觉得是应该的。逢着别人送点钱物实在推不出去，就用礼尚往来的方式处理。总而言之，他不到处游说，更不夸大自己多么崇高，拒腐蚀永不沾之类，他客观、诚实，敢于正面回应。这是他的率真性格，也是具有几千年历史的礼仪之邦崇尚的替人解难、为人谋福的文化传承。

点滴汇成大海。工作性质决定了陈立贵的较真、务实，二十多年一以贯之地坚持下来，他的人生成绩单上，印满一串串鲜红的印迹——先后获得国税系统的优秀公务员、先进工作者、征管能手、抚顺市优秀共产党员、廉政标兵、文明市民等等。2009年度抚顺市“百姓雷锋”评选中，十个席位有其一，这份荣誉，在陈立贵心中非常之重。

1988年，陈立贵调入清原县国税局红透山分局，当了一名普通税收管理员。由于税收并非本专业，陈立贵潜心学习，结合理论知识与实践，很快从“门外汉”转型为税收业务尖子。他还根据工作特点，给自己订立一套原则：既要严格执法，更要勤征细管。在长期的征税过程中，他还总结摸索出“三个解剖”经验，堵塞征管漏洞，即解剖重点企业，抓“骨干税源”；解剖低税负企业，抓“疑点税源”；解剖税源下降企业，抓“变动税源”。同时，建立税源户登记档案，将那些星散的营业户具体情况进行备案，做到了如指掌，便于征税。

乡村税源小，征收难度大，一些纳税人错误地以为，从事小本生意可免除费用，甚至由此产生“钉子户”。有一次，陈立贵征收市场屠宰税的时候，就遇上蛮横的一位。第一天，陈立贵向他下达了定额通知单，业户撩下眼皮，再没理会。陈立贵胸有成竹，笑了笑，转身离开。

快下班时，陈立贵再次来到业户的肉店，结果人家关门走人。第二天，陈立贵挑个时间，又去征税。刚一进门，业户一拍桌子，高喊道："我就是不交，怎么办随便你！"说罢，操起身边的铁锹，对陈立贵横眉立目，拉开架势。陈立贵不急不恼，反而坐下来，耐心细致地讲道理，讲人情，几小时后，拒不交税的业户态度缓下来，说："老陈，我服了你，我保证以后不再让你费心了。"

在乡村征税，等于一项"溜腿儿"的工作，十几元、几十元乃至上百元，或者更多，每一份税额的如期征收，都离不开一线征收员的辛勤。有的业户不愿缴税，故意刁难税收员，非故意让他来回跑几趟。碰上难缠的业户，不知道费了多少口舌，才说服其纳税。对此，陈立贵自有他的办法："一张笑脸，一声问候，往往会起到春风化雨的效果。"对于纳税人提出的咨询问题，他从来耐心解释，超出自己业务范围的，力求给予清晰的答复，遇到脾气暴躁的纳税人，就先听意见，再解开疙瘩。二十多年的征税工作中，陈立贵从不推诿、设卡、搪塞，对下岗职工、陌生人等个体业户，他主动帮助办理执照、税务登记，征税时公正、公平，消除他们心中的疑虑。对于熟人朋友，他也不照顾情面，借工作之便贪揽财物。

一次，一家木器厂老板被陈立贵查处，老板依仗与陈立贵相熟多年，拿出 1000 元送给陈立贵，请他酌情处理。被陈立贵拒绝后，老板误以为他碍于情面，不好收，又拉了一车板皮送到他家里。陈立贵觉得，送回板皮倒也不是不行，但那样的话太伤人，维系了多少年的朋友关系都给割断了。于是，按市场价格把钱交给木器厂老板，老板说什么也不留。陈立贵没奈何，就砍倒自家门前的几棵树，运到木器厂顶账。最终，木器厂老板如数补交了漏税。

二十多年中，陈立贵就凭着这样的执着，甚至被许多人看来是偏执的劲头，平均每年征收税款都在百万元以上，纳税申报率和税款入库率高达 100%。

在红透山镇，谁都知道陈立贵一副热心肠，他居住的村庄里，乡亲们有个大事小情，更是愿意求助于他。每如此，陈立贵总是竭尽所能，帮乡亲们解燃眉之急。在村里，陈立贵也是第一个发展苗木生产的人。乡亲们看到他挣了钱，也想跟他干，可不懂技术，又没经验、没资金，产出苗木又没销路，害怕担风险。陈立贵便领着大家一起干，技术、资金、销路等等一大堆麻烦他一个人顶着。如今，在陈立贵的带领下，他的村庄已经成为远近闻名的苗木村，每年可为乡亲们带来几十万元的收入。

诚如本文开头所言，陈立贵的事情，没有深度，没有厚度，但细细品味，有温度。这温度，是吹醒春天的风，一棵树织成的绿荫，没有这一缕风，春天一样芬芳馥郁；没有这一棵树，千山万壑一样嵯峨锦绣，但有了这风，这树，我们的世界就多了一道景色。

蜂飞蝶舞花自香

你送来金钥匙，帮咱打开富裕门；你就像及时雨，为咱浇灌满园春。推开东家院，迈进西家门，为了农民致富，你操了多少心。根在农村，心为农民，辛苦了你一个，幸福了咱村里人。

——献给于建革的颁奖词

乡村是一幅活态的山水，人是这风情画里的点缀。乡村赋予我们别具一格的品味，徜徉土地与丛林中，远离争夺，心境清凉。乡村给了我们另一种追求，让人与人之间的关系像阳光一样透明、纯粹。这也是我们为名利、为物资所累的渴望回归。

如今的乡村，已不再是鸡鸣狗吠的简单原始，它亦在不断地变化之中——乡村人对品质生活的热盼，胜于以往的任何时候。他们要拥有不同于中国几千年农耕文明的新的村庄，他们理想中的桃源，即接纳了城市的先进，摒弃城市的虚浮，又要保留乡村的宁静淡泊。说到底，它是吸收城市与乡村最动人的部分糅合而成。

建立这样的生活，就需要辛勤的劳动。光舍得力气也未必行，尚需智慧的导引，这时便会产生先锋似的人物，走在前面探路，为着众人上下求索。其实这类人不一定心思奇巧，舌绽莲花，倒是必备实业家的坚韧、练达、包容气质。

若按这个基本条件对应，于建革可算得福荫乡里的实干家了。

1986 年，于建革 20 岁，那一年他从市农校毕业后，分配到抚顺县后安镇政府工作。自上班第一天起，他的工作重心就围绕着乡村的产业发展，帮助农民致富开始。起初，于建革到经管站任职。鉴于后安镇发展果树的历史较早，他就将关注点放在全镇的水果生产上，下工夫收集、学习农业实用技术。深入果农中间，虚心请教，认真探讨，有效确诊和防治了当地广泛发生的果树日烧病、山楂白粉病等病虫害。1992 年，他撰写的《山楂白粉病防治技术》，获得辽宁省农牧厅科技进步三等奖。

1992 年秋天，远近闻名的水果村腰卜村果农于利平，一脸焦急地找到于建革，请他赶快到自己的果园，看看 1000 多棵果树的腐烂病究竟是什么原因，喷了好几种农药都不见效。于建革马上随于利平去果园，连续在那里蹲点，搞了十几次防治对比试验，还请来沈阳农业大学的专家会诊，终于治好了于利平的果树病。

与于利平同村的张洪霞也是果树种植大户，但由于夫妻俩不太懂果树技术，每年水果收入不过三五千元。于建革获悉她家的情况后，春天教她剪枝，夏天教她防病除害，秋天，帮她联系销售水果。2008 年，张洪霞家的水果大丰收，张洪霞望着 2 万斤水果又喜又愁，喜的是许多年来从未有这么高的产量，愁的是水果这么多，卖不出去岂不成了心病。这时，又是于建革站出来，帮她多方联络推销，使张洪霞的水果收入达到 6 万多元。

于建革不仅在果树实用技术方面经验丰富，对土地的多种经营生产也堪称行家里手。2007 年，后安镇党委政府亮出全面改造提升传统农业，发展生态型现代农业的战略新思路。此时已任农业站长的于建革，深感肩上的重任。2008 年，他与当地农民经纪人纪俊权不谋而合，双双计划更新当地种植的黑木耳品种，并一起北上黑龙江考察。考察之后，于建革协助纪俊权组织37户村民成立食用菌专业合作社，栽培了30万棒黑木耳、12万棒猴头菇。有了于建革的热诚相帮，当年种植的黑木耳、猴头菇喜获丰收。但纪俊权和专业合作社的农民尚未建立稳定的客户群，摸不清销售渠道，于建革再次多方联系，将产品全部卖掉。

2009年春天，尝到甜头的纪俊权一鼓作气，扩大食用菌种植面积，还建起具有500万棒生产能力、全市最大的优质黑木耳菌包厂，走上“合作社+公司+农户”的一体化生产经营道路。纪俊权初探种植业就顺风顺水，最忘不了的人自然是于建革，他说，建革待我们就像亲兄弟一样，不管有多大的难事，只要他在，我们就心里有底。

于建革的行为感动着乡亲，也感动了在后安镇落户的食用菌加工企业老板。辽宁东顺食用菌有限公司经理孙国平，一提起于建革，便不胜感慨：“他是我到后安镇以来最佩服的人。”

2009年8月，辽宁东顺食用菌有限公司在后安镇正式挂牌经营。但公司一开张就遇到不大不小的麻烦——当地农民担心拖欠工资，致使企业招不到工人。孙国平十分着急。于建革知道后，积极做农民的思想工作，打消他们的顾虑，结果，东顺公司很快进入生产状态，4个月时间就为农民工发放工资超过20万元。

20多年来，于建革跑遍了后安镇的村屯，可以说，哪一座果园，哪一片种植小区，哪一栋养殖大棚里，都留下他的足迹。2007年末，于建革为方便工作，从做生意的哥哥那里“借”了一台车，每天开着车到处跑，给大家办事。几年下来，他的车程超过十万公里，其中80%的公里数用在工作上。一些企业老板不过意，多次提出为他报销部分出车费用，于建革统统谢绝。因为联络事情太多，于建革每月话费平均四五百元。但他从来没找镇里、企业及帮助办事的个人核销，都是他一个人默默掏腰包。他为乡亲发展致富项目，垫付的资金或赊销的农用物资，累计数额一度超过70多万元。

有了于建革这样的领路人，后安镇的农业产业项目发展渐入佳境。现在，全镇已涌现食用菌、山野菜、果树种植等8家专业合作社，带动700多农户进入特色农业和现代农业行列中。2009年，这些合作社领导农民增加收入人均4000多元。

20多年来，于建革由青年而中年，由一名普通的基层工作人员到一个产业实力雄厚的大镇农业站长，期间的劳苦付出，非旁人能够想象和体会。他用自己的实干精神，逐步在全镇建立起中草药、食用菌、有机水稻、奶牛等七大特色产业基地，乡亲们在打破几千年一贯制的传统种植模式，乐享新生活的时候，念念不忘的人，就是于建革。于建革为他人，为社会作出的贡献，也让更多人心生仰慕之情。2009年，于建革荣获抚顺“百姓雷锋”称号。3月3日那天，于建革上台领奖的日子，当他微笑着面对观众，听着主持人对他的赞誉之词，心中最真切的谢意，给了那块生养他的土地。

芜杂犹见真性情

警服在身，捧出侠肝义胆；军装褪下，依旧满怀春风。面对罪恶，舍生忘死扑上去，鲜血，开出英雄花！隐身人海，年复一年学雷锋。军魂，永远不退色！道德的基石下，你们铺下同样的大爱！信仰的大路上，你们保持同样的冲锋姿态！

——献给朱华的颁奖词

大雪漫天的清晨，城市还在熟睡中，朱华已经冒着严寒，在蔬菜批发市场买完青菜，装进车厢，再捂上棉被，然后跳上车，用冻僵的手拧开车钥匙，启动车子驶回宁远街……

朱华是抚顺市国税局第三稽查局办公室副主任，但像这种采购员干的活儿，他已经干了十多年。

2000年7月，服役十八年的朱华离开部队转业到地方，通过统一考试，他以总分第一名的成绩，被市国税局直属二分局，即现第三稽查局录取。

朱华在部队时，曾任雷锋班第十六任班长。任班长的两年时间里，农村娃出身的朱华吃苦耐劳，带领全班战友创造了奇迹——第一年，雷锋班八名战士，二人荣立三等功，六人被评为红旗车驾驶员，三人考入军校。两年下来，全班在出车台次、运载吨数、节约燃料等稳拿五个第一。他还积极将学雷锋活动与社会联系，外出作报告八百多场，引起很好的社会反响。鉴于朱华的出色表现，沈阳军区给雷锋班记集体一等功一次，他本人也于1990年3月，荣获沈阳军区学雷锋金质奖章，荣立一等功一次，迄今为止，雷锋班二十多任班长，唯有他获此殊荣。后来，朱华被破格提干到大连陆军学院学习深造。

可以说，朱华一身光环地到市国税局第三稽查局报到。上班之初，领导安排他负责机关后勤总务。虽然这项工作与朱华原有的经验大相径庭，但他愉快地接受，且一干十多年。

经过短暂的适应期，朱华开始进入角色。

后勤总务，离不开吃喝拉撒的杂乱事，朱华的工作，首先从食堂开展起来。市国税局第三稽查局机关食堂共七十多人就餐，蔬菜主要由菜贩送，再报账结算。起初，他对这个细节没太留意，有一天，他陪妻子上街买菜，发现市场上的菜比送到机关食堂的菜便宜。朱华当时心里就琢磨，要是自己买菜，岂不比送上门的便宜很多吗。回到单位，他把所见情况反映给办主任，办主任摇头叹息，此事他早心中有数，无奈没有采购员，只能如此了。说者无意，听者有心，自此后，朱华主动当起采购员。

看似粗犷的朱华，工作中心细如发。他考虑得周全，为了保证同志们吃到最新鲜的蔬菜，也为了不影响白天工作，每天天不亮就起床，早早上市场买菜。他还喜欢跟菜贩讲价，通常讲到菜贩不耐烦的程度。时间一久，有人知道他是税务局的干部，又气又好笑，说你这人怎么这样啊，税务局钱多的是，哪差块儿八毛的几斤菜钱。也有的暗示朱华，希望跟他建立长期的供求关系，届时少不了他的回扣。每每如此，朱华厚道地一笑说，我要是随便挥霍单位的钱，那我就给雷锋班长抹黑。钱好花，名誉不好买。

分局机关食堂的经费来源有两个渠道：一是个人交纳，二是单位补贴。为节省经费，朱华照搬部队的管理模式，把钱花在刀刃上，让同志们吃饱，吃好。还专门学会腌制小咸菜的手艺，空闲时亲自上阵，既省钱，同志们也吃得高高兴兴。此外，办公室原来因缺人手，雇用了一个临时司机。朱华到任后，出于压缩经费开支的考虑，将节省的钱用在同志们的餐桌上，主动揽下办公室用车驾驶员的工作。一年一年积少成多，这些年累计下来，朱华已经为单位节省驾驶员工资十几万元。

雷锋班出身的朱华，即使到了地方也保持着老习惯，他爱钻研，懂修理，善于查找问题。在第三稽查局，他是每天最晚下班的人——等别人都走了，他不紧不慢地围着整栋楼转悠，角角落落仔细检查。哪里的水龙头没拧紧，哪个科室窗户忘了关，哪盏灯还开着，他一声不响走过去，一一弄妥帖。会议室的水管漏水了，找不到修理工，正为难时，朱华拎着工具出现了。叮叮当当地忙活两个多小时，漏水点修补好。再看朱华，一身的污垢，手也划破了，可他一点不在意。

多年来，朱华乐此不疲地干着累死看不着成绩的工作，把零零碎碎的事情梳理得井井有条。除此之外，作为抚顺雷锋事迹宣讲团成员，他还是喜欢像在部队时那样，联系社会、机关企事业，做巡回演讲报告二百多场。担任雷锋小学、沈阳建筑大学等学校的校外辅导员。

资助贫困学生，不管寒冬立夏，还是秋深霜冷，朱华总是默默地清扫家门口楼道的卫生，楼下的老夫妻靠卖烟卷为生，朱华每天上班前，必要帮老人把手推车抬下楼，分担老夫妻肩膀上的重量……这些生活中的些微小事，朱华做就做了，不在乎谁的感激话，谁的赞誉，他只要邻居们见面相视一笑，问候一句。这一笑，有如春风荡漾，一声简短问候，有如雨润禾田。

一个单位有了朱华这样的人，会给单位带来很多的正能量，改变单位的风气，提高单位的核心凝聚力。在朱华的影响和带领下，第三稽查局连续多年荣获市级文明单位称号，2009 年，检查三科被命名为抚顺市“雷锋号”。朱华本人连年被评为优秀公务员，多次获得廉政建设标兵、优秀共产党员，被群众誉为“传播文明的使者，道德建设的楷模”。2010 年，他荣获省国税局“全省国税系统深入持久学习弘扬雷锋精神先进个人”。

在朱华的心里，诸多荣誉中，抚顺市“百姓雷锋”的分量最重。这是因为，他曾是雷锋班的人，他转业后也工作、生活在雷锋生前所在的地方，这是一座雷锋的城市，到处传诵着雷锋事迹的城市，他热爱这里，要把生命奉献给这里。他常说，三百六十五天，时时事事不做违心的事，不做违法的事，力所能及地做点好事，就是践行雷锋精神。

对于朱华的所作所为，网友们评论说，“军装脱掉换税装，雷锋精神不褪色。”“我们的国家，我们的社会，我们的生活，我们的事业，都需要朱华这样无时无刻不践行雷锋精神的好人。”

学习然后实践，朱华为我们打起了一面旗帜。

轮椅上的歌唱

用良心去漂洗，一身圣洁的白；用正义来涤静，一身庄严的蓝。灵魂没有底价，站在道德的台阶上，你不负患者重托；工作是最高使命，即使坐在轮椅上，你也是挺拔的山。心里装着人民，百姓喊他“白求恩”；活着就是奉献，群众称呼“活雷锋”。

——献给肖斌的颁奖词

我们有太多的理由确信，轮椅是人类创造神话的工具。

若说《时间简史》、《果壳中的宇宙》，恐怕知者有限。若提及霍金，整个世界皆为之倾倒。斯蒂芬·威廉·霍金，1942 年 1 月 8 日出生英国牛津，21 岁不幸患上卢伽雷氏症，从此被禁锢在轮椅上，连语言功能也因病丧失。然而，行动不便的霍金，在轮椅上制造了一个又一个奇迹，被誉为在世的最伟大的科学家。

轮椅上的辉煌人生，还有张海迪、桑兰，以及许许多多叫不出名字的人，他们把身体交付给椅子，意志伫立天地间，竭尽全力做着其所能做的一切事情。

照片上的肖斌坐在轮椅上，他有着一副刚毅的面孔，尤其眼神，是给人留下深刻印象的那种。而他也的确毅力惊人，吃得了苦，受得住累，忍常人所不能忍。这些骨子里的优秀品质，成就了他残缺人生的别样完美，使他为众人景仰，被命名为“辽宁省雷锋式检察官”，荣立个人一等功一次。2010 年，他生活工作的家乡，将沉甸甸的城市勋章挂在他的胸前——抚顺“百姓雷锋”。

41 岁之前，肖斌从未想到自己有一天会坐在轮椅上。他一直是个健康、精力充沛的人，记忆力超强，工作井然有序，永远不知疲倦。但谁也没料到，肖斌主抓区检察院新办公楼期间，病魔悄悄尾随着他，直到有一天，突然将他扳倒。

2005 年 1 月，在区反贪局长位置上工作一年的肖斌，因政绩突出，走上顺城区人民检察院副检察长的重要岗位。时逢单位筹建新办公楼，院党组决定，由肖斌具体负责这项工作。

院党组如此抉择，是慎重考虑的结果。

1995 年 3 月之前，肖斌是一名抚顺石油机械厂炼钢分厂工程师，而从那个月份开始，他以全市总分第二名的成绩，考入新抚区人民检察院，那一年，他刚好三十而立的年龄。

起初，他被安排到起诉科做内勤，这项繁重零散的工作，肖斌梳理得井井有条。三年下来，他管理的五十多种法律文书，上百项统计报表，近千人（次）的法律文书送达，及有关领导或部门随时要求上报的各种公诉材料，无一点差错。

1998 年、1999 年，善于学习的肖斌又通过全市检察系统法律知识竞赛和首批主诉检察官考试再次显示出他的不凡实力。脱颖而出的肖斌，于 2004 年被任命为区反贪局长。上任后，他不负众望，带领全局干警连续奋战，在不到一年的时间里，立大要案 13 件，挽回经济损失 600 多万元，创造了区反贪局成立以外的最好成绩。

建办公楼事关重大，因此，院党组领导再三推敲，将这项艰巨任务交给肖斌。

隔行如隔山。虽然干工程和查案子是两码事，但责任心是一样的。

工作接手，肖斌马上进入状态，白天跑各相关部门、单位办手续，晚上，全院的同志下班走了，唯有肖斌的办公室亮着灯光——趁着入夜人静，他忙着查资料、看图纸，做预算。细心的肖斌逐项研究，从大楼外观形象，到内部结构，再到电梯、网络铺设、同步录音录像的设置等等，哪怕细枝末节也不放过，并充分尊重领导、专家的意见和建议。至于用什么样的建筑材料，他坚持货用质量可靠的，价格比较合理的，绝不能因为是国家出钱，就随意铺张浪费。

通过肖斌的初期努力，5 月 17 日，新办公大楼破土动工。

打桩机、铲车隆隆作响的时候，肖斌也在心里给自己定下准则：花最少的钱，用最短的时间，建最标准的楼。为了这三个目标，肖斌每天围着工地转，即要工人安全生产，又要保证工程质量。安装电梯时，肖斌想，如果安装高压变压器，每月仅固定费用就需 6000 元。于是，托关系请教内行，改高压为低压进户，节约资金 20 多万元。随后，他又设法共用配电箱，又节约了 20 多万元。

肖斌忘记晨昏，每天劳碌在工地的时候，其实已经出现了异常状况——他下车的速度很慢，有时突然走开，再回来时面色苍白，流露出难以抑制的痛苦表情。特别是主体浇筑混凝土的关键时期，他常常扭曲着身体走路，但每逢有人关心地询问，他回以淡淡一笑，搪塞过去。

六个月后，大楼竣工，全院干警搬进宽敞明亮的新楼。肖斌松下一口气，却一下子病倒。

医生切开患处，十分遗憾：“如果早来三个月，你完全可以康复。可惜，错过了最佳时间……”

肖斌只觉得心在往下沉，他狠狠地告诉自己，你不能倒下，你还有很多的工作时间，还有很长很长的生活要过，你要坚强！

然而，病患无情，肖斌住院接受治疗期间，下肢慢慢丧失行走功能，不得不坐在轮椅上。面对残酷的现实，肖斌不是不痛苦，是把痛苦藏起来，代之以乐观顽强，积极配合医生，进行腰椎、颈椎手术。

康复训练漫长得像穿行地狱，那种疼叫人难以消受。有时候，他疼得把脸贴在墙壁上，试图用冰凉的感觉稍稍缓解。有时候，疼得他几近昏厥。但即使遭受如此之多的苦楚，为了不让大家把他当病人，肖斌还是坚持着术后不久就正常上班，自己该干的工作，绝不推出去给别人干。使区检察院在年底评比中，首次进入全省先进基层院的行列。

2009 年 4 月，肖斌主抓区检察院档案晋省特级工作。他带领科室人员，克服诸多困难，筹集 20 多万元资金，购置了档案专用电脑、防磁柜等专用设备，装修了荣誉展室。同时，派人到其他单位参观学习，邀请市档案局的同志到检察院指导工作，最终如期完成了晋级任务，顺城区检察院由此成为抚顺检查系统执行档案工作新标准以来的第一家，顺城区特级档案管理单位第一家。肖斌本人也受到省档案局和市检察院的表彰……

意志薄弱的人，总爱把自己弄成羸弱不堪的样子，博取同情和怜悯的恩施，达到自己阴暗的目的。刚强坚定的人，即便身陷绝境，一无所有，也会为自己寻找方向，哪怕是爬，也要爬出最后的尊严。意志薄弱的人，时刻想着怎么攀附别人的肩膀往前走，刚强坚定的人，就算步步荆棘，也要走出一条属于自己的路。肖斌或许没有那么高大，没有那么好，但是，他做到了自己能做的事，一个人做好了自己的事，就值得敬佩。因为你没负累他人，你就活出了意义。